與過去和好

別讓過去創傷變成人際關係的困境

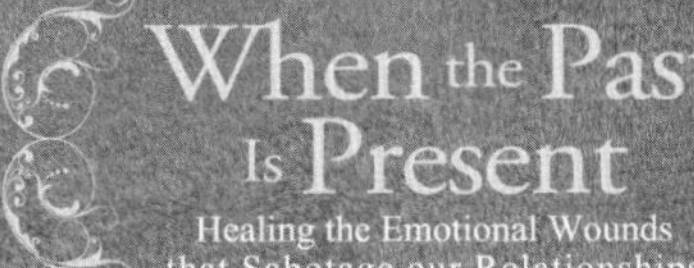

大衛．里秋David Richo——著
梁麗燕——譯

獻給所有史魯鮑斯基家的人，
以我誠心的感激與喜樂。
他們從一九四二年開始給我的慈愛，
到現在一直鼓舞並安慰著我。

CONTENTS

導讀

佛洛伊德與榮格教你如何走出關係困境

張宏秀

我們都不希望生命旅程越走越沈重，但往往事與願違，多數人常感到不斷增加的生命包袱帶來的痛苦及無助。生命真是一道解不開的數學習題嗎？里秋博士提供斧底抽薪的療癒之道，教導我們放下並轉化沈重的包袱，在生命旅程上輕鬆前行。作者在電話中告訴我，他盼望我們在療癒童年親子關係的同時，增加人際互動方式的新選擇。因為，當你瞭解了移情作用如何運作，也以此架構去審視親密關係中的衝突或困境時，你會選擇去覺察自己的移情模式，而將注意力放在未滿足需求上，並給予照顧，人際困境也因此出現轉機。

本書從第一章到第八章，是對移情作用的運作及影響的討論，仔細研讀這部分，有助理解作者在第九至十二章，深入應用層面的發揮。本書的最末兩章是在同類型書中最另類的地方。里秋博士將心理分析的移情作用，與靈性心理學大師榮格的集體潛意識及原型做了整合，突破移情作用的境界，非常精彩。

親愛的讀者，當我讀本書時，我想到你將在某年某月的某一天拿起此書，期待找到一些對生命有助益的資訊或靈感。那麼我該如何提供一些你與本書連結的方式？這是一本需要按部就班、慢讀及反思的書，透過作者提供的練習，去對照自己的生活經驗，才能受益。所以，讓我與您分享幾個對我極有啟發性的觀點，而本書的深度及廣度也是由此而伸展。

我們都知道，早年與父母的關係，注定了我們對自尊、情緒表達及人際互動的影響。所以重訪童年親子關係並加以修補，讓自己真正擁有成年子女的情緒自主權，這是心靈成長的必修課。作者要我們捫心自問，目前來自人際關係的煩惱，有多少是完全不受童年經驗的影響？里秋博士指出，多數人不自覺地想要在親密關係中去完成與父母間的遺憾。本書提供以移情作用為核心的療癒架構，鼓勵讀者勇敢地為生命負責，通過覺察自己的移情作用及書中的練習，意識到生命可以充滿選擇，不需為童年經驗所限制。

人為什麼會移情？我們都會帶著過去未滿足的需要，不斷地期待眼前的人來滿足自己。因為沒有處理與父母間的愛怨情結，就不自覺地在其他的關係中掙扎與父母的議題。例如在老闆的權威角色上看到父親的影子，而焦慮到無法與老闆建立常態性關係。其實，對父親的焦慮變成對老闆的，是因為對父親的害怕是一個從未治癒的傷口。一旦能去面對在與父親關係中的傷痛或遺憾，而代替父親以 5A 即關注（Attention）、接納（Acceptance）、欣賞（Appreciation）、情感（Affection）、容許（Allowing）來處理自己的焦慮，對老闆的過度焦慮就不藥而癒了。又如當感受到自己對配偶有一股類似於對父母的不滿，而能立即覺察自己的移情，並以5A處理。這是成熟的親密關係，而不是在婚姻的情況中，讓配偶成為父母的替代者，無所顧忌地對配偶表達不敢對父母說的憤怒或失望。這就是不自覺地將對父母的愛怒糾結，延伸到婚姻衝突的模式中。

當人把過去與現在做連結，明白過去沒有真正過去，現在也不是真正的現在。我們無止境地在當下活在過去的經驗裡！那麼，未來呢？也仍只是過去的重複吧！我們放不掉過去的遺憾，因為失落的夢想尚未被哀悼——父母未能如我所需的愛我。一旦接受父母的有限與不完美，也不否認自己的傷痛，在平衡中不再將父母理想化或神化，允許父母不用為自己所有需要負責，也允許自己去照顧過去、現在與未來的需要。於是，我們就能從父母那裡接下照顧自己的責任，代替父母好好愛自己，不再期待其他人代替父母愛我，這就是最美的孝順！本書所討論的從走出移情的控制，而以5A的技巧來給自己所需的愛與關注，即是親子關係中的自我療癒。

靈修是從分裂走向整合，從幻覺走向真實，從破碎走向完全。因此靈修者需要心理學所提供自我認識的工具，來建立健全自我，才能走向健康的靈性成長歷程。腳踏實地的靈修者會週期性地清理與療癒生命經驗，將靈修落實在人性經驗中，而非將靈修架構在靈性的妄想與幻覺上。舉例而言，在靈修的場域裡，許多人將對父親的印象移情至神的形象，彷若將神載上父親的面具，而無法認識神的真貌，也影響人神的關係。所以，從神的形象中移除父母的形象，並且從父母的形象中除去神的形象，人與神的關係才能擺脫移情而達到真實及完整。這即是內在的自由、清醒與清明，也是所有靈修者的成長目標。

本書難能可貴的以榮格的靈性意識，提昇佛洛依德的移情心理學，幫助讀者在學習轉化關係的功課時，涵蓋心理與靈性的雙重向度。其實，靈性的本質我（spiritual self）是靠覺察將移情從障礙變成夥伴，所以我們能分辨投射與事實的差異，並收回投射。對移情的解析及擺脫防衛與幻覺，幫助我們對自我與人際關係有所領悟，而讓關係免於複雜化，並看到對方如其所是，真正活在當下。

（本文作者為心理治療師及婚姻家族治療督導）

專文推薦

人生秘密的探索指南

郭約瑟

我從來都記不得七歲以下的記憶，甚至十二歲之前的記憶都相當模糊。一切都是由母親、鄰居、兄姊告訴我，所拼湊出來的樣貌。基本上，父母忙於工作，年幼的我不是託給鄰居，就是把院子大門關住，任由我在其中優遊。再來，父親脾氣暴躁，母親動輒得咎，隨時都在恐怖的暴力威脅下過活，嚴重時還必須逃家保命。這些童年時期被忽略與家庭暴力的陰影，都被我鎖進記憶區的深處。

長大之後，我對男性有著超乎想像的厭惡與排斥，對女性的陪伴與擁抱，則有過度的渴望。我似乎是個蹩腳的導演，對人生中所遇到較為接近的人，都會潛意識地依陳舊固定的歷史腳本，給予安排固定的角色。遇見男性友人，總是維持遠遠的安全距離，例如工作中的同事與上司，如果做不到，那就是轉換跑道；還有，我會刻意偽裝幼稚的樣子接近女性友人，而她必須像個母親一般，持續熱情地回應我所有的需求，否則我就會暴怒離去，去尋找另一個更適合的對象，結局就是頻換女友，還有婚後的外遇頻傳。

從這段簡短的故事，可以看出男主角把從小對父母的印象與期待，在後續的人生當中，不自知地移情到所有遇到可以發展親密關係的對象，強勢地操控他們，必須依照自己的想像來扮演既定的角色，忽略他們真實的人格，以至於一輩子都在重複這樣「希望、期望與絕望」的循環戲碼。

一般人際互動理論，簡單把一個人的自我分成表面開放的自我、有意識隱藏的自我、盲目或未知的自我三個層面，因此看似單純的兩人世界，背後卻有著複雜的 3X3 的心理動力過程，甚至可以化約為兩個家族的互動關係。如果沒有對人類心理的複雜度有所瞭解，人們最後都會說出「我到底是誰？」、「我到底是你的誰？」這類的慨歎。

這本書的主題明確，聚焦在精神分析學派最核心的議題之一：「移情」，用相當平實的筆調，深入探討移情的來龍去脈，幫助讀者搜尋生命中至為關鍵、且未完成或遺憾的故事，並逐步釐清自己與他人真實的面貌，藉由轉化、超越的技巧，特別是提出、處理、解決與整合，裝備自己去迎接健全的人際關係。

理想上，健康的心理成長歷程，需要由父母建立一個穩定與包容的環境，讓孩子能在信任、可預測的氛圍當中，放心地去探索未知的新奇世界。父母則藉由鏡映（mirroring）的方式，以無條件的正向關懷，對孩子提供 5A，即 Attention（關注）、Acceptance（接納）、Appreciation（欣賞）、Affection（情感）、Allowing（容許）。如此，孩子經過對父母的理想化，進而學習與內化這些待人之道，逐漸形成獨立與成熟的人格，成為另一個受信任的人或父母，可以將5A傳給下一代。

但真實的家庭當中，通常很難如此順遂，因此，每一個環節都可能出錯，而形成各式各樣的困境與挑戰。不在少數的人，在成長歷程中必須經歷無數的失落與創傷，因而充滿悲傷、羞辱、憤怒與恐懼，而這些創傷情緒對幼小的心靈來說，難以承受，於是壓抑、潛抑，甚至解離，都是常用的心理防衛機轉。只是這些創傷記憶雖可被藏在心靈深處的角落，卻無法消失，如果沒有被妥善處理，累積的能量反而愈來愈強，它們就會在人生當中以各種變形的模樣，來干擾當事人的生活。移情就是一種常見的模式，所造成影響的層面很廣，主要是在發展親密關係的過程與工作場合，會強迫性地重複表現出來，直到內在的歷史糾葛被完全解決為止。

作者嘗試將這本書發展成為自助心理手冊，也提供許多非常實用的自我療癒技巧，相當適用於普羅大眾。不過，對於創傷情節與人際困擾較為嚴重的讀者，則仍必須尋求專業的心理治療師，才能藉由客觀的提醒與協助，認清並妥善處理這些充滿強烈負向情緒的歷史情結，否則不小心掀開潘朵拉的盒子，反而會受到更大的創傷。

（本文作者為羅東聖母醫院資深精神科醫師）

專文推薦

終止成為過去的受害者，活出健全完整的人生

蘇絢慧

每個人生命中都曾經歷過些許傷痛，從一個拒絕的眼神，到一個需求的落空，再到肢體上受到攻擊等等經驗，都可能在我們心中形成傷口，而傷口若未被即時覺察而受到關照，則易造成日後生活許多層面的效應。這種未解決的傷痛，最容易偽裝成我們對某些情況的敏感，我們對某種特定人士的情緒反應，或是與最親近的人之間的互動衝突與拉扯。

大衛．里秋博士的這本作品《與過去和好》，以非常有系統、具有深厚理論、不失親和性的情境說明，讓我們瞭解在生活現象場中，反覆出現的人際糾結情境，與讓人常感到挫折與強烈不舒服的痛苦處境，或許正是早期生命的心靈創傷，以一種激起強烈感受的信號，來喚得你的注意。畢竟，生命的本質，都是想趨吉避苦的，但若創傷遲遲未解決、未照護，則生命能量的耗竭與持續受損，便會讓真實的幸福與滿意的人生，越離越遠。

而心靈傷口究竟以什麼樣的方式持續性地在我們後來的生命發酵、引發一波波的創

傷效應？

大衛．里秋博士開宗明義就指出了「移情」的發生。「移情」的概念，一般多是在助人領域中討論，因為一位受助者（或被治療者），對於助人者（治療者）會以過去自己的生活經驗或受助經驗，來投射對於助人者（治療者）這樣負有權威位置的人的期待與情感（可能是愛慕也可能是厭惡），而這移情的資料來源，則可追溯到最早年和撫慰母親或管教父親之間關係影響與互動經驗。大衛．里秋博士在書中將這概念介紹給讀者，以一種更普及的角度，邀請每個生命深入自己的生活現象場，正念覺察那些存在於我們日常生活、人際互動中時常不由自主就引發的混亂感受，還有那些說不出為什麼，卻與另一個人之間糾纏難解，或意亂情迷的感情糾葛，在在都有「移情」的影子、「移情」的發生。

就以簡單想養寵物的這個決定，都可能在這個決定中看見「移情」的投射反應。因為我們在寵物身上，看見我們情感所渴望的「忠心」與「不離不棄」。而這是來自於內心曾經受過「不忠誠」的傷害與「被遺棄」的痛楚。於是，我們在和寵物的關係中，移情了這感情的需要，還有試著撫慰內心曾經受過的感情創傷。

在人際的互動中，「移情」的發生就更為詭譎多變。我們可能在還未真正夠認識一個人之前，就開始投射出我們對於這人的某些既定觀點看法，我們也很容易地在別人的某些非口語訊息或口語訊息中，自顧自地解讀對方話中有話的意涵是什麼，並且深信不疑自己的「直覺」。其實這些直覺的資料，便是「移情」。例如：我們從小在一個貧窮的家庭生長，體會過貧窮的不被尊重與被輕看的傷痛，我們便很容易在後來的生活場域中敏感於他人的不尊重與輕視的訊息，且認定自己就是因為沒有後台與靠山，常落入感覺到被鄙視或被否定的情境中，而深感憤慨或沮喪。

這些常見的人際困擾，總讓人煩不勝煩，也讓人感覺心力交瘁，混淆與衝突的人際狀況後，人們最心有戚戚焉的感受就是：「做人好難，人生好累。」

這些讓人無法意識到的移情，總是反覆地出現在我們的生活情境，被我們宿命化的解釋為「命運」。大衛．里秋博士透過這本書傳達給我們，透過辨識出投射與移情，有機會讓我們洞察出深層內在的過往傷痛。當我們可以釋放往日未解決的情緒與痛苦，並進一步接納與承認，我們才有機會處理移情，不再以無意識的方式與未覺察的動機，繼續製造痛苦的情節。如此，我們也才能真正活出完整的自己，並建立健全與成熟的關係。

雖然，我們不一定會以心理治療來協助自己真實面對過往傷痛，但只要我們有了覺察，意識到過往隱約影響著現在的許多層面，我們就能透過這本書接觸與學習真正治癒自己的途徑；終止成為過去的受害者，不再讓傷痛以無意識的方式進行著，讓生命有了真正的自由與滋養，完成成長與蛻變。

（本文作者為馬偕醫院協談中心諮商心理師）

作者序

真正地活在當下

身為《與過去和好》一書的作者，在知道我的書將能觸及台灣的讀者時，我心裡感到無比感激。得知自己努力研究出來的想法，能對其他國家的人們有所幫助，這對我來說，意義非常重大。

這本書探討的是，許多我們童年發生的事情，經過生命的歷程，會如何演變為每個人根深柢固的行為和情緒模式。這個從過去到現在的影響，通常，我們都是在潛意識中而不自覺。而現在，我們可以開始去注意到這些模式，並且溫和地從中學習，而非向這些影響屈服。那麼，我們就能真正地活在當下，而不再活在過去的模式中。

這種心理上的理解，並不侷限於任何一個國家。這是一種四海皆準的普遍現象。因此，我希望我所寫的，能夠對你們有所意義，同時能產生療癒和鼓勵的作用。

當我們跨越國界彼此幫助，就能實現我們身為人類的使命。在此，我對於能夠參與你們的過程，而感到高興。

大衛・里秋

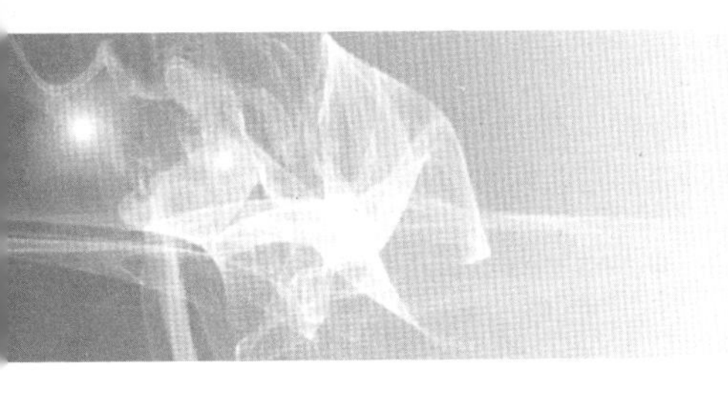

前言

跨越往事築起的深牆

過往未曾停歇，甚至從未過去。

——威廉·福克納（William Faulkner）

人類好像天生就有一種強烈傾向，會重演過去的事情，尤其在過去經驗牽扯著情感的痛苦或失望的時候。身為一個心理治療師，我的工作有很大部分是幫助人們發覺他們的過去是如何持續地影響他們目前的人際關係。即使大部分人都希望走出過去、努力向前，我們還是會把生活中的新人物放在關鍵人物的角色上，像是我們的父母，或任何與我們關係仍未結束的人。佛洛伊德將此現象稱為「移情」（transference）。

在移情作用裡，過去的感受跟信念會在我們現今的人際關係中再度浮現。移情是潛意識（unconscious）的，我們並不知道自己深陷於身分錯亂中，誤把現實生活中的某人當成過去的另外一人。「移情」一詞多數用於心理治療的情況裡，指的是受治療者（個案）在治療師身上看到他的父母、手足，或任何一個重要的人物，因而錯亂，產生感受及出現情緒上的反應。（還有一種稱作「反移情」現象〔countertransference〕，指的是治療師對他的個案產生情緒上的反應，特別是當對方剛好長得像自己過往中的某個人物時。）

然而，移情跟反移情並非僅限於治療使用。我們本身所產生的移情，和加諸我們身上的移情，**每天都在發生**。不知不覺中，我們在夥伴、朋友、合夥人、敵人，甚至是陌生人身上，都瞥見我們過去生命中重要的人物。我們轉移（transfer）的是情感、需要、期望、偏見、幻想、信賴和態度。移情是種最原始的方式，它讓我們去看見我們所看不見的，以及我們內心那個沒說出來的故事，就如美國社會心理學家貝克爾（Ernst

Becker）的名言：「一個對現實世界的失敗的愚拙謊言。」

試舉一個移情的例子：一位病人愛上了她的主治醫師。他善良、貼心、值得信賴，而且非常關心她。這些是她希望她的父親所能擁有的特質。這位病人也許之後會嫁給該名醫師，然後隨著時光飛逝，她發現他並非她所想像的那樣。她有意識的心靈相信她已經找到一個取代她父親的人，但她的內心深處與她的潛意識，則是很順理成章地找到了她父親的替代者。最後在他們的關係裡，這位醫師丈夫還是跟她父親一樣總是缺席、沒辦法傾聽她的內心話。他們的關係誕生於轉移的期望，結束於轉移的重蹈覆轍。

生命中的重要關係所造成的深刻印象，會形成一些既定模式，讓我們終其一生不停使用到其他人身上。我們的生命都有個主題，之後其他的變化，其實都不會離這主旋律太遠。是不是有這個可能，人們對我們來說只是他們自己，而事實上在我們和他們都不知道的情況下，我們已把他們比擬成其他人？或是我們在別人眼中應該只是我們自己，但事實上他們卻將對別人的感情，移情到了我們身上？

因為我們會根據既定的藍圖，自然而然地扭曲我們的視野，所以正如美國著名思想家愛默生（Emerson）所言，我們很少會看見彼此「真正的模樣」（as we in-ly are）。大部分的情況下，我們都是透過自己的心路歷程來看待彼此，這種情況的發生有兩種可能：⑴我們可能將自己的信念、判斷、恐懼、慾望或期望投射在彼此身上。⑵我們可能將另一人的特徵或期望移情到彼此身上。

本書探討的是自然而然或一時衝動下所產生的移情，以及學習如何摒除因自身的生命故事所引發的障礙或憧憬去看待彼此，即便只是一下下而已。對於移情的清楚覺察，就是「正念」[1]所產生的成效，也就是單純地活在當下。潛意識的移情讓過往時光深刻且鮮明，意識到移情的發生，則可挹注力量於當前。

正念是對此時此刻的關注，但時間是不會停止的，因此正念事實上是對一個時間流（flow）的關注。正念的生活並不是認為世界因為我們而停止，而是與世界從未停止的改變共舞。在移情作用中，我們停止跟隨眼前的可能性前進，並用以往的目光來凝視眼前的海報。我們會驚覺自己將母親的臉套在我們的配偶身上，抑或將新任配偶當成前任配偶。我們也會發現別人如何移情到我們身上，且能因應他們錯把我們誤認為別人時的情況。

我們是在受到誘惑、叛逆、亢奮，或被人激怒的情況下，產生移情作用。我們激動地接近或逃避現實，也許可解釋成我們內心有某些東西還未放下，或有尚未結束的事情。或許這個讓我們反應如此激烈的人的外表或個性，讓我們想起某人；或許他釋放了一個我們未曾暢然抒發的感覺、沒得到滿足的慾望、落空的希望、仍被羞藏的渴望。移情之所以產生，是因為我們將屬於過去世界的東西，穿越時空，轉移到當前的某人身上。的確，當我們仔細觀察自己現在的所有反應，難免會發現我們跟過去的連結。法國哲學大師沙特（Jean-Paul Sartre）說：「前瞻永遠是回顧從前。」當我們用往事來解讀移情，就能理解自己在人際關係中的行為與反應。

一個人之所以成為我們心目中的重要人物，是因為他或她扮演了來自我們過去的重要角色。事實上，這就是**為什麼**對我們而言他們會變得如此重要的原因之一。他們來自選角中心，對擔任選角評審的我們來說，他們已成功通過了試鏡大會，可擔任人生劇場裡的要角。我們不稱他們為「明星」，而稱他們為「靈魂伴侶」（soul mates）或「仇人」（archenemies）。我們常堅信「我們前世曾在一起」，但事實上並沒那麼遙遠；我們的確在一起，但也許不是幾世紀前，而是幾十年或幾年前。同步性和有意義的巧合，都只是讓對的演員能出現在試鏡會上。於是我們的伴侶被雇用為表演者，他們熟讀我們一生的需求或恐懼，而我們或許也忙著對他們做同樣的事。這麼說來，**我住的是自己的家，還是一個電影場景？**

我們會說：「我們正在一起修因果（karma）。」沒錯，親密關係的連結常常是由我們陳舊或扭曲的童年或前段關係所塑造而成的。諷刺的是，那些我們重視的人，變成了我們誤以為不再在乎的人的替身。在現實世界裡，當某人對我們已經不再重要時，他在我們的情緒心電圖螢幕上，早已停止心跳，成為一直線，而我們再也不會在移情裡想到他。

1 編注：正念（Mindfulness），即保持覺照，有意識地覺察、活在當下。

我們不需將移情看作是病理反應，它應該算是一種心靈方面的信號系統，提醒我們每次更新所帶來的後果。我們所要做的是注意到這一點，同時避免利用不知情的學徒或替身來面對我們的任務。潛意識的移情是我們過去的拴馬柱，當我們自覺到移情時，它就轉變成了路牌告示。

我們會為某些正面的理由而產生移情作用，為我們未癒合的傷口尋求治療；我們渴望縫合那長久以來一直被拉扯撕裂的傷口。我們試圖用與新伴侶、工作夥伴或同事關係來完成我們謎樣的故事歷程。若從這個角度來看，移情可說提供了一條捷徑，協助我們解決過去的問題。當移情受到認可，光明正大地被用來確認我們當時的責任歸屬時，這是很健康的做法。找出我們該做的事，就是一段關係的最終目標，也是個人幸福的重要指標。

當我們不自覺地將別人當成是修復我們過去複雜關係裡的工人時，移情就變得很不健康了。唯有找到更直接和有意識的方法，讓「過去」變得圓滿，我們才能因而成長。在這樣的情況下，其他人成了協助我們在自己故事中前進的提詞者，而非將我們困在戲裡的演員。

有時我們在一段關係裡，也能不靠提詞者就走出那些陳年往事。我們接近某人，不是因為對方能讓我們回到塵封的過去，或者幫我們忘卻過去，只因她或他是個全新的個體，此即兩人關係裡真實又原型的經驗。我們接近的是一個活生生的人，而非穿戴著從我們的閣樓皮箱裡拼湊出來的衣服的人，如此我們才能更真誠地面對她或他，真正的親密關係也才有自由釋放的可能性，即滿足彼此的需求、接受彼此的感情。所謂「健康成年」，指的是在年輕時光之後，越發寬廣及深切的人生——此即感覺良好的連結。

移情事件可以是種包袱（拉丁文為impedimenta），也可以是成長過程中豐富多樣的可能性。但很遺憾的，那些成就我們的，卻也變成負擔和秘密。在移情過程中，提升意識可讓我們更容易去承受一些事物。過往裡沒有出口，但有很多解決的辦法讓它不致太過抑制我們或其他人。我們內心不肯承認的想法往往因此曝光，而移情所造成的錯，也可以變得有意義。於是長久以來我們渴求的自我實現，得以有重新實現的機會。

移情本質上是為了清除情緒上囤積已久的事而回到過去的**執著**（compulsion）。我們像個不安的遊魂，回到那個曾發生重大事件或不如預期嚴重的事件的房子裡，但我們所駐足的房子，並非以前的舊址，而是我們現在居住的地方。那些被我們所期待來滿足我們先前需求的人，並非父母，而是現在的伴侶、同事、朋友，或生活中的陌生人。既然我們擁有的是現在，就利用它來補償過去的遺憾。這並沒有錯，只是很不精確；這並不是病，只是弄錯了方向。

當我們開始能夠**清楚地察覺到移情作用**時，就可擴大處理過去的範圍。我們可能看見過去並未滿足的情感交流，如今絕望地、廣泛地渴求自我實現的真正本質。這種形態的正念能使潛意識成為有意識，使隱晦變得清晰透徹。我們憑藉的是有利心理意識的功能、心理學版本的心靈明燈。

正念是對當下情況無所企求的意識，它去除了過往的雜亂、制約或污染。我們若將移情帶入不受過去制約的現在，就能有意識且清楚地面對它。在佛教思想裡，若能真正去體驗到此時此刻，便是所謂「最終的現實」。因此我們在移情上面所下的工夫，能夠引領我們到達更高的靈性意識。

移情是將過去偷渡到現在，正念則是護航我們安全抵達現在的港灣，我們那些非法偷渡和沉重的貨櫃，才得以拋諸腦後。移情是對假象的依附，一個對別人和自己的幻覺，正念則是它的解藥。因為正念才是別人、自己和生活事件裡最準確的修正版，而這些事件，都是此時此刻發生的。

不可否認地，現在的我們，不可避免地保留了一些過去的痕跡。意識清晰地活在當下，並不代表毫無歷史地活著——那會是個不可能、無用且危險的任務——我們必須承認我們的過去是生命中不可避免且微妙的偷渡客，如此才能算是真正的正念。這樣一來，我們才是處於更新我們船客清單的最佳狀態。這需要心理成長課題中的提出、處理、解決和整合過去那些仍困擾著我們的事件。這些事也許是為童年時期的關係而悲傷，或是為了解決與目前伴侶之間情感上尚未完成的事，最後必定導致我們檢視自己與過去。這些任務——本書將會逐一探討實際運用——是引領我們到達靈性層面的心理意識，因此我們才能拋開自我，以及那些阻擋或趨使我們向前的往事，保持正念地端坐於此。

沒有人能倖免於移情，它之於一段關係，就像是蘋果之於蘋果派。在本書裡，我們可以看到移情如何、為何發生在我們所有人身上，從這樣的經驗當中，我們能認識自己，並像個清醒的大人一般去渡過它。我們會留心著過去，對自己幻想的傾向視而不見，然後變得忠於現在。我們有時會在充滿希望的想法裡尋求慰藉，但那些想法是希望的假象，對我們並無益處。真正的希望是建立在看得見且能改變的可能性上，是一種現實。充滿希望的想法則是建立在投射上，是一種概念。

刺青圖騰是經過精心挑選，才被刺到身上的。我們對人際關係的假設、期望和投射是潛意識的，卻已深深刺在我們體內的細胞裡。一個新的情況和過往越相似，我們就越感受到肉體上的壓力，也越難釋放它。但我們相信透過心理課題和靈性層面的運用，可獲得明顯的成效。我們會感受到身體放鬆、呼吸和緩，我們身上的刺青也會漸漸褪去。移情，就像所有痛苦的事件一般，最終會成為治癒的轉機。

在以下的章節裡，我們會驚覺生活和情感當中，有多少選擇是與過去有所關聯的——我們的家因此可說是考古遺址。我們的目的是打破那些陳年舊痛對我們的影響與控制，我們的挑戰是從中保留有用的部分，同時面對它限制我們重新構思自己和情感方面的能力。我們的英勇就如德國詩人里爾克（Rilke）所說：「無邊的決心再也沒有任何限制，它讓我們達到內心最純淨的可能性。」多麼令人振奮的展望——放膽逃離那因果循環的枷鎖，到達「唯此」（Only This）的樂園；勇敢跨越往事築起的深牆，進入「唯獨此刻」（Only Now）的天堂。

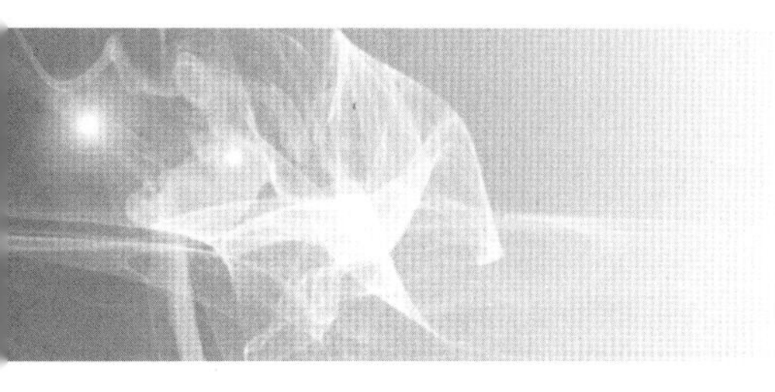

第1章 什麼是移情？

學習閱讀時，我支吾地說出：「看看迪克！看看珍！」但我從沒想過，我居然會花五十年的時間，才真正做到這件事。我花了很大的工夫，才真正看見現實生活中迪克和珍粉嫩的臉龐。要做到這點，必須堅定地忠於別人的真實面貌，而非習慣性地將自己的需求跟信念投射在他們身上。我必須有意識地知道這個人在此時此地的存在，擺脫我潛意識中持續從別人身上衍生出的移情，特別是那些消失已久的過往之人。我借助的是本書中會提到的心理課題及靈性方面的運用。現在，我對迪克和珍的看法已經有些改善，至少我發現他們的臉正漸漸模糊當中。

移情（Transference）一字來自拉丁文的 trans 跟 ferre，前者指的是「跨越」、「穿越」、「過去」，後者指的是「攜帶」。就心理學而言，transfer 指的是將過去帶到現在。我們經常在不知不覺中，將父母、之前的伴侶或任一重要人物的模樣套在別人身上，然後重新創造出童年的故事，或一段最近的情感關係的片段。因此，移情是永恆的故事，試圖讓過去的往事起死回生。

ferre 的過去式是 latus，它也是 transference 和 translation 的字根。這很合理，因為在移情裡，我們不斷地將自身的往事轉譯到眼前的人際互動當中。我們常將童年的悲傷或期望，不管是已滿足或未滿足的，轉貼到新的人際關係裡，但這終究是不同語言的兩本書。無論如何，還是會有些特別的時刻，移情並未產生作用，我們稍後就會看到。

「重要的」（important）一字源自拉丁文 portare，是 ferre 的同義字；兩者都有「攜帶」之意。「重要性」（Importance）意指我們如何將有意義的人事物帶進或攜入我們的經驗裡。某個人變得重要，是因為他有重要性，令我們印象深刻，對我們有影響力。追根究底的說，某些人之所以變得很重要，是因為他們影響著我們的發展。例如，我們的父母或兄弟姊妹在我們的成長過程當中，扮演著重要的角色；我們的第一任配偶或伴侶，在我們的親密關係或成人愛戀方面的成長，扮演著重要的角色。在移情裡，新加入者之所以變得重要，是因為他們與原來的角色相仿。

Relatus是「關係」（relationship）的字源，裡頭有latus，並衍生其含義為「攜回」，是移情作用的一個特性。「親密」（intimacy）一字來自拉丁文的intimus，意指「最深處的」，而我們稱之為「潛意識的內心深處」，則是移情的另一種特性。由此可見，就連在語言學上，移情似乎也被塑造成某種關係的概念！

現在我們可以試著下定義：移情是一種潛意識的感覺、態度、期望、認知、反應、信念和判斷的錯置，它們本應屬於我們早期生命中的人物，尤其是父母，而今錯置在我們眼前的人物身上。

精神分析學之父佛洛伊德（Freud）曾說：「移情是人類心靈的共通現象，將我們的關係從情境中突顯出來。」這句話回應了莎士比亞（Shakespeare）說的：「世界是個舞台，而我們都只是演員。」對我們來說很重要的人，在我們的日常生活裡，扮演著配角的角色。也許他們的重要性，正是來自於他們能勝任這個角色。諷刺的是，個人的重要性無須來自於真實的你我經驗，只要與一場舞台劇的表演有關即可。

佛洛伊德後來將移情描述為「心理構造的特別等級……取代早先人物的、新的版本或臨摹本」。在移情裡，我們被困在錯亂的時間當中，因為我們將童年的情感經驗，複製到眼前交流的對象身上去。的確，一旦我們明瞭過去其實也是現在的一部分，「現在」一詞就較具象徵性而不真實了。

移情作用發生的頻率，會讓我們不禁懷疑，是否只有我們生命中最原始的那些角色，才是真正重要的，其他人後來變得重要，是因為他們扮演了這些角色。「我覺得你很特別」意思可能是「你可以扮演這個角色，如果你不能，我可以訓練你演好他」。同理，「我娶了我媽媽」，也可以是解釋為「我找到一個人，她符合母親在我生命中留下的移情需要」。

> 治療的謎題不在於我怎麼會如此，而是我的天使要我做什麼？
>
> ——詹姆士・西爾曼（James Hillman）

我們如何防衛

為了更清楚瞭解主題，我們可先分辨心理學裡的三個辭彙：移情、轉移

（displacement）和投射（projection）。這些是自我面對壓力時，為自衛所利用的潛意識機制。偶爾用它們來協助我們克服恐懼或把持住自己，是很健康的做法；但當我們被它們所操控，或利用它們來逃避自己、逃避現實時，則是扭曲的做法。以下為幾點區別：

心理學家榮格（Carl Jung）曾說：「投射使整個世界變成我們不為人知那一面的複製品。」這句話的意思是，將自己不自覺的內心人格，不管是正面或負面的，投射到另一人身上；將屬於自己的特徵、感覺和動機，轉換到別人身上。舉例來說，我覺得你駕馭性很強，卻沒發現我自己有多強勢。此外，我也可能將我對某人的信念或對某人的感受投射出去。「投射」將一個內在的經驗，誤認為外在經驗，用「外在的你」來取代「內在的我」。在投射的作用下，我與自己渡過每一天。

至於轉移，指的是我將A的感受轉移到 B 身上。例如，我在工作上對某人感到不悅，但我把情緒發洩在我的伴侶身上。轉移作用將某人誤認為另外一人，且常是一個無辜的旁人，取代了事件的主角。在轉移作用裡，我與錯的人渡過每一天。

而在移情作用裡，我將屬於父母、家人、前任伴侶或其他重要之人的感受和期望轉嫁到其他人身上。移情錯把過去放到現在；在移情作用裡，每一天都是家庭聚會。

移情可算是轉移的一種。我們與其他成年人重新體驗原生家庭裡的親子關係；這些人常會被我們對待他們的方式所混淆，他們並不知道我們正哄騙他們留在暫停的時光裡。如果他們能發現我們的移情正在作用，他們可能會先停頓一下，然後同情我們，溫柔地返還我們的情感，使之不再強加他們身上。如此一來，我們的移情就成了個人成長的助力，因為我們可從現今別人對我們的反應中，注意到我們的過去缺少了些什麼。

在投射裡，我們相信別人所想的、所感覺的都跟我們一樣。投射的極端例子是認同。例如，你跟我說你的一段感情結束了，你很寂寞。我經由自己的經驗和觀察你的痛苦，明瞭其中的感受。我想像你在寂寞時，和我有相同的感受或想法。此時，我在發揮同理心，但同時也產生了投射和認同。因此，我並非完全在陪你，當下的我，是我所調配出的你跟我的混合體。

也許同理心和憐憫一樣，沒有投影和認同，是無法真正發生的。佛洛伊德將為達到正面目標的防禦做法，稱為「有助（健康的）自我的退化」。在這種情況下，我們可看見心理建設被用來助長發揮同情心的靈性道德。

移情、投射、認同和轉移不斷地干擾著你我的兩人時光，匆忙地帶著我們生活故事裡積欠帳戶的舊帳來與我們結算。意識是這種錯誤的解藥，因為它斬除不切實際的幻想，直接切進純粹的現實，不管這現實有多令人困擾或心動。要簡單地以一個旁觀者的身分進入毫無防備的當下，是需要相當勇氣與坦然的。沒有人能倖免於排斥或誘惑、相似或不同、我們自己的或別人的故事。

我們如何分辨自己是深受某事件的影響，或僅僅只是見證它的發生？我們坐在海邊，看著雲朵飄過。當我們端坐在那，僅是注意它們，沒做任何移動，那我們就是旁觀者。但當我們伸長脖子、目光隨著它們而移動，甚或從中看出圖案，那我們等於是受其牽絆，而不光是見證而已。雖看見，但沒受到移情、投射或轉移的作用而影響其判定，此即所謂的「旁觀者」。他僅看見赤裸裸的事實，並未提出任何評論。他的雙手安放在雙腿上，並不陷於自我或其故事的泥淖中。當你拒絕接受現實，就會被困住，也會因此停滯不前。

讓你代替我感受

探討另一個潛意識的防禦機制，能幫助我們更瞭解移情，即所謂投射性的認同（projective identification）。這種情形發生在某人無法忍受自己的某些情緒，只因為它們好像太粗魯、太具威脅性，或太不符合自己個性而無法得知或表現出來時。因此他做了一些事，讓某人產生他自己不想要或無法接受的感受，而這個人，事實上等於代替他來感受這些情緒。在這個行為中，我們可以瞥見同理心和直覺的可能源頭。

以下是一個實例：我對你很生氣，但一直不敢表現出來，所以我約你出來看電影，卻故意遲到，直到電影開始放映才姍姍來遲。你不但生氣，同時也感到惱怒，這讓我看到自己的憤怒，但卻是在你臉上！我因此藉著投射，透過你來認同我自己的情緒。同時，我或許也會因為移情的需要，而重組雙親對待我的方式。我也許希望你對我的舉動或感受，一如我的父親或母親對我那樣。也許這次我就能成功處理情緒，但也有可能你會察覺到我發生了什麼事，並且感到憐憫。

在職場上，也可能出現符合移情對象者所誘發的反應。舉例來說，身為上司的你，對我而言，就像嚴厲的父親一般，於是在工作上，我會做一些事讓你來批評我。就因為你讓我想到他或她，現在的我，正重新體驗與我那嚴厲的父親或前任伴侶的親密關係。我更堅定地相信，就如同你所說的，我是最合適的被批判者。

投射和投射性認同可以是正面，也可以是負面的。運動迷們想像著運動員活出他們自己在能力上跟熟練技巧上的理想；這就是正面的投射。反之，運動迷們在目睹失控的足球賽時，亢奮地認同了當下的暴力，這就是負面的投射；他們正看到運動員們表現出他們內心的憤怒。這樣的尋求投射是多麼曲折和令人困惑。而這些錯亂的認同告訴我們，我們所沒辦法接受的事，稍候仍會以其它方式呈現出來，屆時我們會更加錯亂。這就是所謂的移情作用。

我們並非因為想自欺欺人而產生投射性認同，只因我們無法承受某些感受，所以想找一個安全的方式來抒發。我們不僅是卸下無法接受或否認的感受而已，還有一個正面的——也就是有助發展的——理由，即我們在尋找一個表現感覺的範本，然後我們才能學著安全地去感受我們的感受。因此，在電影院看到了你臉上的不愉快之後——且發現你仍與我維持朋友關係——我便學到了如何適當地表現出憤怒。

接收情緒的人，不妨練習「施受法」（tonglen）。這是一種佛教的修鍊心法，即吸收別人所不能忍受的痛苦，透過我們的心和靈——用我們的正念和良善的修養，平靜地接收與轉換這些情緒——最後以治癒愛心的方式返轉給他們。這種修鍊可說是某種煉金術，因為它將令人非常難以接受的東西，轉變成為非常珍貴的東西。

就某種角度來看，每次在我們聆聽朋友傾訴他的困難時，我們回報以正念和良善的陪伴，就是一種施受法的表現。我們也可以說，好的治療就是施受法，因為治療師吸收了個案的痛苦和負面能量，然後以治癒來回覆他。此時的治療，說明了不管我們的感受或態度再怎麼負面，都可能引發憐憫心，最終引導至轉變。然後我們會慶幸地發現，每個負面的經驗裡，都有著正面、有助成長的潛力，而每個不利的條件都是資源，每個陰影裡都有充滿價值的核心，每個困擾或錯誤都能加深我們的靈性意識。我們越是認清這個事實，我們就越不需要投射、轉移或移情。在我們的渾沌世界裡，凍結著一束光的能量，一種我們能釋放出來的光芒，只要我們不放棄去發掘它。

我們的習性

我們對當下人際關係的感受可以是有意識的：「我知道我對我的伴侶很生氣。」但是我們感受的根源和輸入卻常是潛意識的，好比這些感受背後所隱藏的態度和期望：

「我原本希望他能替我說話。」在潛意識裡，這也許是「我希望他就像我爸一樣支持我」。我們的恐懼或期待常來自於記憶。注意，移情也可以建立在正面的記憶裡，而非僅是負面的記憶。

移情是所有人潛在的習慣，不管他們的成長背景品質如何。不管過去是正面還是負面，我們都會將它的影響移情到自己身上。正因我們的心理發展是由持續一生的移情關係所構成，因此它可說是一種個人價值的延續：「我仍舊記得過往的那些人，只要我還能將他們移情到我的新伴侶身上。他或她使我的故事重生。」

移情在精神上是一種自身導引的本能。我們都會有想回到過去的慾望。為什麼呢？我們在找尋複製和啟動童年或成年初期的人際關係裡那些未塵埃落定的事。當這種傾向成功地重組過去，讓我們能探索深藏在心底的事情，以及找到放下這些事的方式時，這對我們是有助益的。明顯的例子是心理治療或每當我們重新檢視過去時，往往發現它在現在所殘留的痕跡。這需要有意識的關注，在我們產生移情時認清自己，擺脫往事的控制，排除萬難地走進活生生的即時現實裡。當我們有勇氣走進此時此刻的自我或其他人的現實當中，我們才能擁有心理上的自由。

發覺移情並不難，因為我們選擇了移情到像我們父母或其他我們生命中重要人物的人。我們可以慢慢地認出——別人也會在我們身上看到——這些讓某些人成為移情的最佳對象的相似處。

的確，我們可以從潛意識的地窖中拼湊出我們童年的故事——透過觀察我們在人際關係裡的需要和期待，以及我們所選擇或持續選擇的伴侶。我們也可以從人際關係的模式中去瞭解自己的童年。例如，如果母親很早就離開我們，我們會以為也許是因為我們不夠好，所以她才離開。當我們面對現在的伴侶時，我們會重複同樣的情節，選擇讓他或她離開，錯以為讓故事重演就是圓滿的方式，還是希望他們會回頭，而母親沒有？如果他們回來了，難道這代表母親的離開就被抵消了嗎？

移情是將未解決的能量，重新導向到更安全的目標。我們找尋這樣的避風港，是因為也許我們感覺到過去的能量太危險，導致我們無法直接面對。因此，用來追蹤個人事務的移情，可成為一個善良的偵察兵，溫柔地引導我們到一個可能很恐怖的領域。眼前這個配偶也許比起毀滅性的母親，還容易面對。我們童年時那些可怕而不敢表達出來的憤怒，現在可以安全地在我們堅定的婚姻裡釋放出來。

這個較安全的目標可以是惹惱我們的陌生人、斥責我們的同事、開始感興趣的某個人、回到我們身邊的舊情人、家人或朋友。讓移情產生的條件是某個瞬間的舉動、字眼、行為或小習慣，在潛意識裡喚起過去跟我們的關係還沒結束的某個人。這也許可以解釋為何我們會馬上受到吸引或排斥。當我們真的不喜歡或非常喜歡某人，卻不知道為什麼時，可能就是移情在發生作用。

移情不僅曲解了別人真正的樣貌，也扭曲了我們對自己的認識。因此，我們的生命之書會因移情而整本翻錯。比起之前的版本，「意識」是較精確符合現實的修訂版。忠於此時此地的現實，徹底的打開了我們的眼界，並加深我們對自己跟別人的見解。也許這是我們第一次重新看見新的事物、認清其他人。我們花了這麼多時間，只為去看見；但這沒什麼好羞愧的。我們的靈性運作就是如此。所有我們看世界的方式，都因過去而被過濾、阻礙，直到開始的時機罕見發生。然後新的內心佈景打開，我們在裡面找到了自己的位置。

這並不只是介於真切的現實與曲解的移情之間的選擇而已。我們常常同時會受到兩者的牽引，因為我們過去與現在的關係真的很相似。移情並不一定完全是扭曲的，我們的確與過去的人有許多模糊不清的關係，何況在我們目前生活中的人，與過去我們所認識的那些人有許多雷同之處；要仔細分清楚誰是誰，幾乎是不可能的。要清楚知道人們的真面目，和他們對我們的意義，是很困難的。因此我們求助於移情，用它來正面地曲解某些事實。主觀地說，那比較不像曲解，而是一步之差、一個粗估值——就像那些我們想像出來成為教義的信仰和想法。

在傳統的看法裡，當感知與現實不符時，就成了曲解。當涉及別人時，我們會因而看不見一個人，只看見我們對他或她的主觀想法。我們的功課就是要將自我的感知與他或她的現實吻合，但這會是個很艱鉅的路程，而非隨手可得。我們可以學著透過不同階段的交往來認識一個人，我們可以在還沒完全認識對方的同時，持續地發掘更多關於他或她的事情。然後我們所該做的，就是敞開心胸，接受對方真正的樣子，耐心等待能拋開自我成見的時機。

我們的故事或移情會加深事情本身的影響力。例如，如果某人沒有撥時間給我們，我們也許會只注意到或想著這件事，同時也可能影響我們的感受。但如果這件事勾起我們的童年往事——母親都沒時間跟我們相處，我們也許會感受到更大的衝擊，進而感到比眼前情況所真正引起的、還要強烈的憤怒，而這憤怒的一部分，來自於我們悼念很久以前曾經錯過的事。在我們注意到這跟我們過去的關聯性時，我們會發現近期的事情，幫助我們找出了長久以來被遺忘的那些事物。也許我們最終會明白，找回這段未了結的生命片段，遠比對方抽空陪伴自己有價值多了！

一旦我們解決了自身的事情，這個世界與其他人就恢復了他們的身分。然後我們才能真正欣賞那些把時間給我們的人，同時也接受生命所賜予我們的一切，這點並非所有人都能辦得到。我們也許會發現我們幾年來都在操控著別人來為我們撥出時間；我們也能因此放棄這點。無論如何，當我們還在追求童年裡所錯過的事物時，這樣的狀態比起完全放棄希望要好多了。事實上，如果持續不斷地追求，最後能夠喚醒我們的移情，那就很值得了。

我們並不根除移情，而是要導引它。不是像聖經中大衛除掉葛利亞那樣殺掉它，而是像雅各對天使那樣，去與它搏鬥，直到它服氣，並獻上祝福。這個祝福就是把我們所錯過或失去的揭露出來，因此我們能從容地悼念它，而非轉移它。我們得到動力去哀悼那些錯過我們的人，放下他們對我們的重要性，繼續活出不受別人決定或不當影響的生活。然後我們會在自己身上，或其他那些大部分時間都可以在我們身旁，而非偶爾出現的人身上，找到滿足需求的豐富資源。一旦接受了這點，夫負何求。

在悲傷裡，存在一種無法安慰的因素；在我們的需求裡，存在一種無法滿足的因素；而當面對生命中最深切的問題時，則存在一種不可為人知的因素。這呼應了捷克數學家歌德爾（Kurt Gödel）的「不完備性定理」（incompleteness theorem）論點——在任一數學系統裡，確實有一些無法被證實，也無法被否定的題目。這些自然的不完備性，反映出佛教最基本而高貴的真理，即所有的人生經驗，都有持久且根深柢固的無法滿足性。這不僅是佛祖的真理，同時也是某些孩子和龐克搖滾者所宣揚且奉為圭臬的真理。

然而，它還是有光明的一面。無法安慰性（inconsolability）意指我們無法忘懷，但卻永遠珍惜所愛的人；無法滿足性（unsatisfiability）意指我們有跨越眼前慾望的動力；未知性（unknowability）意指我們在自己的驚奇與想像的感受中成長。事實上，**解答讓我們封閉，疑問讓我們開放**。如果能接受最早先而珍貴的真理而不抗拒、指責，或求助於所依附的人事為我們逃避的藉口，我們就反敗為勝。

體認到生命中最終的不適當性或無法滿足性，並不一定是產生折磨的原因。我們可以輕鬆看待這個自然的短暫過程；我們可以承認自己很容易被取悅，卻很難感到滿足；

我們可以在某些滿足、圓滿、完成的時候，感到高興；我們可以發現滿足，以它短暫的特點及未滿足性，給我們一種自由釋放的平靜。

持續不斷與生命恩賜間的衝突，就是自我無知的本質，如果我們能無條件地接受它們，就能從時光中獲得滿足。之後我們就可像萬花筒般，在美妙的新圖案出現時興奮無比，當它們褪去、再換上新圖案時，變得平靜，即使新圖案不及之前的驚人。正如古希臘詩人平德爾（Pindar）說過的：「別企圖成為宙斯；只要有一部分的美降臨在你身上，你便擁有了一切。」

期待的誕生

當過去入侵當下時，移情作用就會跟著產生。數十年間的故事如此演變，每段關係的過程亦是如此。來自童年的模板，有時根深柢固到讓我們無法看清眼前伴侶的模樣。如果母親一直都很慈愛，我們也許會對一個自戀又無法提供愛的伴侶，要求同等的愛。我們對此模板的忠誠，會讓我們試圖把玻璃鞋硬穿在錯的女人腳上：「我與嚴母相處的經驗，讓妳看起來比實際還要強勢，而我對慈母的期待，讓我希望妳能用同樣的方式對待我。」

缺少伴侶的愛，就像缺少父母的愛一般，讓我們感到絕望；我們會認為在別人身上所得到的，永遠無法符合我們的需求。這就是將我們原始的絕望移情到這個世界上。然而我們會發現，別人的失敗不一定是不好的。這讓我們在處理舊傷口時，能同時修鍊自己。

缺乏愛，指的是我們無法得到五種成人之愛（５Ａ）：**關注**（Attention）、**接納**（Acceptance）、**欣賞**（Appreciation）、**情感**（Affection）及**容許**（Allowing）我們做自己。理所當然地，假若我們在過去沒得到滿足，我們會從別人身上尋找這５Ａ。但如果我們自身沒有事先修鍊好，例如因為哀悼過去，我們很可能會充滿不安，並強勢地向別人要求滿足我們的需求。我們很可能會因為散發「非如此不可」的能量，而嚇跑未來的伴侶。在這樣的情況下，移情就成了人際關係裡的阻礙。我們越能意識到自身的移情，就越能發覺到修養的必要，並安撫我們記憶裡的飢渴，以便找出那些更知道怎麼愛我們的人。如此一來，整個人就會覺得壓力減輕，也會感覺比較放鬆。

我們不能改變自己真正的樣子，這表示我們必須成為能滿足我們需要的，以及我們所能貢獻給這個世界的那種人。做我們自己，對宇宙來說是個好消息。

需要５Ａ並非懦弱的徵兆，而是表示我們過去錯過了很多。例如，想要被欣賞或嘉獎的渴望永遠是合理的。我們認可自己的渴望，是一種健康的象徵。這種自我接納，會在我們體內植入一種肉體的快感。就像在學騎腳踏車的時候，會有這類特別的感受。在無數次跌倒和彎腳後，我們會突然抓到平衡的訣竅，或者說這種平衡突然出現了，然後就一直存在著。在接納「渴望」時，就是那種轉換的瞬間，讓我們心中保有那些渴望，既不會老是想要實現它們，也不會因為伴侶看似無法滿足它們而動怒。那些對 5 A 的渴望於是開始獨立存在，而非只有它們可能實現時才能成立。我們發現自己能感受到全人類都有的且存在的東西，而非專屬於自己。如此一來，我們跟全人類的愛，會在自我體內甦醒。接受渴望，成了靈性上的修鍊。

如同其他動物一般，我們在最早的關係裡，接收到最重要的印記。家庭的成長經驗，構成了我們對愛的概念，然後我們進一步探索著未來的關係是否吻合這個模式。此即為什麼我們常常會對別人感到失望的原因，因為對方無法達到一個他們所不知情的陳舊標準。如果我們的過去是負面或受傷的，我們會找尋伴侶候選人來重新製造那個傷害，然後指責他們，因為也許我們從未讓那個傷害我們的親人真正感受到我們的憤怒，或向他們表達出我們的憤怒。這就是為什麼我們會產生過高的期望的原因。我們壓抑的憤怒終於找到爆發的機會，我們的希望會綻放或凋謝。

希望或絕望？

如果我們沒得到那 5 A 的全部或其中之一，會產生兩種痛苦的結果：其一是我們會極度需要它們；此時我們的心就像個無底洞，永遠都嫌不夠。其二則是絕望，不再相信真的可以擁有親密關係中的 5A，也不再相信有誰能長期提供或維繫它們；這樣的絕望是致命的，因為它找不到出口。我要如何讓絕望成為一個疑問，而非答案？

每個人心裡都有希望、期望與絕望。童年時期發生過的事，會在我們心裡停駐，然後在一段親密關係裡突然被啟動，接著我們會移情到對方身上，希望他們能為我們克服一切，並期待他們能彌補我們過去的遺憾，或絕望地認為他們不會真正地陪伴在我們身邊。我們甚至可能導致以下三種選項裡的任何一種發生：

(1)**建立在希望上的移情**。我們常委婉地、間接地要求自己所愛的人，給予我們過去所沒得到的東西。我們相信某人的確值得我們信賴。(2)**建立在期望上的移情**。若我們的移情建立在期望上，我們會直接要求對方給予我們過去所沒得到的那些。(3)**建立在絕望上的移情**。在絕望的移情裡，我們預見且害怕那些為吻合我們的需求，卻一而再，再而三失敗的人。我們總是假想身旁的伴侶會跟父母當初那樣，讓我們失望，或因我們不夠好而讓自己蒙羞，甚至責怪伴侶太小心眼。

第一種和第二種移情會讓我們堅持不放，第三種則會讓我們逃離。這些移情在成人關係的過程中，就像背景圖案那樣擺盪著。「希望」幫助我們相信生命的一切是成長的原料，且能幫助我們無論好壞，皆無條件地接受它們。而「期待」會讓我們直接或間接使用激烈的方式，迫使別人滿足我們的的需求。至於「絕望」，則會讓多數人所接受的基本信任轉變成困擾的疑問，且無法停歇，例如：

- 生命有意義嗎？
- 我真的值得快樂地活著嗎？
- 宇宙的本意是良善的嗎？
- 我可以相信女性（或男性）會幫助我，而非傷害我嗎？
- 成長與改變，真的有可能發生嗎？

一段關係常常是被迫的歷史重演，當中的我們，迷惘地希望這次能得到更好的結果。我們將原本破滅的期望轉移到一個新的希望泉源。如此，移情代表著一種令人動容的事實。不管我們失望多少次，始終對愛抱著無法磨滅的渴望；我們不斷期待能擁有比之前更好的結果。有時，受到深遠的負面模式影響，我們會失去希望，以為事情不會再變好了。我們竭盡所能地使其中之一（或是兩者）在一段新的關係裡實現。

因此，我們產生移情是因為必須重演負面的過去，或是希望在當下獲得新的東西。也許這次我的需求會有圓滿的結果，且不再失望。我們可以活在一切會更好的希望中，或害怕事情還是一樣，甚至更糟。某些時候，這兩種情況會同時發生。

希望和絕望有折衷的平衡點嗎？透過無條件接受生命的給予，我們的需求有時能得到滿足，有時不能；生命並非永遠都能預知，事情也不是總能如我們所願。在希望與絕望的兩個極端中間，站著智慧的貓頭鷹。牠不降落在充滿希望想法的沼澤中，也不在意志消沉的沙漠中，而是棲息在生命樹上，人類世界的事實真相上。我們可以在任何一株正念的樹枝上與牠並肩同坐。在那裡，我們能感受到神性的平衡，且明白只要我們無條件地接受，就能追隨這個平衡。美國著名詩人史帝文斯（Wallace Stevens）在他的詩作〈給至高虛構的短箋〉（*Notes Toward A Supreme Fiction*）中寫到：

沒有平衡是我們能達到的，
但平衡會發生，
當男人與女人相遇、相愛時……

童年如何在成年關係中延續

在這個部分，每個段落都為移情如何將童年轉移到我們成年的生活和關係裡，舉了詳細的例子。

如果小時候，我們的家庭關係充滿緊張，特別是假若父母其中一方或兩方都有毒癮或心理障礙，那我們身體裡的細胞可能會保留某種程度的焦慮。我們會發現兩種可能的結果：一是只有在腎上腺素驅使下的關係、工作或生活形態裡，我們才能真正感到舒坦。二是我們可能會因處於紅色警戒的危險狀態，而自我保護到將自己封閉起來。這些都是移情如何深植在我們細胞裡的例子，即使我們的心智告訴我們目前已經沒有危險。我們的心智知道很多，但我們的身體知道的更多。

即時的怒氣常是移情的徵兆。例如，一個男孩小時候的一舉一動都被他的母親嚴格監控；他對行動自由的潛在需要（5A 中的容許，通常是由父親的角色來執行）被忽視，於是感覺受到壓抑。當他長大結婚後，某天放鬆地在書房裡，冷不防妻子問一句：「你在那裡面做什麼？」他撞擊天花板──再次感覺被女人侵略。如果他探究自己的過去，將會發現自己偏激的反應來自童年轉移的一部分。如果他沒有去探究，那麼他將會把怒氣發洩到妻子身上，責怪她如此詢問，而非面對自己應做的課題。這個課題包括正視、處理、解決和接受他與母親之間的問題。

當我回想起我的婚姻時，有時腦子裡會將我的妻子和母親相混淆。我也記得有時候會對妻子不友善，即使她對我很好。最近，我想到我的前妻，並且又用了母親這個詞。突然，我找到了答案：我透過生命中另一個重要的女人，也就是我的妻子，找回了小時候母親對我的嚴厲。這對我來說是很重要的見解。我向前妻解釋了這些，現在我們已成為朋友；我為我潛意識的行為向她道歉。我清楚看見了移情在潛意識狀態下，對一段關係是多麼具有殺傷力。

當一個移情作用的反應成為有意識時，我們會突然回想起過去原始事件的確切本質。例如，我的姊妹不斷批評我，但我總是默默接受，也許有一天我會回想起，這正是以前母親對待我的方式。然後我會說出來，常是帶著不滿，而這個反應不但是針對站在我面前的姊妹，同時也是針對在她們身後的母親。再舉一個例子，一個男人看見他的妻子對兒子表現出5A，令他很羨慕。她的愛讓他想到自己的母親所沒給他的。這裡的徵兆是「羨慕」，而他的課題是哀悼他所錯過的東西。最後，也是最慘痛的例子：從我愛兒子的方式，讓我明白父親其實沒愛過我。

小時候，我們常受到斥責，所以現在每當別人對我們表達健康的怒氣，我們聽到的只有責罵。當別人給我們理性的回應時，我們卻只感覺受到批評。即使別人給我們的是正面的怒氣，一旦它挑起移情的能量，就會變得令人害怕。例如，它會讓我們想到童年時期，父親如何威脅性地走向我們。這樣的回想可以是有意識（我們的心智記得）或潛意識（我們的細胞記得）的。我們因為害怕別人的憤怒，所以永遠處於警戒狀態，因此我們很容易將事情平息下來，好讓怒氣不致爆發。這樣的警戒，本身是一種痛苦。

一個妻子有時會像母親，丈夫則會像父親。這等於重新扮演了我們父母的角色，而非成為自己所能成為的人。當我們變成父母的角色時，我們對伴侶的性愛激情很快就會消失。這麼說來，移情難道是種逃避親密關係的方式？

移情或許可以解釋我們為何能滯留在不太順利的關係裡。我們也許是太急著責怪自己要的太多或太愚昧。我們之所以繼續撐下去，或許是因為我們想試著解決所有人生的問題，而這段關係看似是個很適合達成此一任務的舞台。我們留下來，是因為童年時光那昏暗的、燃燒著的燈光，仍照亮著這個舞台。

一段悲傷、不圓滿的過去，必須在哀悼後，才能受到撫慰而平息。當我們找到一個看似能給我們童年所錯過一切的伴侶時，我們就會投入他或她的懷抱。而他們扮演的是一個這次會為我們克服一切的父母。因此我們跳過了哀悼的需求，哀悼是我們通往健全心理途中一個欠缺的連結點，移情讓這個缺少的連結點看起來像一座橋樑。這個錯誤是個謊騙能量，因為它最終會讓我們看到踩空的腳步，而非讓我們跳過這一步。我們很快會發現自己與這個伴侶之間產生同樣的問題，而這些問題正是我們希望遺忘的、來自童年的問題。在我們建築起的橋樑下，我們的心靈建築著它自己的橋樑，並將它的貨櫃出口到我們的成人關係中。然而這份欠缺的哀悼，最終仍是一段受傷的童年與健全的成人親密關係間必要的連結。

移情的產生可能是因為我們父母跟伴侶的心理類型有相似之處。例如，一個內向的丈夫會引出我們對疏遠的、內向的父親的不耐煩。我們可能會被一個內向的、忙碌的人所吸引，如此我們才能終於將他——也就是父親——留在身邊。

父母握有我們的生死大權。我們剛開始來到這世界時，就必須討好他們才能存活。現在，當我們將親人的意象轉移到某人身上，伴隨著移情而來的還有同樣需求的取悅。我們將自己的權力讓給對方，因為存活與可愛之處似乎被發掘，就像在童年時期一樣。這就是潛意識的移情如何阻礙我們成長的關鍵點。

當我們理想化或妖魔化一個人時，我們會發現到移情作用。在這種原始的移情裡，我們將一個人視為強勢的父母在我們童年時所擁有的莫大份量。在這種錯誤的認同中，我們傾向將權力和平靜讓渡給那個理想化的人，因為他或她在屬於我們的幸福裡，變得如此重要，或是妖魔化的那個人，強烈地顯現出我們的懼怕和防禦的需要。有一天，我們會憤慨這個被我們如此膨脹過度的小人物，佔去了我們心理多麼大的空間。如果我們真想要自由的話，那些我們內心的角色們，一如我們自己，都需要被縮小到更恰當的比例。

與當權者產生問題，會引發主不由自主的衝突或無異議的服從。然後我們會發現自己不是沒辦法信任別人，就是太過信任別人。這類的反應通常是親子移情的徵兆。我們仍然氣憤那強勢的母親，所以我們無法信任這樣的人，因為他或她企圖壓迫我們最深層的需求、價值和期待——我們真正的核心。一個堅持達到他的期望的強勢父親，會激起小孩心中的憤怒，而這份憤怒稍晚會找到瞄準的目標，像是上司或任何一個當權者。怒氣是針對一個人或情境，是有限的；憤怒則會擴散而沒有限制。它集結了長久以來，從未被正視或糾正過的羞辱與不公平的動力。當我們受父母脅迫不要哭泣或表現怒氣或擔心害怕時，我們也許真的相信這些感受可以被控制。這個迷思可以解釋為什麼我們的企圖——或是我們的需要——現在可受到控制。

我們會注意到，某個接觸，特別是來自陌生人的，會引發比它本身更強大的意義來。這也許可以解釋成我們非常需要被接納，所以一個接觸對我們來說，比它本身的意義更大。或許小時候，我們就是從這類短暫的接觸當中，建立了自己的感知。而現在，我們將力量轉移到目前在我們和別人之間所發生的一切。但，自我感知絕不應該是來自那個部分。我們感受到的或許是從一個錯誤解讀的時間點所得到的自我假象。可惜的是，對某些人來說，即使是需要的感覺，也被視為一種自我的感知。因此我們將伴侶當作幸福的泉源，而非增進幸福的背景——一個與親密伴侶較成熟的相處方式。

如果我們的身分已經與另外一個人結合，那麼放掉一段關係是很困難的，即使是不順遂的關係。放手很難的原因之一，難道是大部分的我們已經移情到別人身上？這也許會讓我們更相信，一旦離開或失去一段關係，我們將無法存活。

當我們虛幻地相信一個比我們所獲得的信號本身還更大的意義時，也是移情作用在作祟的一種。例如，一個極度害羞的人，會因為住在隔壁的女人在走道上遇到他時，對他微笑，而想像成他交了女朋友。此時的他，正把對母親或學校老師的微笑所產生的期待，轉移到了該名鄰居身上。

當移情被濫用，或對我們或別人造成傷害時，就成了一種病態。例如，一個小時候曾經被虐待的人，會將他低落的自我價值轉嫁到其他人身上，而成為加害者。原來的那個受害者，現在感到握有掌控權（他相信加害自己的人也是如此）。這是一個反恐懼的反應，讓這位受害者兼加害者感覺到自己正在糾正曾經遭受過的不當待遇。這種移情可能是連環殺手的人格特徵之一。例如連續殺人魔凱洛柯爾（Carroll Coll）謀殺了所有他認為很放蕩的女人。事實上，在他小的時候，母親性關係混亂，且會強迫他觀看她與其他男人做愛，然後毆打他，禁止他告訴父親。我們同時注意到，大人的掌控權對他來說，是經由報復來確認的，這是受了傷的自我的最佳均衡器。

一位男性伴侶或許對控制他和虐待他的母親有未了結的憤怒，於是當他長大成人時，他開始玩誘惑與抽離的遊戲。他邀請一個女人進入他的生命裡，看起來像是準備好要承諾一段關係，卻又不停地宣稱自己有疑惑，然後不停地分手。稍後他又回頭，將她追回來，不過最後還是很快地又抽離。這到底是怎麼一回事？

在意識的層面上，他是真的非常迷惘，於是在潛意識中，他建立一個誘惑和抽離的場景，一個他時常重演的場景。當他誘惑了一個女人後，他看見她帶著養育者的慈愛向他走來。這份愛讓他想起母親，因而她的接近變得有吞噬力。而現在，不像小時候，他可以拒絕母親（女人）。拒絕了眼前的女人，最後釋放了過去的他，讓他從令人窒息的母親手中得到自由。有智慧的女人不會經歷這種誘惑和抽離的循環超過一次。而有智慧的男人會迅速逃離，尋求治療，解決那已成為恐懼和懲處女人的移情。當然，其中男女的角色，也可能是對調的。

我們有時會做出友善的動作或是想要釋出善意，但我們潛意識中，卻表現出刻薄的樣子，罔顧善意的出發點。有時候，我們會有邪惡的想法或做出殘酷的事情，而兩者看起來都不符合我們的個性。我們會問：「這樣的行為是怎麼來的？」就好像我們內心的世界從來沒被良善博愛的傳教士所涉及，也沒受到文明帝國的開發。舉例來說，當我們戲弄、搔癢或擰捏另一半時，並非存心要逞兇鬥狠，然而這些卻都是兇狠且導致痛楚的動作。在有意識上，我們是在玩樂，但我們敵對的潛意識卻悄悄介入。這也許是因為在我們小時候，其他方面都很慈愛的父母或手足，以類似的「善意戰火」來對待我們。

我們在紐約打電話給母親，而她的第一句話是：「你（妳）終於打給我囉！」我們感覺受到批判和罪惡。我們只好道歉，但她繼續責備我們，最後我們的憤怒爆發，開始吵架。和過去一模一樣的完整劇情，一再重演。我們仍困在狹隘的關係裡，彼此缺乏那份肯定，只有被我們的罪惡和母親的怒氣雙層覆蓋下而不見天日的愛。

表達那份愛難道是我們大部分生命中害怕彼此的原因？誘發罪惡感和引發怒氣難道幫助了我們避免彼此真正親密？這是場我們玩的遊戲嗎？這種刺激與反應的行為模式的另一選擇，是在這兩者中間停頓下來，等到打破這個循環為止。當然，當我們聽到電話及我們生命另一端傳來的那個唯一仍舊有力的聲音而激動時，要停頓下來是很困難的。無論如何，不管是伴侶或家人，在這個或是其他的選擇裡，我們總能用讓自己寧靜的善良博愛修養來收尾：「願你我能更真誠地相愛。願我倆自光明的地方行動。願我們（你們）平安喜樂。」

上述例子的最後一個評論，可以幫助我們發掘自己的另一面。我們對母親的幼稚反應說明了我們有個逆生長的、仍困在過去的心理問題。另一個例子是，當兄弟姊妹都長大成人，卻還是把彼此當作對手一般，而非接受父母有時難免會偏愛某一兄弟姊妹的事實。我們會問，有多少問題是來自童年，而又有多少是來自成年階段？不僅僅是我們要成長，我們的憂慮也須進化。一旦我們不會結巴而坦然接受往事對我們的影響，真正地放下過去時，我們才有空間處理「成人問題」，像是自尊的建立、成功的人際關係、靈性的意識等等。難道我們不願放下過去的原因，就是為了逃避這個？

我們眼前的伴侶，可說是我們童年時光的戲劇裡，原有角色的最新替身。我們會問：「我的心靈要在他或她身上看到什麼，才會覺得他或她適合這個角色？」也許他或她是最適合的稻草人，上面掛著我過往的破爛碎布、兒時堅信卻沒實現的承諾碎布。諷刺的是，即使別人擁有完整的個體和個性，我們依然如此利用他們。因為移情是一種用來補償自己損失的技巧，就如十九世紀的美國女詩人愛蜜麗・狄更生（Emily Dickinson）所說的：

那些我們埋葬的形狀
仍然存在於熟悉的房間裡，
未因墓穴而失去光澤；
當腐壞頹敗的玩伴

穿著他當時的夾克來到，
在印模裡整齊扣著。
我們在兒時那些早晨一起玩樂，
墳墓繳回他所奪取的——
那些年我們偷取的東西……

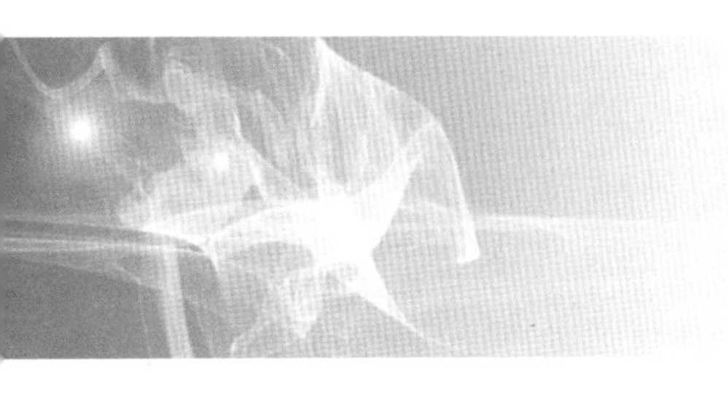

第2章 移情的作用及原因

現在的時光和過去的時光，
或許在未來時光中都進行著，
而未來時光已置身於過去時光裡。

——艾略特，〈焚燒的諾頓〉（*Burnt Norton*）

我們的童年記憶中，有很多部分是說不出來的，但也不是因為無法形容；移情能將這個故事呈現出來，就算我們什麼都不說。那些哭不出來的情緒，我們都用行動表現出來。我們找到那些可能代理我們父母的人：我們不自覺地從親密伴侶身上乞求那些曾遭母親拒絕的事。在我們能給予愛的恩賜之前，必須先揭曉自己的不足。我們希望另一個人可以理解這個暗示，然後補償我們所錯失的。假若能做到這點，我們就會覺得圓滿地被愛。這就是為什麼我們很願意用愛回報那些懂我們的人。

沉默驅使的移情作用，有時也會透過模仿一個重要的人對待我們的模式，來對待我們的伴侶。例如，我們壓抑親密感，就好像是在扮演自己冷漠的父母。我們這麼做，並非吝於給予愛，而是不得不讓這個世界知道我們曾經多麼缺乏別人的愛。唯有把這類事情從胸口移除，才可能真正敞開心房。

同樣地，我們不是想成為控制者，而操控我們的夥伴。我們只是結結巴巴地用動作，而非言語，表達我們因為父親嚴厲的管教而產生的羈絆。我們是在用比喻法，而非直述法，來述說我們的故事。事實上，希臘文的移情就是英文中的「比喻」（metaphor）這個字。我們現今的關係就是我們原始連結的類比，不管是成功或失敗的。親密關係則是從比較關係中抽離，成為現實中的短暫自由。

我們會把發生在自己身上的事情呈現出來，而非僅僅述說它。這麼做並不是因為我們想小心保守秘密或想說謊。之所以完整呈現而非說出來，是因為我們沒有發覺過去對我們的影響，也沒有發覺我們正透過移情作用不停地重演它。

線索

移情是一種密碼。密碼是某事件的完整演繹，但以私密的形態存在，必須經過破解才能瞭解。移情蘊藏著有關過往的複雜線索，等待著被解開。我們移情到別人身上的方式，顯示了過去所發生事件的密碼內容。我們如此強烈地渴望從伴侶身上得到的東西，也許是我們在父母或前任伴侶身上所沒得到的事物密碼。我們期待從一段關係中得到的，就是那些久遠的日子裡，在家裡的廚房，或是跟表兄弟在穀倉裡，或是跟第一任配偶在蜜月的小村莊裡所發生之事的密碼。

移情是不自覺的，就像我們知道某件事，卻不明白我們到底是怎麼知道的。我們感覺到某人能誘惑我們或讓我們感到嫌惡，但無法斬釘截鐵地瞭解確切的原因。這個「謎」必須追溯到幾十年前，在我們的童年時光裡所發生的重大懸疑劇，和其中有些神秘的演員，因為我們並不是很確定他們個別的角色：他們到底是來愛我還是來傷害我的？

童年世界裡的大人們對我們來說也是很神秘的，因為他們常常不像我們的朋友那樣明白地表現自己。每天有好多時間他們都不在，誰知道他們去了哪裡？許多時候他們的行為對我們來說毫無意義，誰知道為什麼？我們對他們的動機認知，有好多漏洞需要填補，誰知道怎麼辦？他們好多過去的秘密都是小聲說的，好讓我們聽不到。這一切都變成了謎樣的「為什麼？」而現在仍困擾著我們。我們不難理解為何自己這麼熱愛解開推理劇的謎，因為我們的過去就有許多是一團謎。

移情最普遍的線索如下：比眼前情境所應有的更強烈的感受；馬上做出的反應；即使關係不順利，仍繼續堅持著；佔有慾、無法解釋的吸引或排斥；對事件原因的困惑；將對方的反應個人化，以及所有伴侶的共通性。此外，我們描述人際關係的方式，恰恰會是在描述我們的童年。例如「我在這裡並沒有真正受到注意」，或「我覺得大部分的需要都已獲得滿足」。我們的言語揭露出自己有過什麼樣的童年，同時也看到我們究竟如何設定重演這段童年的關係。

移情的線索必定會出現在我們對電影的反應上。有些電影片段讓我們哭泣、大笑或感到恐懼，我們卻不知道為什麼。我們融入了某個場景或角色，且知道我們的反應比銀幕上表演出來的還要強烈。此刻我們正與角色或事件做連結，並將自己的故事投射其中。我們在尋找生命中相似片刻的當下、真正的內心感受，以及直到現在仍存在的感受。我們被男主角的困境所感動，也許那曾經是我們經歷過的痛苦。我們聽到女主角說的話，那正是如果可以我們一定也會說出口的話。我們看見自己應該掉下的眼淚，那等待被釋放的眼淚。

我們在他人身上的投射也是線索。我們花好些時間才發現，有一部分的自己，是住在別人裡面。的確，移情讓我們知道，別人並非僅以完整的身分而存在。他們是我們自身故事的反映或投射；他們是我們的一部分。他們不只是「他們」，也不只是「他」或「她」，同時也是「我」。

舉例來說，我們遇見前任配偶，發現她不再有昔日誘惑或刺激我們的魔力；沒有激情的腎上腺素，只有平淡的事實、微微的敵意或溫暖的友善而已。此時，從她現在對我們意義的改變中，我們可以清楚看見投射作用、移情作用和轉移作用在她原先令人興奮的吸引力或化學作用中起了多大的效用。那個我們所謂愛的強烈性能量，在十五年前是如此的真實，然而現在幾乎已經不可能再捕捉到它了，何況我們也絲毫沒有興趣這樣做。對移情的認知，使我們更加懷疑一段關係到底有多真實。對我很重要的另一半，她身上有多少部分其實是我心中很重視的那個人所構成的？

當我們察覺到自己跟父母做出同樣的反應時（例如突然的暴怒或盛怒），也許就能找到移情的線索。移情的感受有時會向前跨越世代。例如，我在兒子身上看到前任丈夫的許多特徵，我們可能因此把對丈夫的某些怒氣發洩到兒子身上。不管是生理或心理上的相似處，都可以促成移情。以下是個正面的例子，摘自美國第一位女詩人安妮・布萊思萃（Anne Bradstreet）的詩作〈給她怠忽公職的丈夫的一封信〉（*A Letter to Her Husband Absent upon Public Employment*）：

在這段死寂的時光，唉，我還能怎麼辦。
除了看那些透過你的心所孕育的果實……
他們父親臉龐的活生生影像。

原因和選擇

移情是生活經驗的地圖，顯示著我們所走過的領域，並指出我們不斷舊地重遊。移情是不斷循環的，亦即一個後果回溯到原因，然後再導致另一個後果。所以這是個獨立的過程。如果我們在當下不明白這個謎題，不能全然地去面對它，那麼我們就先被自己打敗了。因此我們可以利用它去面對潛伏在現在的那些過去的干擾。

要處理移情，就必須注意到造成我們現在行為的過去原由。原由是從理性和條理的字彙衍生而來。然而，我們還可以從另一個字彙下手。那就是選擇。例如，有一個理論是罪犯之所以成為罪犯，乃因他們在童年經歷了暴力事件。另一個理論是，無論他們過去發生了什麼事，他們都要負起完全的責任。撇開「非此即彼」的方法，我們可以觀察過去的影響力，且看到它對現今行為的影響，但卻不因此而赦免它。在檢視心理問題時，也是結合了原由和選擇。移情的原因並不能赦免，但它真的影響了我們的選擇。我們所要做的是看見這個影響，而非讓它繼續存於不自覺當中，然後我們才能做出身為一個成年人所應負責任的新選擇。

循環性的移情如同我們的父母，不斷將我們送進這個世界。離開家並不只是換個地址，這並非切斷我們與家人深深的連結。那不是真正的個體化，因為那與人類的本性相違。離開家是比喻我們成長進入成人階段，吹倒了我們從複雜的「我們是誰」和「世界欠我們什麼」的劇情而建造起的撲克牌塔。離開這個充滿幻覺的窩，是要追尋勇氣，像個「逃到無人島的避難者」，一如西藏禪思大師丘揚創巴仁波切（Chögyam Trungpa）所說。那是一個沒有任何事能確認自我的堅固性和權力的疆界。離開家，就是離開想像中沒有痛苦的安全港，敞開心胸，無條件地答應接受生命的賜予。這個承諾讓我們甦醒，它是通往靈性勝利的通關密語。

然而，就如十八世紀的印度佛學大師寂天菩薩（Shantideva）提醒我們的：「我們就像不明事理的小孩，在尋求痛苦的原由時，卻臨陣退縮。」大部分人都想癒合過去的傷口，但卻不停地重蹈覆轍。同時，我們用潛意識的移情感受來保護自己，逃避面對童年時的衝突。如今，同樣的衝突重現在我們的成年關係裡——在一個看似較安全的場景裡，和一個應該比較安全的人物或親密伴侶。我們不停地找尋溫暖的窩，然而我們逃離它們到開放的空間去，才能得到自由。

在潛意識裡，一切都是流動的：沒有與現在區隔開的過去和未來。一切都重新展現之前所發生的，並彎向將要發生的，如量子物理學家大衛．博恩（David Bohm）所稱的

「整體運動」（holo-movement）。同樣地，我們經歷的不是零碎的片段，而是由一連串的經驗量子所構成的現實。科學家及哲學家亞瑟克斯勒（Arthur Koestler）認為萬物都是「全子」（holon），一個隸屬於更大整體的整體，而大的整體超越它的部分小整體所能代表的。每一個部分都想要維持自己的自主性，同時認同大整體的目標。移情生動地讓每個人都變成「全子」——一個一直都被揭露出來，卻不一定被說出來的、更大故事的一部分。

注意我們要去做什麼

我知道我不是看見事物的本身。我看見的事物是我自己。

——羅若．李（Laurel Lee）

以下的簡述和更多評論，能幫助我們認識移情是如何作用的：

1.我們不僅是心裡記得或失去關於某件事的經驗。我們能感受到它，而這個感受表示我們有某個需要提出、處理、解決和整合的事情。相反地，我們會將它導向、轉移到一個跟我們故事裡的角色相似的別人身上。在移情反應裡，我們做重複的動作而不自知。如此，移情是一種抵抗完整記憶入侵的方式。同時，當我們逮到自己這麼做時，可以練習直接切入到記憶裡，著手應該做的來解決它。自覺性的移情能重演往事，讓我們得以找到路徑進入並渡過它。

2. 移情是潛意識中發生的，但並不是鬼鬼祟祟的手法。也許這是我們保護自己，避免直接接觸一個從我們過去而來，我們還沒準備好瞭解的事情。秘密在生命的某些範圍內的確是必要的，譬如禱告、沉思、親密的性關係、進行中的創作工作。深層意義的秘密也許會隱藏起來，不被我們所見，因為它太神秘，對我們這樣的心靈來說是深不可測的。就如心理學大師詹姆士．西爾曼（James Hillman）所說的：「抵抗和秘密是建立於心理生活核心中的未知與不可知。」

3. 我們有時很難去區分移情和一般的關係需求。因為我們最初的需要——如關注、接納、欣賞、情感和容許——最終與我們在一段親密關係中的需求是一致的。移情是潛意識地回溯到我們最原始的故事，及其整個過程。我們不僅僅像成人一般追尋需求的滿足，還加上期望和比較適合親子關係的權力。

4. 抵抗移情（transference resistance）指的是，當移情無法被指出時，那就承認它吧。我們也可能利用移情去避免知道我們過去在焦慮什麼，因為真相也許強大到難以面對。在一段人際關係裡，我們可以利用移情去壓抑自己，逃避真實的個人經驗與真實的親密關係。之所以會這樣做，可能是因為我們懼怕那種程度的親密，或是還未能完全信任對方。

5.移情會影響，有時甚至會決定我們看待別人的眼光。大部分人在發展人際關係時，都有先入為主的看法。我們帶著獨特的意義和迷思字典，走上人類的舞台。我們呈現出的要求、憧憬和期望，最後變成移情作用的最初原料。我們期盼從成年關係中獲得童年的5A並不愚蠢，反而因為揭露我們過去的破洞，而令人感動。從我們對限制的認知中，浮現我們對整體的熱切。我們因為缺少什麼，而尋求超越自我的東西。因此，那些限制並不會與我們的成長相抵觸。我們心裡的破洞，在我們通往個人滿足的旅程上，是助長我們的動力。我們所要做的是，找出那個缺口，在上面下功夫。然後我們才更能像十九世紀大文豪亨利．梭羅（Henry D. Thoreau）告訴夥伴的：「我的朋友，我會走向你，當我不再需要你。那時你會發現一座宮殿，而不是一間救濟院。」

6.文字有其本義，字典裡的意義和言外之意，往往被暗指或衍生。例如，母親的本義是我們的女性直系血親，而它暗指的含義會引發我們立即的感受和反應。該衍生的意義是個人的，基於我們自己與母親的故事；但也是共同的，基於全人類對所有母親原型意象的感知。所以，移情是一種衍生義。

7.移情不是一個問題，而是一種介於現在與過去、持久且合理的延續發展。然而我們不能忘記，發生過的事情，並不一定與我們潛意識中保存的過去完全吻合。我們是不保證能保留精確帳戶資料的記憶銀行。

8.移情在醫學上也被用來指一個病徵發生在身體另一部分的過程，比喻在心理移情的過程中，我們通常轉移疼痛，而非根除它。例如，我們找到新的方式去感受童年的悲慘，即繼續與一個不忠的人在一起。對外界來說，我們是「忠誠的一方」，但實際上，我們是再次被遺棄的孤兒。任何不曾獲得過5A、或沒有正在體驗5A的人，都是被遺棄的孤兒。

9. 移情的發展線是獨立自主的。我們的智慧發展不一定能對應或跟隨我們心理的發展。不管我們有多聰明、謹慎或健康，移情都會發生。移情是人類關係中的深層構造、一種重要的特性，是普遍存在的。

10. 移情的產生，是因為人類連結的關係是律動而流動的「給予和拿取」、「來來和往往」、「事件和重演」。即使我們與父母之間沒有問題，我們也會轉移、投射和移情，因為我們總是輕易就滑出當下現實的機靈懷抱，然後掉入想像世界的魔幻掌控中。我們不想失去想像中的創造力，只能停止誘拐別人加入我們招搖撞騙行列的戲劇公司。

11. 移情會產生，是因為人類總是很自然地利用象徵法來處理自我的經驗。舉個簡單的例子，我們跟朋友或治療師述說一個創傷的事件。我們會用比喻和手勢來解釋我們的經驗，因此能獲得幫助並解決它。在移情中，某個此時此地的人，象徵過去與我們尚未了結的某人。象徵法的方向可以是兩者之一。象徵法的作用如果維持在潛意識中，將會導致困惑。但是，一旦它進入意識層面，而我們完成了它為我們指出的功課，它就能帶來轉化。

12. **完全停止產生移情作用，就像是扼殺潛意識一般**。我們的目的是要**覺察移情，並從中學習**，減低它的衝擊，削弱它對我們人際關係的控制，以及努力修補它揭露出來的創傷。此外，既然「父親」和「母親」是我們共通潛意識中的原型意象，他們就絕不能、也不應該被消滅。對此，不難理解為什麼佛洛伊德一開始會將「移情」認定是一種精神官能症和一種障礙，因為它扭曲了被治療者和治療者之間的信賴感。不久，他發現移情是通往潛意識世界的捷徑，同時也發現轉移到治療者身上的正面移情，能幫助被治療者，因為友善的治療者會扮演一個新的、更能體諒子女的父親或母親，因此可以幫助被治療者安全地走過他或她情緒上未處理完的事。

13. **移情是個很有價值的恩賜**。它完美記錄了真正的童年時光、當時的來往關係、真正發生的事情、被發現或期待的天堂模樣，以及我們被判進什麼樣的地獄，或是剛好及時逃離它。移情是童年和親子關係的紀錄，並大聲宣告我們的感受。自覺到移情是我們終能研究自己的機會：提出、處理、解決和整合某些看似迷失和晦暗的過去。我們將在本章節的最後探討這個方法。

14. **移情可能會有令人滿意的結局**。一段充滿移情的關係，提供了有關我們最初關係中的缺陷的重要資訊。當我們經歷了它的重現，就會發現自己有機會從中走出來。自我心理學家海恩茲．寇哈特（Heinz Kohut）對移情的第一個定義，放在這裡講很適合：「移情是受壓抑的嬰孩與舊物品連結的衝動的一種重複的傾向，而現今，在他找尋滿足的同時，他開始尋求新的物品。」精神科醫師、作家保羅・歐爾思坦（Paul Ornstein）補充說：「移情重新啟動了被阻礙的成長需求。」在此前提下，移情也可以是我們希望它應該有的模樣。

15. **在生命中，我們心理上的目標是透過與其他人連結，從中表現自我**。只要我們的關係是過去的潛意識在重複踏步，我們就不是在進行自我表現，而是自我隱藏。一個健全的自我，會對別人及世界有目的的表現自我。當我們連結的是過去的想法與心態時，這點就不可能發生。因此我們無法直接並有意識地處理過去。相反地，我們將之全然關進壓抑的櫃子裡，並且不停條列能讓它一直關在裡頭的狡猾共犯。他們是我們所愛或所恨，或者又愛又恨的人，而他們永遠不知道為什麼。

16. **科學領域是一種具有影響力、時間和空間連續體的力量領域**。有些領域為了滿足新的需要，要能及時轉變。一個力量領域的疆界並沒有明確範圍，移情在人類心理學上，就是這樣的無邊領域。的確，我們每個人都是一個能量的領域，在生理及精神上能夠無邊無界地延續下去。我們只是看起來像某種身高和體重很低調的生物，還有一個屬於自己的名字。實際上，我們並不是一個個小島，而是許多小港灣。

17. **佛洛伊德明白移情是一種可暗示性，類似能促成催眠的能力**。移情跟催眠都是一種對更高的能量的臣服。服從在移情裡可能是有吸引力的，因為它和安全感有所關聯：「只要我服從，並繼續當個孩子，我就不需要面對失望或威脅，因為我會受到保護。」

奧地利醫學博士暨心理學家阿爾菲・愛德勒（Alfred Adler）形容服從的因素在移情裡，是要企圖剝奪自身的能力，然後把它放在另一個人手裡。

18. **移情可能誘發一連串的即時反應**。例如，假使我對你說：「你為什麼傷害我？」這會讓你相信，你正在傷害我。然後我會懇求你：「照顧我，並對我好。」你則會回應：「我會當你的父母。」就這樣，我們基於一個原始的經驗，即時創造了一連串的戲劇性對話。這個連鎖反應也可能在內心被鑄造成：「你為什麼沒有早點來？」當被朋友這樣問時，我們會認為：「我讓他失望了，是我不對。」這是一個將童年所遭受的批評移情過來的反應。

19. **在許多宗教傳統裡，教師的角色很重要**。師生關係即使再小心翼翼，也無法倖免於移情作用。我們也許會在教師身上，看到慈祥或嚴厲的父親或母親。在成熟的靈性意識中，這樣的移情不一定會干擾知識的傳授。對一個成年人而言，這些教誨本身，才是教師。

20. **移情，就像生命本身，跨越了各個世代而接觸到我們**。我們與人連結的方式，並不僅奠基於我們與父母的生活經驗。我們也目睹父母將承襲自上一代的議題和迷思帶到我們生命中。誰知道他們對我們恐懼的觸動能追溯到多久遠？誰知道在多久以前這個家庭特色就已然開始，而現在我們是那不知情的繼承者？這個跨越世代的延續感，也反映在宗教和民俗生活中。接連的保守者維持著信仰和傳統。我們可以看到這點，舉例來說，在民俗生活中對美國憲法的尊重，得道的大師對「道」（dharma）的傳承，或使徒傳遞福音。

21. **當往事剛開始從壓迫中釋放出來時，感覺會強烈到像是現在進行式**。這讓我們的移情看似貨真價實的交流。我們不需要指責自己的錯失，治療可以幫助我們讓一切變得有意義。

22. **移情是潛意識的共通習性**，它專注於潛意識，所以很適合用在治療上。但是很遺憾地，錯綜複雜的意識，是絕大部分原始心靈中渺小而脆弱的零件。就如科學家提姆．費瑞思（Tim Ferris）的論點：「意識就像廣闊無際的黑暗澳洲裡的一把營火。」

23. **移情告訴我們，意識和潛意識在我們做決定和選擇時，有何不同的作用**。假若我們童年的經歷令人失望或無法滿足我們的需求，當我們遇見一個吸引自己的人，我們接近他或她的動力可能就來自我們所確實看見的，或是以下兩層關係：

意識中，我相信這個人會：	潛意識中，我發現這個人會：
幫助我修補過去的經歷	重複我過去的經歷
創造與我的過去相反的經驗	重新再造我原始的經驗
取代過去的某個人，給我一個新選擇	複製過去的某個人，讓我進入無效益的迴圈

提供我所有過去曾錯過的（一條過去我試著逃避的絕路）	帶我進入過去不健康的部分，所以我終於可以處理它、看著它發生、想起當時的感受，哀悼它，然後放下它（一條通往現在健全關係的道路）
給我快速的治療路徑	讓我面對我需要做的課題

我們有產生移情的好理由

南義大利有個古老的傳統，即必須等全家人都坐在餐桌前後，才開始吃晚飯。在每個大人和小孩都坐到自己的座位上之前，父親是不會允許開始用餐的。這可比喻為移情。在我們的家庭事務還沒完成之前，把所有事都攤在桌上、每個人都坐在自己的位子上，如此似乎才能安心地生活。

這點可以幫助我們明白為何自己會產生移情。透過移情，將現今適當的角色放在我們周圍適當的位子上，等於將家人集合到我們身邊，且每個成員都在他自己的位子上。潛意識中，我們相信一旦出現這樣的情況，並且只有當這樣的情況出現時，我們才能真正充實自己，並滿足地過我們的生活。

在前幾頁裡，我們已經看到移情產生的正面原因。以下則是十個產生移情的核心理由：

1.我們企圖終止那些囤積已久，且不能輕易與我們故事中原有人物一起解決的事。我們移情的對象是解決那些陳舊事物的催化劑。

我們絕望地試著將故事詳細陳述，而這故事連我們自己都並不完全瞭解。移情幫助我們了結過去。一旦我們對移情產生自覺，我們就能夠成長，走出家人困住我們的地方，從而讓傷口痊癒。

心理學大師詹姆士．西爾曼說：「一個人發現自己在迷思裡，不真實也不虛偽的迷思裡，這其實只是一個先決條件，讓一個人得以融入家庭戲劇裡的熟悉角色。」生活是個家庭教師，而移情提供了將整齣劇搬上舞台的方式。

透過移情的三步驟循環，被遺留下來的，終究會成功得到解決：潛意識的感受，轉變成不完整事件的有意識認同，最終導向致力圓滿它。

2.從很早開始，我們就透過移情來找出那些替代球員，代替我們那上了壘卻沒達到我們需求的父母。例如，我們的小學老師通常會扮演著慈父、慈母的角色。若沒有移情，所有需求的實現，都將落在那兩個小人物——我們的父母肩上。移情是讓能力有限的父母，在我們的發展中，不再是最重要的資源。在健全的移情裡，我們擴大了發展範圍，整個村莊提供了親子教養所需的事物，這也是自然而然應該發生的事。在擴張的家庭裡，移情扮演了過去世代所提供的輔佐——即使在那時，移情也在發生。

3.自我並非永恆不變的，而是持續在改變與進化。因此，對自己誠實，表示迎合自己善變的深層需求、價值觀和願望生活著。它們的重要性在童年就已開始。一個積極有用的生活，會淹沒我們真正的需求，所以我們年復一年地活著，而不知道缺少了重要的某件事物。移情能幫助我們繼續認出我們原始的需求，在適合年紀的方式裡，追求它們的實現和個人發展的重要本質。這是我們過去的創意出口，而移情是我們所利用的藝術器材之一。榮格即曾說過：「(我體內)那個小男孩仍在，並擁有一個我所沒有的創意生活。」

4.在一個酗酒的家庭裡，我們可能不知道放學回家時，迎接我們的會是哪個母親。會是慈愛、清醒的母親，還是那個酒醉、暴力或需要幫助的母親？我們得看伏特加瓶子裡還剩多少，來設定我們在家裡的角色。這時，家不是安全的水瓶，而是可怕的煮水鍋，我們必須在裡頭設計出一個虛假的和迎合需要的自我，才不致被淹沒。我們必須將自己的某部分隱藏起來，才能保存它。我們一輩子都相信，發現我們真正的模樣，會毀了自己。但其實真相並不會傷害我們，它會築起一個可供我們躍進成長的平台。

我們生來就不斷進化地希望被在乎。缺少了我們本能所知的必需品，也就是能提供5A的安全家庭，我們體內會維持著一種矛盾感。長大後，我們仍不斷地感受到童年的缺憾，總感覺少了什麼，某件應該發生在我們身上，卻從來沒完全發生，某種我們到現在都還不滿足的渴望。因而我們從童年中浮現，一如詩人愛蜜麗．狄更生說的：

一個哀悼者走過孩童們身邊……
我走著……像個哀悼領土的人……
仍溫柔地尋找年少輕狂時的宮殿……

我們在錯誤的宮殿裡追求滿足感，因而更加貧困。當追求錯的事物時，我們獲得的會更少。

5.移情和反移情在有自覺的產生下，可以形成一種憐憫，對彼此提供母親、父親、兄弟或姊妹的相處時光。佛教勸人要好好對待萬物，因為他們在前世裡是我們的雙親。也許這句話可套用在我們今生的伴侶身上，因為他們不停地幫我們將父母帶回我們的生命裡。

6.我們記憶中的童年大部分都已失去或模糊不清，移情打開了家裡的窗戶，讓我們看到當時家裡的模樣。事實上，透過檢視我們在現今一段親密關係裡所想、所說、所感受、期望、相信和所做的一切，來重新拼湊出我們的過去。我們也許正在模仿父母，或是如同父母對待我們那般地對待我們的伴侶，或是訓練我們的伴侶像父母那樣地對待我們。移情指出屍體的所在位置，然後我們可以將死者埋葬，再重新過我們的生活。

7.移情讓我們可以從舞台或電影戲劇中獲得助益，因為我們透過演員們體驗，淨化自己的衝突和感受。「戲劇性諷示」（Dramatic irony）指的是劇裡的某個時刻，所知有限的角色面對某個具有超乎想像的力量或深刻意義的事情。移情就是這樣的戲劇性諷示。我們在舞台上或影片裡看到像是演員的困難處境時，對應到我們自己的生活當中，是很沉重的。在戲劇裡，演員們演完他們的角色後，就可離開舞台。在移情裡，每個演員都流連在後台，等待對的時機來臨，帶著最新的台詞、穿戴重新打造的服裝，再回到舞台上，繼續扮演那個角色。

同樣地，大部分人從未看過人類真正的黑暗行為，也沒料想過自己英雄式愛情的潛力，但是，影片和戲劇將人類的各種愛恨情仇呈現在我們眼前，因此，我們對這些愛恨情仇的反應，能讓我們看出自己所隱藏的正面和負面的特質、我們的陰影，以及自我的移情。

8.移情結合了幻想和事實。它的虛幻，是因為混雜了時間片段和不同的人物；它的真實，是因為它承認現在的確包含過去，而且有些人真的很像另一些人。因此，移情是矛盾的，永遠暗示著深切與心靈上的意義。它的深度是因為它讓我們看到虛浮表面背後所隱藏的事物。因此，我們穿越了時空，看到過去；我們穿越了這個人，看到另外一個更重要的人。移情的心靈境界，就在於將明顯不同的兩者融合成一體。

人類家庭的自我認知傳承，在幾世紀以來都沿襲著一個三階段的路徑。第一是神話，然後，宗教管控我們進化的字彙和儀式，最後，深度心理學給我們靈魂資訊。如果我們要體驗豐富的人類神性的智慧，上述三者都仍是必要的經驗。

9.移情的經驗可以是全宇宙共通的，不僅是個人所有。共通的（Collective），指的是「不侷限於任何一個特定的個人，但適用於全人類，且是全人類的特點」。例如，在歷史上，人們對具母性的女神表現出bhakti（意謂摯愛）。因為慈母在我們成長過程中是如此必要，我們可以在聖母瑪麗亞、觀音菩薩，或任何神仙、聖人身上，發現一種無條件的博愛女性典範，來彌補母親給予不足的缺憾。移情助長了宗教的虔誠，幫助我們開啟通往撫慰與道德生活勸說的路徑。我們在後面的章節裡，會更詳細地探討移情的這個面向。

10.最後，我們可以從其他人移情到我們身上時獲得好處。他們幫助我們認清自己。看到自己在別人眼中的樣子，以及我們的行為代表了哪種原型。別人看我們或對待我們的激烈反應，不一定是自我防衛。我們可因覺醒而學習並痊癒：

血液裡的亢奮鋼索，
在舊傷痕下歌唱著，
撫平了遺忘了的戰爭。

——艾略特（T.S.Eliot）

提出、處理、解決和整合

這是本書第一個練習部分。我們練習的目的不是硬逼自己擠出什麼成果。我們採取的練習是溫和的。不是要挖出什麼事，而是打開一個人的心。在過去的範例裡，馴服野馬的重點在於「勒住」馬匹，讓牠疲累，讓牠知道誰是老大，挫敗牠的心靈。而現在的重點在於「參與」馬匹，馴馬師採取合作而非主宰的方式馴服馬兒。我們的練習則在此範疇內。我們逐步地馴服自我；這是個溫和且確實的方法。

我們在練習裡注入努力和原則。要深究我們的課題，就要體認我們需要外力的幫忙；超越自我存在的超然力量，才能幫助我們超越自己。我們可以用適合自己的方式，帶著對一個更高力量的靈感來開始本書的每個練習。當我們進行時，可尋求協助，然後在練習完成時感謝他們。這一切體現了我們進步的修養，同時能推展心靈層面的腳步，到達靈性療癒的階段。

每一個心理工作的核心，都是提出（Addressing）、處理（Processing）、解決（Resolving）與整合（Integrating）問題。這幾個字可縮寫成**APRI**，義大利文的意思是「你打開」。如果我們明白這個為完成我們未竟之事的必要四步驟，移情也許就不會再這麼激烈地發生了。

我們提出問題時，要正視它真正的樣子。承認真正在發生的事情，和我們在當中的角色，亦即擁有自己的行為和感受。此外，我們願意正視傷口，及可能會如何傷害到別人。我們友善地看待問題，而非帶著批判的眼光。藉此，我們能誘導它顯現更多。這指的是直視一個經驗，而非企圖快速解決它、匆匆帶過、謊騙過去，或縮小它的影響。例如，我們承認自己有酗酒的問題或發怒的問題。我們發覺伴侶無法讓我們興奮，因為事實上，我們被同性的人所吸引。我們將自己的底牌攤在桌上，將事實釋放出來，並敞開心胸接受自己和別人的感受。當一個小孩被關進櫥子裡，他出來的時候會很生氣。同樣地，揭發一件事情的真相或自由移動，會釋放出一股強烈的能量。

我們可以注意到，與某人共同面對問題時，有兩種方式。我們可以用善良、世故的回應來估量一個人所做和所說的，或者用最單純的反駁來回應。「這個人看起來很強勢」可解讀為傳教士的熱忱或衝動，然後憐憫他，不讓他因此控制我們。或者我們可將之視為對異教徒的殘暴迫害，進而想批判並懲罰他。小時候，我們大多以最單純的反應來回應生活和事件。那可能還是我們的習性，只會導致批判而非專一面對。身為成年人，我們可以練習將感知的方式社會化及精神化，從而保有博愛良善的目光，不讓他人遮蔽我們的雙眼。

當我們的伴侶拒絕面對一個觸及彼此關係的問題時，我們接收的資訊也許是我們不想要面對的。我們會說：「我要這個有所改變」或「我希望這個會改變」。如果問題還很新，這些話會驅使我們努力去做改變。但假若問題是陳舊的，且沒有商討的餘地，那這些話則會是逃避和自我安慰。例如，一個長年拒絕發生性關係，或討論它、尋求治療的配偶，早已說明了她的立場。對我們來說，提出問題指的是接收到這個訊息，然後問「現在我該怎麼辦？」而非「也許這會改變」。重要的是察覺到來往關係已經結束，個別行動是適當的選擇。當我們變得更有勇氣時，繼續過生活會變得比在現狀裡自我麻醉的安逸還來得珍貴。

提出、處理、解決和整合是一段關係裡問題的解答。在字典裡，「離婚」的定義是因雙方完全分開而正式結束婚姻。離婚的人默契地協議結束他們情感的往來，但小孩的教養或經濟上的往來可能會繼續下去。一旦我們不再與某人有情感上的糾葛，就如離婚所象徵的，也就沒有再一起處理情感的必要了。

某些配偶在離婚後，還想提起過往，重新打開敏感的問題。在這樣的情況下，沒必要用提出、處理、解決和整合來回應。即便情感可能仍舊深刻，但情感上的交往早已結束。不過如果當陳舊的仇恨阻礙了小孩的教養或經濟安排時，則是特例。否則，仍有感覺且放不開的伴侶，已屬於個人治療的範疇。

1. 提出：當兩人之間出現問題時，雙方都需要尊重各自的獨特時機。其中一方也許已經準備好處理問題，但另一方需要更多的時間。在一個健全的時機範圍裡，提出並解決事情，和產生拖延的衝動，是兩個不同的極端。早在與問題交涉之前，情侶或朋友可能因為對於解決問題的時機有截然不同的看法，而結束彼此的關係。

2. 處理：指的是表達我們對於努力解決問題的相關感受。我們平和地這樣做，絕不失控。我們對自己的情緒負責，不歸咎於他人。然後我們將會看到我們的體驗與過去的某件事物的連結，因為我們的感受正雙邊進行著，包含過去和現在的情況。處理也包括檢視我們從本身的處境或感受中得到了些什麼。例如，我們在一段關係中感到生氣，然後利用這股怒氣讓我們得到次要的好處，即逃避親密關係。

3. 解決：這樣的感覺和意識會導向解決，其中包括了行動。當問題化解時，會是一個治癒的轉機、一個恩典的實現。這不是我們造成的，而是自然而然的結果，因為面對和處理讓問題得以化解。在這個煉金的過程中，我們對情感的表達會讓它們和背後所隱藏的那些未了結的事都煙消雲散。積極地下定決心是要採取有助於改變的行動。如果我們面對的是毒癮問題，就要加入戒毒療程。我們破除舊的循環，找到新的行為模式和新的看待生命和關係的方式。解決關係裡的問題，伴隨而來的是設下協議，並信守之。

4. 整合：我們的經驗指的是依照我們從提出、處理和解決中所得到及學習到的東西，來重新建立我們的生活，實踐我們所努力出來的成果。這是讓我們努力的事情和如何過生活之間能協調一致。現在我們與以前有不一樣的生活和連結方式。我們的選擇是基於潛意識的問題，而現在這些問題都已呈現在眼前。我們的世界多了一道微光，有新的感受，而我們也能自由地依照最深層的需要、價值觀和願望去生活。打個比方，當我們有洗碗槽而不用去打水，或是有洗碗機而不用洗碗槽時，自然會有全然不同的廚房體驗。升級了，一切都變得不一樣。難道這會是我們一直以來所害怕發生的嗎？

我們可以這樣簡短概述：**提出**會讓能量以感受的形式釋放出來。**處理**這些感受會帶來轉機，讓它們得以昇華。處理也會讓我們**解決**事情，定下協議帶來改變。這個解析會讓衝突變成單純的事實，而非主觀意識。然後我們重新規畫生活來因應新的改變，這就是**整合**。

我們注意到這四個步驟全都是停頓（pause）。提出，是停下來思考事實、影響、意義和經驗的內心運作。處理，是停頓到能夠感受到經驗周圍的一切，然後探索它與過去圖騰的關連。我們為了未來，決心在刺激點與我們習慣的即時反應之間停頓下來；這樣的停頓是種自由。在接下來的每一天，我們都停頓好幾次，以便整合我們所學得的。

我們也可能不遵循這四步驟，甚至會抗拒完成，寧願停留在熟悉的重複行為中。那麼，這樣的反抗會成為我們要面對的問題，然後我們可以採取同樣的四步驟去解決它。它們真的有用，且能幫助我們相信自己可以處理丟到人生旅程上的生命和人際關係的考驗。我們的「噢不，我不能面對或處理那個！」變成了「我可以做到這點。」

在和一個毒癮者的關係中，以上的練習也許無法發揮效用，因為對試著讓問題維持不完整的人而言，這是他或她逃避的形式之一。在他或她找到療癒計畫之前，我們不可能期望別的。我們因而懸宕無解，這是與這種疾病的人連結的結果。一個酒癮自主治療協會或相當的療程，能提供較好的資源，幫助我們走出來。

如果我們倉促地把上述的四重計畫帶到自己受傷的場景裡，想要迅速地完結它，這方法就不見得有用。有些事情，讓它們按照自己的時間和方式來進行時，我們能學到非常多。有些經驗必須持續一段時間後，才能自己解決。在問題和解決、疑問和答案、議題和解析之間，時間是必須的因素。我們因為留在那個介於兩者間的渾沌空間裡而成長。我們得到了一路感受自己情感的機會，也深刻地體認了我們的計畫和移情。

同時我們會發現，自己開始動搖了，但那可能是帶給我們成人力量的更堅定感。下回，當某件事以相似的情況來挑戰我們時，我們會變得更堅強。在困惑的自我狀態裡，我們自尊的停頓變成一種佛式譚崔（tantra），那是一種利用最負面和神經官能來找到啟發的修鍊。介於兩者間的停頓會延展、平衡一切，讓我們更有深度。

上述三個好處，都比我們立即要提出、太倉促去處理、解決得太突然，或太早整合的療法還要珍貴。輕易將事情清理乾淨的衝動，忘卻了所有事物都需要時機，會讓我們錯過時間所給予的恩惠。當我們的靈性意識漸漸成熟時，我們會比較像播種的農夫，而非對軍隊發號施令的將軍。

時機是轉變的重要原料：柿子剛長在樹上時，味道是生澀的，隨著時間的成熟，它才變得甜美。如果我們尊重人事物的時機，我們的問題都會軟化和改變。我們不再問「他或她對我做了什麼？」而是「這對我有什麼意義？」我們不會問「為什麼這會發生在我身上？」而是「這件事怎樣幫助我成長？」事實上，每個「為什麼？」都變成了「是的，所以呢？」

當懸宕未解的事情寫著我們的生活故事時，我們已不是自己傳記的作者。我們只是記錄者，記錄著過去常常在不自覺中，繼續侵入我們現今的體驗，並勾畫出我們未來的方向。

——丹尼爾・席格（Daniel Siegel, MD）

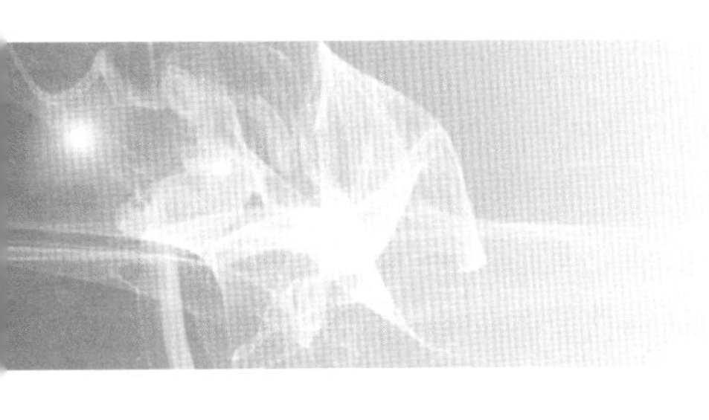

第3章 我們能在一起的方式

加點愛……
那麼你就不會痛苦於離開樂土，
而是會擁有你內心的一片樂土，
更是喜樂。

——米爾頓，《失樂園》（*Paradise Lost*）

雖然移情發生在我們的關係和互動裡，但真正發生的事並不僅止於此。我們用無數種方式與人相處。人們互相連結的方式有較基本的特別三個種類，這三種都影響著我們溝通的方式：

講究事實且直接的交流是中立的，它是基於現實，且完全發生於現在。在此我們是以資訊的傳送者和接收者的身分來溝通。「講究事實」不表示冷漠或無感，而是在開始評論之前，依照事情的單純狀態來行動。

移情是基於記憶，由過去來主導的方式。在這裡，我們是以呈現從前的缺失、滿足和期待的演員及其反應者的身分來溝通。

你我（或我你）關係是基於親密感，且發生於前所未有的即時現在。在此，我們以參與彼此經驗的身分來溝通，真實地對待彼此，一起合作實踐愛。自我中心會造就分離。你我關係是共同的存在，就如詩人愛蜜麗．狄更生在她的詩作〈他們將我們分開〉（*They put Us far apart*）中所描述的：

> 「我看見你」每一個直接的回應……
> 兩人的臉龐——都是全部的渾圓，
> 如我們各自所看到的。

要簡單地分辨出在某個時間點發生的事情，是這三種程度中的哪一種，就是區別出它們各自不同的效用：

程度一：**講究事實的交流僅能提供我們資訊**。我們情緒的思路中沒有波濤，即便一定會有知覺或感受。連結是真實的，但不會造成衝突或影響重大。我們不會產生投射，只會單純地、直接地、純粹地體驗某事或某人。

程度二：**移情的關係會影響我們**。我們用強烈的感受行動或是反應，且通常伴隨著上升的腎上腺素，暗示著自我因為恐懼或強迫性抓緊而燃燒。這個連結是一種牽絆或排斥。我們融入自己的投射，並且讓它大過純粹的事實。有時移情非常強烈，使得對方只有非常小的真實部分能碰觸到我們。因此我們面對的不是一段「我和你」，而是「我對我自己」的關係，這個我自己是我一連串看起來像是你的投射（假設）和移情！

程度三：**你我的親密關係能將我們結合起來**。我們互相給予和接受溫暖，這樣的維持關係有助我們互相瞭解。這裡的連結是互相託付的。我們與在現實中遇見的人交涉，而非投射在他身上的人。假若我們生氣了，我們不會用責怪對方的方式來發洩，而會用一個容易與愛並行的感受來表達。我們之間的連結維持著不決裂。

「你和我」是即時存在的事件。這不僅是兩人的相遇，而是藉此遇見**兩者之間**——亦即開啟人格的靈魂空間。我們的人格並非存在於我們裡面，而是存在於和我們合拍的人之間的發生過程。因此，這兩者之間是發生真實親密關係的環境。**靈魂**一詞指的就是屬於這兩者間的範疇，亦即介於意識與潛意識、過去與現在、時間與永恆。一個靈魂伴侶是將這些與我們銜接起來，就像守護天使一般。

以下是三種程度發生的實例：

我在銀行的出納櫃台窗口，但忘了填寫存款單。不慌不忙的行員發現我的疏忽，並給我機會當場填寫，不帶任何指責。我沒說一聲抱歉地照做。這就是程度一，是一種現實，雙方直接與對方交涉，沒有人在事件當中或之後引發任何情緒上的問題。

假若，相反地，暴躁的行員指責我：「先生，你必須在臨櫃之前就填好你的單子。那邊還有告示寫得很清楚。」我會感覺受到批評且羞愧。如果這勾起了我小時候怎麼被對待的回憶，那麼我對那行員所說的話的感受是程度二，即是將父親的臉投射到她身上，感受到即時的憤怒。我會告訴自己，感覺到被欺負是很正常的，而我會有這樣的感覺，都是那位行員的錯。這樣的情況下，神經質的自我是身體用來防禦自己的一部分。這份能量會留在我的掌心裡，在接下來的一整天繼續侵蝕著我。另一個選擇是聽著行員說，但不被刺激產生強烈的感受反應，然後說：「謝謝，我下次會更注意。」那麼我就會將程度從二降到一。

然而，如果在第三種選擇中，一位友善的行員對我微笑，跟我用眼神接觸，一邊幫我填寫存款單，一邊說：「沒關係，很多人都會忘記，這沒什麼大不了。」我也許會根據事實謝謝她，抑或我會覺得被關照，就像我那總是寬容和熱心的阿姨。正面的移情在此刻產生，而我也許會在稍後想起那位行員，並覺得她很動人。**有多少我們對別人的好感，尤其是對第一次見面的人，是移情作用產生的副產品？**

講究事實的層面是有意識的。移情的層面是潛意識的，直到我們察覺到它，將現在發生的事和它重現的過往做聯想。你我關係發生在深切而親密的連結，且非常刻意地選擇看待對方的真實面貌與她在一起。前兩者不須費力就能發生，而第三種需要有意圖的意識，甚至演練。

我們也可能融入一個不中立，且會影響我們的現實關係裡。不過，這其中並不會有移情。我們**跟某些人是沒有移情的**，而是會有誠實的感受，並且互動很重要也很難忘。朋友和同事通常就在這個類別裡。

當我們在移情反應裡感到很強烈的吸引力，就會尋求將互動升級到程度三，進入一個你我關係。當我們選擇的對象相反地堅持停留在事實當中，我們會感到受拒，並可能生氣或哀傷。當我們能互相同時從程度一轉換到程度二以致到程度三，我們的關係便能健全地進化。

兩個人在現實中相遇，之後不是什麼事都沒發生，就是某些舉動會導致移情的反應。這會創造出一個興趣，之後會開花結果成為一段關係。一旦他們跨越了彼此可能帶給對方的移情，他們就能坦誠相待。於是這戲劇化的連結成為兩個獨特個體的相遇，毫無投射作用。這是親密關係的極致，也是少數不受移情燃燒的關係。當愛情的火焰終於將移情作用燃燒殆盡，讓一顆心能與另一顆心對話，使一個真正的我和你的關係開花結果，會是個很棒的成就。

當一位伴侶只想以現實來表達某事，而另一人卻以移情接收它時，就會發生溝通上的問題。當一對應該回到現實中的離婚夫妻仍困於移情糾葛裡，他們的分離就會變成充滿小心眼的算計。只有在他們以現實來對待彼此時，才能明智且友善地行動。然後，他們之間也許會發展出一段你我關係，然後變成朋友。雙親的臉龐從此消失，隨之而去的是紛紛擾擾多年以來催眠著他們的腎上腺素。從移情枷鎖中釋放出來，通常是通往真正的互相接納彼此。可惜諷刺的是，有時我們在還沒成為朋友以前，就必須分手。

我們與神性的關係也適用上述三種程度的交流。理性地相信神的存在，但不以個人身分跟神交流，也不讓道德教條約束我們的生活，這是現實或淺薄的信仰。想像神就是我們父親或我們希望的父親模樣的延伸，祂會嘉獎或懲罰，如果我們服從祂，祂就會庇護且保護我們，這是移情的信仰。透過奉獻與美德的實踐所發展出來的與神的你我關係，則是一個活的信仰。在後面的章節裡，會詳細探討這部分。

因為移情是潛意識的，我們只有在很少或沒有防備的時刻，才能身處於純正的你我關係裡。此刻我們能看到另一個人真正的一面，而他也能看見真正的我們。只有當一個女人沒有了母親或父親的影像，她對我們來說才是真實的。當一個男人沒有了父親或母親的影像時，他對我們來說才是真實的。只有當每個人都做他自己了，不管是神還是凡人，我們才算是在完整的關係裡。這是因為發展的第一個任務——與父母分離。只要我們還需要找其他人來扮演生命裡的角色，那麼我們就都還沒真正離開家庭。

真正的你，真正的我

英國哲學家懷德海（Alfred North Whitehead）認為這世界是由一連串無數的零碎片刻和斷斷續續的活動所構成。他將每個片刻稱為「現實場合」（actual occasion）。也許一個你我的經驗只是「現實場合」，一如宇宙中所有其他的現實。

當我們對他人產生移情作用時，這個人代表著我們的歷史和潛意識。一個真正的你我片刻是當移情和投射都消失無蹤時，我們所看見的只有那個真實的個人。這會發生在我們帶著 5A 意識存在時：我們帶著關注、接納、情感和欣賞，為另一個人存在著，讓他或她能在此刻做自己，且不企圖操控他或她。我們欣然感知真正的他或她所說的話，以及他們的感受。這就是一個人如何真正感受到被我們深愛的方式。

在這樣的時刻——通常就只是片刻——我們是毫無防備的，因為此時我們放下過去，久到能在此刻身處此地。兩個再真實不過的人，心中沒有自己過往中的鬼魂盤踞在房間裡的沙發上，真誠對待彼此時，他們的愛才能有最美的綻放。也只有那時，才會有空間容下親密關係。

這類即時的愛能回復、修補和重建我們也許長久以來扭曲或受損的靈魂內心世界。透過結合本身的修養和別人認可的愛，會慢慢地、羞怯地浮現一個自我的協調感和自尊。這個自覺和自我定義的提升，有助於以同樣認可的方式回報愛給別人。這美麗的矛盾在於，我們在接收的同時學習給予。這是親密感值得仰賴的另一個例子。我們不需學習任何新的事物，只需要更新；我們不需要給予任何新的事物，只需要回報。

在一段真正的你我關係裡，我們以正念存在著，不受任何干擾，就像和大自然的事物一同存在著。我們不會向一棵樺樹說它應該更像榆樹。我們沒有時間表地面對它，只有一個由觀賞演變成的參與——從「我愛看這棵樺樹」，變成「我是這棵樺樹」，然後是「我跟這棵樺樹都有一個超越和操控著我們兩者的奧秘」。在這樣的時刻裡，自我沒有膨脹或統治、駕馭的願望。它不再受移情啟發，也不再被防衛戒備。相反地，在單獨的個體裡有個人自由的承諾。

我們要如何與他人真正的個體接觸，而不牽涉到自己對他人的描寫？唯有伴隨著5A所產生的正念，擺脫自我的恐懼、慾望、判斷、解讀、控制、幻想等心態，它們才會釋放我們，不再將人們分成不同類型或分類夾中。然後我們才能以正念認識且愛別人。也許正念並不只是個實用的練習，而是我們想要得到的東西。

我們不能消除心態，因為它們是心智的自然產物，但我們可以將它們置於托架上，而非讓它們成為內心生活的主題和屬性。要做到這點，我們得察覺到它，且為我們的心態反應貼上標籤，而非以它們為出發點來行動。正念的沉思可以幫助我們做到這點。

在一段關係裡，我們可以與問題共存正念地坐著，擺脫心態來看看它真正的樣子：「除去恐懼或判斷的層面、修理或控制的需要，以及幻想、移情後，我和我的夥伴還剩下什麼問題？」

心態是概念心智的習性。正念能摧毀心態，將我們從矛盾的兩極中釋放出來，因為它只認定此時此地才是真實的。沒有來自恐懼「那裡」或願望「別處」的心態干擾。沒有過去或未來，那些移情燃料的擾亂使我們分心；唯獨有當下。慈愛能釋放我們心理任何一點僅存的分離感。這是透過心靈工作，讓我們較不產生投射地與人交涉的方式，因而較能同時傳達愛。**我能承受你全然的臨在，還是會一直躲在移情後面？**

真正的自我會等待達到適當的條件，才揭露它全部的面貌。我們都在等一個人對我們說：「我只是我，你只是你，而那樣真的很棒。」這樣溫暖但完全短暫的你我關係包含著一個強烈的諷示：我們對彼此身上最需要的東西是最短暫、虛幻的。然而這不是任何人的錯。短暫性是每段真正有進展的你我關係的現實面。

莎士比亞在《十四行詩》第十五首中隱含了對生活條件的諷刺：

每個成長的事物，
隱含著完美，卻稍縱即逝。

佛教裡對非永久性的信仰，反映出這樣的共同領悟。同樣地，正念也是一樣，因為正念通常是每個當下的覺察，在此覺察中，我們終於可以擺脫看似穩定的表象。只有在這樣無制約的時刻，無條件的愛對我們來說才是值得信賴的可能性。

代數裡的專有名詞，可以幫助我們對兩人關係中的正念時刻有更精確的概念。「漸進線」是圖表上一條越來越接近另一條直線的曲線，但卻**保持永不與之交集**。這個字在希臘文裡意指「從不交錯」。也許這能更精確地描述親密時刻所發生的事：我們持續地越來越親近，卻從未成功達到那個我你經驗。頂多，我們達到接近值。這個代數名詞，讓我們那些察覺到雖然對他人的絕對認識和完全臨在幾乎不可能的人，仍然保有希望。沒有完全的融合，沒有不經過思考的感知，沒有完全逃離受制約的意識——但是我們可以一直越來越好。我們可以把心態、移情和投射放到一邊，直到我們看得清楚，且讓它足夠讓我們看清楚。

正念是種瞬間的意識，所以它的簡短是很正常的。正念是生命的短暫性中間的合適標籤，幫助我們在一個瞬息萬變的世界裡愛人。人類最感人的地方，就是即使明白短暫的事實和彼此近距離的錯失，仍無法阻擋我們用盡全力去愛，並以莎士比亞所謂的「鋼圈」來彼此連結。這並非不合邏輯、錯誤、愚蠢或悲劇，而是我們如何用無條件的愛凌駕於短暫性的條件之上。這是為什麼愛能繼續存活，不管有沒有成全愛人。

無論如何，沒有任何一刻是瑣碎的，因為每個時刻都指向通往啟蒙的出口。的確，甦醒是我們窺見無制約的心智的時刻，我們從依附中徹底解放，即佛教所說的「涅盤」（nirvana），徹底放下不理性的恐懼和成癮的慾望。英國浪漫派詩人威廉・華茲華斯（William Wordsworth）將此視之為：

隱形世界的閃光：
那是一個瞬間的停頓，
所有在我心裡發生的，來了也去了，
就在一瞬間……

練習　存在、正念和慈愛

以下的一些心理練習，可幫助我們渡過移情作用。與伴侶一起練習時，這些步驟同時也可幫助我們處理彼此的問題。它們是存在、正念和慈愛的先決條件。

- 先簡單地注意到此刻別人狀態的具體事實：他正站著、他在說話、他在揮動他的手臂、他正看向右方。這種直接專注於赤裸裸的此地此刻的練習，可以劃破移情，因為它讓我們專注於真正的事實，而不被投射所誘惑。投射會讓一切變得確切而無法改變，對此時此地的專注，會讓我們知道一切都不停在變化。
- 與此配合的是，可以詢問一個人，他或她真正在說什麼或是感覺到什麼，或是重複我們所聽到的，以確認我們聽懂了他或她的話。我們可問對方我們是否弄對了。這樣可以將任何可能產生的幻覺或是移情導向現實。
- 可以的話，要讓移情變成自覺，且提醒自己承認，移情的對象就是我們過去往事的延伸。我們要問自己：「她或他像誰？」
- 請對方告訴我們，當我們移情到他們身上時，他們看見了什麼。
- 要察覺自己正試著在別人身上尋找我們在童年時失去的東西。注意自己是如何試著重拾那些時光，以致可以重來一遍，或與之做了結。在那樣有意識的情況下，單純地指出和說出事實，會巧妙地幫助我們清除錯誤。

我們努力提出、處理、解決和整合移情，就如第一章結尾處的練習部分所條列。若要學習與某人**同在**，而不受移情的干擾，首先得設定好一個讓你我完全存在的進行式意願。之後當我們真正與別人同在時，我們可以在５Ａ的清單上一條條地勾選：

- 我有沒有在**關注**（attention）或是打算接下來要說什麼？我是不是處於防衛狀態而非開放自己？我是否觀察到感受和肢體語言，還是我只是在聽文字敘述？
- 我是否**接納**（accepting）對方真正的身分，還是在評判他或她的生活方式或行為？
- 我是否**欣賞**（appreciate）對方，還是在貶低或小看對方？我是否看見對方的價值且珍惜它？我是否珍惜對方在我生命中所佔的位置，還是我將對方視為理所當然？
- 我是否感覺到**情感**（affection）——即友善——還是害怕親密，因此與對方保持距離？我是否適當地展現實際的愛？我是否透過擁抱和觸摸來表現親暱，還是我僅透過性來表現？
- 我是否**容許**（allowing）對方做他自己，還是企圖監控對方的選擇或生活的方向，控制其行為？

我們注意到，有兩個共通的自發行為形態會阻礙「容許」：我們看見某事物或某人很吸引人，就想抓住並緊握不放。這是依附，是需求的結果。要不，我們會害怕或退縮，想要逃跑並大喊：「讓我離開這裡！」

在真正的存在裡，我們放棄抓緊不放的形態，容許某事物或某人能隨心所欲地來去。我們放掉抓緊不放的習性，同時能夠擁抱並與別人交往。例如，我們在一段關係中帶著一個放鬆而非控制的手腕，讓對方能感到自由又同時與我們連結著。

我們透過容許自己簡單地與發生的事情共存，就能放掉「讓我離開這裡」的逃離心態，讓事情在心中有它自己完整的情感面貌。當我們壓抑感覺或躲避現實，就是企圖掌控我們自己和這個世界。例如，我們害怕發現自己的健康情況，所以避免去做健檢。相反地，我們可以面對嚴苛的事實去受檢，感受所有伴隨這個經驗而來的感受。

◆正念

正念是在每天的沉思中練習，那是靜靜坐著，單純察覺我們的想法，而非採納或拒絕它們。我們總是採納吸引人的想法，趕走不吸引人的想法。但是，當我們平等對待它們，就會漸漸忘記要抓緊或逃離一天裡發生的事件和情緒。我們可以容忍不愉快的事，我們不需要沉迷於愉悅的事物。這就是以正念處理想法的方式，它幫助我們找到生命中的泰然自若，在風暴與壓力面前文風不動。我們不再被吸引或驅離我們的事物所搖擺，不再是受制約的自我，而是在最純粹的寬敞狀態中，無條件地與事物共存。

同時，我們也放掉了常見思想中的意識形態：恐懼不知什麼會降臨、希望能繼續下去的慾望、別人的評斷、企圖控制別人或控制生活呈現的困境，最後，沉溺在幻覺中，而非忠於生命和他人如其所是。

我們將沉思中的認知以及行為上的經驗帶進日常生活裡。正念會在認知上影響我們，因為它能沒有成見地關注我們。心態是「相關的想法」，正念是自覺我們如何思考。我們開始看見想法和現實是如何建立起來的，然後親切地微笑。心態會激發我們以恐懼或慾望的壓力來感受反應，也會改變情緒的經驗，它找出什麼是美好的、避免不愉快的，同時企圖控制經驗。相對地，正念讓我們看到如何容許所有的經驗，也因此，我們的恐懼能被驅散，我們的慾望也變得較不苛求。放棄慣性的逃避，取而代之的是對事情的開放。我們邀請不斷流動的新事物進入生命中，讓我們不再需要投射和移情。

現在我們不能與過去一筆勾消。但在正念裡，我們能與現在交涉，而不必依附於圍繞著過去經驗的移情或被其遮蔽。我們以正念超脫或擺脫受移情作用的過去，或是受恐懼、慾求所束縛的未來。要做到這點，必須將所有的想法歸類，並安撫腎上腺素，而非反對或接納它們。

◆慈愛

慈愛或慈（metta）是佛教裡的一種修鍊，藉此能為自己或他人祈求四種深不可測的靈性恩賜：**愛**、**憐憫**、**喜悅和平靜**。我們意求全部都得到，一次得到一種；首先為我們自己，其次為我們所愛的人，然後為那些我們可能不在乎的人，然後是那些跟我們有問題的人，最後是為全人類。我們愛的範疇因此從自己的內心擴展到全人類的心。那些現在看似如此分隔的事物，將能得到它真正的模樣，終歸是一體的。人類共同的快樂目標讓我們瞭解我們的一體性。

我們可以利用同樣的修鍊，發揮友善的想法和願望給那些傷害或困擾我們的人。慈愛不是為我們發聲的退路，它是個總和。我們為自己站出來，完成與他人的交流，堅信他們會找到通往啟蒙的優點。

我們可以用許多不同的方式來設計慈愛的修鍊。慈愛是一種對所有人類友善和溫暖的態度，它同時表現在我們的行為裡。我們的行動會鼓勵別人的好而不只是追隨自身的利益。當我們的慈愛發現某人的快樂，它會與之調和，而非羨慕它。當我們的慈愛遇見了傷痛，它會轉變成憐憫。當我們的慈愛被不安和失控的人們所困時，它會轉型為內心的平靜，並為那些人祈求同樣的平靜。因此慈愛幫助我們體驗，並同時擴展到其他人身上。

檢視純粹的現實時，我們結合了正念和慈愛，看見我們真正的面貌，而不被自己的概念、偏見和信念所困。我們在開放中開放。完美的愛情發生在那無名的領域中。如果我們想在領域外愛人，在投射、移情和期望的受限疆土裡愛人，我們會失敗，因為唯一可能誕生愛的領域，已將我們流放。這是個沒有國度的名字、沒有既定的宗教、純正的種族，也沒有地理界線。在那裡，我們憑著慈愛的通行證，在同個天空下、同一片土地上歡迎每一個人。

因為慈愛的修鍊控制著我們，它變成一種承諾，甚至是一種呼喚。然後，在所有發生在我們身上和他人對待我們的每個方式中，我們看見更多愛的機會。每個議題和每個人，都成為我們內心的一個出口。

在這個地球上建立一個小小的天堂，藉著愛擁抱彼此，藉著愛擁抱全世界。只要你保有珍貴的友誼，殘暴、混亂和日常生活的苦痛，就無法阻擋你去看見永久且完美的愛。

——聖奧爾力（Saint Aelred）

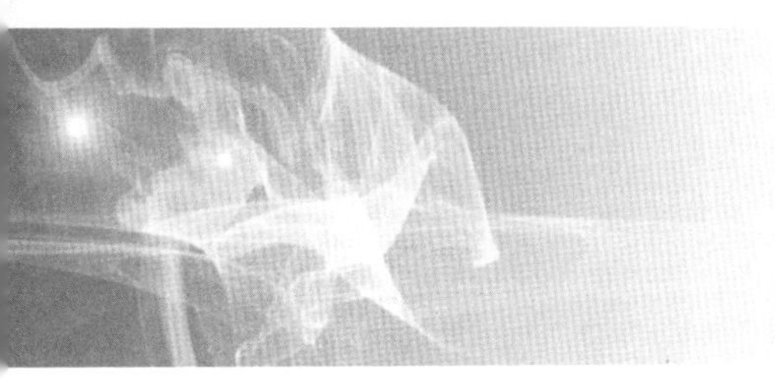

第4章 作用與反應

人、寵物、地點和事物

當父母為了接聽來電而打斷與小孩的相處時光時，手機對小孩來說有什麼意義？當一個冰箱通常都是空空如也或總是冰滿了啤酒時，冰箱對小孩來說有什麼意義？一個小時候是鑰匙兒童的成年人，電視機對他來說意義為何？

移情不僅限於人而已，它可以在我們與任何動物、事件或儀式、地點或事物之間發生。我們經常賦予事物情感。

一個學步兒童在學會走路後，漸漸離開母親的懷抱而獨立，但他仍會帶著存有母親溫暖或味道的毛巾。這是讓他能保有安全感的方式。這條毛巾或泰迪熊就是所謂的「轉移物」。一個物品變成了關心和安全的象徵。

在生命中，我們用轉移物來安慰自己和繼續相信存在的必要連結。我們看待我們的所有物，就像它們是自己的延伸。我們用我們的所有物，有時是我們的關係人或我們的小孩，來建立一種穩定感。我們將神刻畫成人的樣子，看著我們、呵護我們。這些都是比喻，都是移情的各種形態。

一隻寵物、一輛轎車、一個小孩，都會重新創造和重演一個我們從不想要完全失去的原始重要連結。的確，我們的存在是來自一個連結，那就是與父母的親密連結。既然移情呈現出我們生命中的一切是多麼深刻且廣泛地互相連結，它也許可稱為心理生態學（psychological ecology）。

我們都知道，目前的成年生活裡有些**事物**就像泰迪熊，讓我們緊抓著它們尋求安全感——例如一只戒指、一片玫瑰園、一串念珠、一張照片、一個紀念品。這並非象徵懦弱，而是認知事物的確擁有意義，且很美妙地，這些意義在我們傷痛的時候，能抒解一些痛楚。但當這些事物被看成是有魔力的，或是能代替我們承諾，取代了我們以成人的行動去面對處境時，就會發生問題。

也許你學生時代住在波士頓，現在回想起那段時光會很懷念。波士頓會讓你聯想到自由自在的生活，你想像如果回到那裡，將發現從前那個歡樂的自由在等著你。事實上，你正把年輕時光的感覺移情到一個城市上。一個地方會維持著它的親切感，是因為移情的關係，不一定因為它對我們來說會是一樣美好。「那個一樣的老地方……」在我們年老的時候已經不一樣了。

食物是情感轉移的一部分。也許在那所謂「安慰的食物」裡，我們能與童年時的溫暖感受重新連結。我們可以清楚分辨小時候自己買的泡泡糖和家裡慈祥的父母或爺爺奶奶準備的精緻菜餚。兩者都在相同的時代，但現在只有後者有著強烈的感受。我們將「舒適」與「在安全與信賴感的環境下用餐」做了聯想。

節日帶有移情的潛力。我們回想童年的聖誕節是很歡樂或是令人失望的。現在，當聖誕節接近了，我們感覺不是太過興奮就是太過沮喪，或是兩者。我們原始的經驗仍然勾勒出我們對此時此地的反應。在聖誕節的例子中，我們遇到了給予和接收的議題，以及來與去的問題——大多數人的困擾領域。我們記得得到的禮物不夠多，或是得到太多。我們在潛意識中帶著那次經驗的肉體迴響，在每年十二月時，以情緒反應的形式出現，直到我們解決它、放下它。然後聖誕節會成為一個新的節日，有著我們現在發掘的或是賦予它的象徵和意義、擺脫過去的寓意。這就是以現在聖誕節真正對我們的意義來過聖誕節，而非用它過去的方式。

寵物絕對是移情的合適目標。一隻狗會安慰我們、提供歸屬感，牠能無條件地愛我們、陪伴我們、給我們打氣、對我們忠心耿耿，且肯定比許多人類都還能夠給予5A的愛。我們開始將寵物看成人，有時像是我們的小孩，有時像是我們的伴侶。我們依賴牠們，也深深關心牠們的安危和健康。對我們的幸福而言，牠們變得很重要。

人類的需求被一個動物所滿足。這當中並沒有錯，但是我們可以在當中注意到移情的範疇。當迪克或珍離開我們時，小花的忠心陪伴填補了我們心中多少的疏離感？我們可以堅信會一直看到小花**跑在我們身旁**，而非**離我們遠去**——就像人類有時會對我們做的。也許小花的忠誠能讓我們在生命中感覺被安全地陪伴著。因此，移情可以提醒我們在過去錯過了些什麼，移情同時也提醒我們必須感謝寵物們的值得信賴，且願意彌補我們悲傷的缺憾。

我們可以和寵物關係非常緊密。我們的心智和言語會說：「喔，我知道我們是分開的，且牠只是隻寵物。」但在內心深處，這隻狗已經成為重要的另一半、一個家庭成員。因此我們會介意別人辱罵或拒絕我們的寵物，就好像這些待遇是針對我們一樣。這非關對錯。當我們選擇撥出心靈的位置給一隻狗，我們就要像個大人一樣接受這個事實。現在我們不但會因為別人怎麼對待我們而覺得不舒服，同時也會在意他們怎麼對待我們的狗。

我們的態度和我們對待寵物（或自己小孩）的方式，能揭露一些我們小時候受到的待遇。例如，我們的狗在別的狗經過家門前時會狂吠；我們試著訓練牠不要這麼生氣。當牠吠得很兇時，我們會把牠關進浴室，也許這是因為我們小時候發怒時，父母也是這樣把我們關進房裡？

舉另一個比較微妙的例子。我們會覺得需要讓房子充滿人氣，尤其如果我們獨居，會想讓房子裡的人數和我們原本的家庭一樣多。因此我們在家裡養了兩隻狗和一隻貓，因為我們小時候，家裡總共有四個成員。這個例子的特點是，當一個寵物過世了，我們就需要很快地養另一隻來取代牠。這看起來像是逃避悲傷的方式，但也可能是一個重組「適當」家庭成員的潛意識需要。這樣一來，家庭構造就完整了，而我們也感覺較不寂寞。

最後我們想到，動物在古老傳說裡的英雄旅程上是很重要的。狗被視為通往地下世界的陪侍，這地下世界象徵的正是我們的潛意識。在古希臘，狗是負責看管地下世界的。在現代的故事裡，綠野仙蹤中煽動桃樂絲啟程前往奧茲國並幫助她看見巫婆真正原形的，也是一隻狗。帶領愛麗絲進入魔幻地下世界的是一隻白兔，地底下的世界等著那些願意探索他們意識生活的人去發掘。只有當我們到這些隱藏的地方時，才能跟她一樣，發掘出我們意想不到的範疇。

職場上亦然

職員會將他小時候或是在其他職場經驗裡聽到權威人物時的態度或感受，移情到他們的上司身上。一個職員可能會透過他目前工作上的兇惡上司，重新體驗他小時候被兇惡人物欺負的經驗。

職員可能太過偏激地尋求贊同或是變得叛逆或兇劣。在過去經驗裡與權威角色未完成的情緒會自動在職場上重現。

如果經理對待他們的員工如同對待小孩一般，他們便會受到移情的魔咒影響，也就是從小時候父母對待他們的方式衍伸而來的移情。因此老闆對員工要求完成份內的工作之外，可能還會要求個人的忠誠。當一個工作管理者沒能在工作上調和員工的人類需求，也可能大部分是移情的作用所致。

一個經理對下屬的現實關係形態通常會導致怨恨，因為這樣的關係看起來是冷酷和苛求的。這也許隱喻著一段移情，員工期望經理會像父母一般友善或疼惜地對待他。事實上，不管在什麼樣的情況下，當人們用太過嚴肅的方式溝通，其他人會感覺自己好像是被利用的客體，而非如同一段你我關係中受尊重的主體。身為人類，我們想要在所有互動中感受被愛，即使現實生命裡並不能如此承諾。然而，在職場上與在任何一段關係裡一樣，需要被尊重是很合理的。

我們都知道，必須靠工作去賺錢，才能存活下去，但因為移情的關係，在工作上，我們會自然而然地感覺到家庭的連結在形成，但在管理層面上，卻會堅持生意就只是生意。這很容易造成職員與管理者之間的衝突，因為兩造是用不同的視野和不盡相同的願望在工作。諷刺的是，就如日本公司所呈現的，對生意最好的情況是，對工作團隊能像家人一般。在人類價值的成長中，我們不僅會為了利潤和工作上的成就感而構成交易，同時也會為所有一起努力工作的人的福祉而成長。

對一個管理者或老闆來說，知道他或她如何能在職員間創造出競爭的氣氛是很重要的。意識到手足的敵對和移情的作用，對工作者和管理者來說都是有幫助的。只要移情還是潛意識的，它會製造緊張壓力。一旦它被發掘出來，我們就可以致力改變，讓一切更好。

一個管理者越是健全、有力，我們就越會將他理想化，期望他能像父母親的角色一樣，提供養育和衷心的關愛。在親子形式的互動中，服從與照顧之間存在著一個隱藏的條件。在管理的主要模式中，我們被期待遵守公司的政策來換取我們的工作安全感。當一個管理者沒能將我們當成真正的人看待，變得專橫或加以控制，我們就會像對父母一樣忤逆他或她，從理想化轉變成妖魔化。人際關係裡的移情要素幫助我們瞭解這個結果是如何達到，或是沒有成功達到。

當我們不再被移情所困時，伴侶或老闆的批評話語就變得較沒那麼嚴重了。一旦對方對我們已不再有家庭的力量，那些企圖批判我們的言語，就沒有效果了。我們會將此言論當作此人的聲明，而非對我們的裁決。反應的緩和表示移情已不再驅使或阻擋我們（在下列的練習之後，我們會更仔細地檢視批判這個主題）。

在工作上

要在職場上發覺是否有移情的存在，有個很簡單的技巧，就是想想你同事或老闆的兩個優點和兩個缺點。問問自己這些優缺點如何對應到你原生的家庭成員，或你的前任老闆、同事，或是前任伴侶。例如，你的管理者很苛求，看似不甚滿意你的工作表現。你也許會回想，你的母親非常苛求，而你的父親對你永遠不滿意。於是這個老闆同時重現了兩個經驗。

身為一個成人，我們該怎麼回應？當我們因為受到批評而感到生氣，我們應該**停頓**下來，在回應**中尋找事實的種子**。我們將這個評論與過去的某個主題做連結，就能感覺到包覆其中的能量。於是我們大腦（情緒）的反應會緩和下來，達到領悟的一刻。我們很高興在對他人的反應中，又找到一個通往內心世界的線索。我們歡迎這個讓我們停止時光錯亂地生活的契機，從而更隨意地進入到現今的世界。有時，我們與他人之間並沒有真正的問題，就只有寵物問題讓我們困擾。那麼我們的工作就是要提出、處理、解決和整合。

我們可以嘲笑自己怎麼還那麼敬畏那些具權威性的人物，但在內心還是可以有無懼的潛能，如下面的例子：你坐在咖啡館裡，突然二十多年不見的小學老師走了進來。她來到你的桌子前，不但沒有面帶微笑與你打招呼，反而嚴厲地說：「挺直端正坐好，雙手緊握放在桌上。」你不覺得一定要照做，不管她的用意是什麼，你只把它當作玩笑並一笑置之。假若我們能像這個情況，拒絕權威性的控制——我們可以這麼做，至少在小地方與其他情況。即使權威的力量看似完全掌握在他人手中，我們仍能練習那些小方式。

最後，我們可以**繼續意識**到工作並不總是個練習自信心的安全場所。某些職場的規則並不能讓人輕易地發表意見，有些甚至完全沒有發表意見的餘地，更不能容許有助健康的開放性溝通。如果一份工作會讓人退縮或根本違背人性，那就由我們為自己**找一個**

更好的環境。如果那不可能，我們就會受到持續的壓力煎熬，並一定會用一些減壓技巧來強化自我，但這些技巧並不能當成一個完整的療法。

每天工作之後筋疲力竭，在工作上對政策充滿焦慮，受到管理階層或同事不尊重的待遇——這些情況都會讓我們的工作場所成為地獄。這就不是適合人類自尊成長和維持體格健全的場所。這時我們該竭盡所能地讓工作更人性化，或是找別的工作。否則長久下來，我們的身體會因這些壓力和沮喪付出很大的代價，就像我們的身體也許仍在為失常的童年或人際關係付出代價一樣。

公平的遊戲規則、從自助活動中所學習到的健全心理技巧、在成年生活裡靈性意識的進展——這些更多的重要原則也許完全不存在於職場，或在工作場合裡根本不被允許。對某些工作、某些管理者來說，這一切都是徒然。由我們自己判斷我們的工資是不是值得某些工作帶給我們痛苦。

內在的自我批判

想想看，在我們對自己的瞭解裡，有什麼是過去所留下來，而不能在現今幫助我們的呢？

在本書中，我們已經看過了幫助我們順利渡過移情的工具和步驟。現在我們檢視自己，來發現身上的遺留物。過往的親子訊息到現在還在我們心裡，因此需要被清除。我們如何瞭解這點，然後面對自己內心的批判？我們如何反駁，而非呆坐著面對謊言和半真半假的事實？

批判是認同的反面。認同是我們都想要的，批判會傷害我們，因為它取消了鏡映（mirroring）三方法的全部三種。我們在軟弱與有限的時候沒受到照顧和保護，相反地，我們因此而受辱。我們沒被全盤瞭解，相反地，只被看到某一部分，因而被批判。這時我們當然會覺得與對方失去了連結。

當父母或前任伴侶持續批評或羞辱我們時，我們會將他們的責罵吸收進內心。英文中 Introject 這個字是從拉丁文來的，意思是「往內丟擲」。我們將別人用來批評我們的抨擊，放進內心的深處，深到我們相信它其實是源自於我們自己。在我們聽到這些批判從我們口中說出，發自我們內心深處時，就可以完全展現這點——我們用別人的武器來攻擊自己。

被吸收的批評話語是羞辱我們的失敗，而非幫助我們克服失敗。這些話有個共通且沒有時間限制的特徵：我們「**一無是處**」且一直以來都是如此。當這些話如雷一般劈向我們時，我們感受到的無助感，會讓我們在之後想要過度補償，試著要掌握生活中的所有事。

我們要到七歲時才會發展出自我判斷的認知，所以從父母那聽到的，會進入我們的心靈，然後留下來，不管這些話有多羞辱或難聽。我們缺乏挑選和選擇要吸收什麼東西。七歲以後，我們仍會相信別人對我們說的話，因為我們對父母的權威有責任感，且害怕失去他們的支持。這解釋了為何我們內心的自我批判變得如此根深柢固、持久且影響深遠。我們的真我是很脆弱的，會很輕易地被長年的洗腦威嚇住，進而相信自己的出現會有多麼危險。這個真我刻意地潛伏在心底，直到它聽到我們信任的某人或自我的5A之愛顯示「全部清除」後，它才會慢慢浮現。

「母親」不但是一個我們生命史中的人物，也是個永遠在我們心靈內在的人物。現在，要清除母親對我們的批判，就要先清除被我們內在化的母親版本，也就是在我們潛意識裡，她的批判性形象。雖然移情讓我們有機會能透過其他人去清除母親的批判，但這卻是個危險的遊戲。把它當成我們自己的功課，在我們自身上努力，而非透過複製品，才是負責且有效的做法。

危險並不存在於回憶中母親說出的話語，而是我們現今如何堅持這個批評的聲音，或是尋找那些會模仿它的人。我們會這樣做是因為批評並不陌生，又是與過去的連結，而提供了一種持續感。我們仍舊維持對原生父母的忠誠，不管這是多麼不恰當。我們掙扎著想要逃離那個已經佔據我們一大部分的聲音。

一個強烈的內在批判，會讓我們在現今生活中聽到別人對我們的批評時，有更強烈的反應。然而，當我們努力於自身修鍊時，這個情況就會開始改變。例如，母親現今的批評已不再像以前那樣衝擊我們。如果它們仍舊能傷害和激怒我們，那就表示我們還沒完成修鍊。

以下是「**完成修鍊**」應有的模樣：她的話語變得沒有影響力，僅僅喚起回憶，以及關於她仍舊是什麼本質的資訊，對我們不再是強勢的衝擊。以前如此有力的東西，現在已失去了它的能量。那些傷人的話不再侵入我們。行為的新價值中心變成我們從自己意識中所聽到的，而非別人對我們的意見，不管跟我們有多麼相關。我們重新獲得了力量和個人的權威感。

當我們坦承分享自己，或想要討論嚴肅的話題時，家庭成員也許會批評我們。一個健全的反應應該是，承認這類對話是不可能、有害、令人沮喪的，或是會對我們造成傷害。於是我們必須限制閒聊的對話。當我們知道別人的底線並因應其行動時，我們才最能保護自己。我們遠離任何會導致批評或引起別人不快的主題。這並非懦弱，而是尊重自由言論有對的時機和對的場合，且是維持和平的機智方法。

我們會注意到某個親戚總是對我們說些苛刻的話，或是批評我們。我們之間的關係看似有害，而我們疑惑是否能有個魔幻的密語可以阻止對方，進而讓雙方能真正對話。也許我們已大聲說出來，但都沒有作用。於是課題轉回到我們身上：留在自己的完整性裡，不去反擊，非必要就不與他或她相處。另外，我們可以在慈愛的修鍊中加入對方的名字。

一個批判我們的觀點，通常建立於家庭對我們的成見、我們在童年時給人的印象。以下就是一個例子，關於三位兄弟姊妹如何在家庭迷思裡摸索自己：一個人被認為很吝嗇，就算這幾年來她付出了她的那部分，甚或付出的比別人更多。另一個人被認為不太聰明，即使她近來的教育和生活經驗增廣了她的知識。第三個人被認為是個騙子，即使她現在說的是實話。大部分家庭成員都會維持其對我們原本的印象，且這個印象變成我們無法完全擺脫的成見。上述例子也說明了我們重複不斷的需要就像空轉的輪子。另一個選擇會是從 5 A 下手，而非尋找羞辱我們的事。羞辱是愛的反面。

奇怪的是，在移情裡，我們努力尋找那些可以確認我們家庭迷思的伴侶和關係情節。對我們來說，推翻家庭迷思就像是一種對父母或家庭不忠的表現。我們心裡那個在村落裡紮根的部分害怕這個選擇，因為這隱含了我們淪落成社會的賤民、孤兒、流放者。諷刺的是，我們懼怕的竟是在神話中代表著跨越出來和自我更新的原型象徵。

內在的自我批判是主要的罪人。他相信了這個迷思，而現在尋求證實。這個被吸收的批判——自我羞辱——引導我們恐懼自己內心的動機與衝動，轉而否定它們。我們變成了自己行為的審判者和執行者，而非細心的意見調查員或純粹的見證者。內在的信仰變得習慣到我們開始相信它們是正確的，它們是理所當然的。

我們可以重視內在的自我批判，但不能排除對自己誠實的檢視：我們仍然可以透過大膽誠實地面對自己，而在自我認知中有所成長。我們的確可以高傲、苛刻地重複錯誤，自私地要求別人。我們以前就已經這樣了，現在還是可能會這樣。我們要的不是懲罰，也不是完全的原諒，而是接納我們正在經歷的混淆或偶爾脫軌的行為。當我們在承諾持續修鍊自己的前提下，可以承認自己的缺點，如此在靈性上就會有所成長。的確，承諾指的是持續地努力於課題，而非一次就達到圓滿完成。這個努力很清楚地是條通往平靜、明智和清醒的明亮且直接的道路。

最後，有高度內在批判的人，通常也對別人有高度的批判性。進入我們的內在世界，檢視自己的言語和行為，以及注意我們是否在譴責別人，是種靈性上的練習。批判別人有三層危險：

- 會傷害他人的感情。
- 當我們以偏概全或太快判定對方時，就無法掌握對方所能教我們的事，同時錯失了與他們相處的親密時光，無法注意到他們的故事是如何獨特和令人感動。這些都是能帶領我們通往憐憫的特質。
- 當做出批判時，我們無法同情他人行為背後所經歷的困境。

我們批判的越少，心中就越能升起慈愛。難道批判他人是為了避免感受到愛的完整力量？別人批判我們，難道是因為他們並不那麼想要愛我們？

練習 從迷思裡釋放自己

我們無法輕易地用一個正面的聲音取代負面的聲音。想要讓治療產生，就必須注意內心的聲音，客觀地將它標示為只是一個想法，然後把位置讓給建設性的回饋。如此才能在心裡聽到喜愛的叔叔的聲音，而非批評的父母親的聲音。我們對自己的行為負責，且在行動不合適時，能做出修正。但我們也可以看見自己的無辜，且慶幸著自我的完整性。這時批評者就變成了辯護者，是存在於內部的靈魂而非削弱我們勢力的暴君。這不是指我們取消一個信念，轉而支持它的反面信念。而是**容許一個反面的可信性**接觸到我們。例如，如果一個內心批評的聲音告訴我們，自己是不可愛的，我們會堅定我們的可愛性。這相當於堅信佛心或佛身、意識、福報，或是一個內在的靈魂就是我們真正且根深柢固的真實本質。

一段痛苦或充滿暴力的童年，可能會逼迫我們抓著「想要逃跑」和「必須留下來」的兩個極端。然後在成年生活裡，我們可能會將「抓著這兩個極端」與「無力感」聯想在一起。這個心態可能讓我們無法面對處於極端之間的壓力，而這對心理上和靈性上的發展是很重要的。

自我批判的迷思常衍生於那些羞辱或責罵我們的人給我們的自我印象。我們現在可以相反地不被我們所相信的動搖，而只相信紀錄上所顯示的。一連串的成功、一個善用事物的持續性風格、一系列參考手邊最好的建議所作出的選擇，為發生在我們身上的一切找到一個愛的回答的承諾——這些都是我們紀錄上的細項。它們遠比我們心智所解釋的判定來得有意義。一個完美的例子是我聽到關於茱蒂·嘉蘭（Judy Garland）的例子。她是全球公認優秀且多才多藝的藝人，然而她懷疑自己的天分且很怕被發現。那些成功的電影、歌曲和舞台劇都是她的紀錄。那些和紀錄不相符的恐懼是沒有根據的。思考這個分別，並在你的手札中寫下自己的紀錄。

有時候，某人批評的字眼會給我們有益的回饋，指出我們真正需要面對且改變的特性。我們可以直接看待這個信息，不被負面的責備所侷限。在這樣的正念中，我們直接切入到有用的資訊裡（事實上，有用的東西常常比真實的東西還珍貴）。我們記在心中，且因此心懷感激。我們相信可以改變自己的行為，能更小心行事。我們也相信擁有那被別人指出來的負面缺點的另一面，也就是正面的優點。的確，美德是從它們的極端裡成長的：勇氣是從面對恐懼而來，愛是從克服怨恨而來，智慧是迎接困惑而來。我們最糟的特性和錯失，是通往索羅門王礦地的大門。

這呼應了佛教對所有限制和優質其共同呈現的理解：我們的暴力特性被內在智慧

的無暴力加以平衡。恐懼的兀鷹在樹枝上從不孤單，因為在牠身旁，總會站著無懼的老鷹。我們邪惡的傾向與內在的善良一樣同住在我們的靈魂當中。我們將重點從基於現實的批評倒鉤，轉移到另一可能性事實的選擇。那會引發出足以驅趕干戈的喜悅。

因為自我批判是以言語的形態呈現，是來自聽從左腦的的聲音。我們也可以靠著專注感知我們整體和實際的穩定性，來啟動我們的右腦，象徵我們完整個體的穩定性。這會幫助我們冷靜地遵守現實。我們因而可以確信：「雖然我仍會感到恐懼和危險，但喜悅和安全已在我心中油然而生。」那種感覺像是實體上的轉換，而我們將知道自己終於回到了軀殼裡。

當我們立即注意到自己的姿勢時，身體已加入了這個過程。一旦內心批判的聲音——或是任何人——開始批評我們，我們會挺直站立或坐直。這對我們認知自己是完全的成人具有很大的意義，而非像被責罵的小孩。

安慰自己說，內在的批判「只是在心裡」讓我們的心智看似卑劣，形成另一種壓抑。我們的心智是領悟的中心。當我們的心智掃除了外來的聲音，而專注於致力發展健全的自我，它會變成一個很棒的工具。我們可以認同它，且改變說法為「這個內在的批判是我心裡的偷渡客，而我已經準備好將他驅逐出境」。

我們可以回憶靈修的重要性。靈修能裝備我們，讓我們毫無牽絆地體驗快樂。它們同時也讓我們記得自己如何被傷害，而沒有想要報復的慾望。因此，回顧那些被判定或被羞辱的過去，我們可以對那些中傷我們的人釋放慈愛和憐憫的善意。這是另一種放掉牽絆的方式，同時放掉別人的羞辱，也不再吸收他們對我們的指控。

我們可能在童年或一段關係中被當成奇怪的、與眾不同，或無法被接納的人來對待。可能有人跟我們說我們有什麼地方不好。現在，在我們努力清除那些隔代相傳的批評訊息時，就可重新架構成：「我一直都有條獨特的路。我總是與眾不同，因為我內心有一個特別的創造性，它在這個重聽的世界中大聲叫囂著，期待被啟動。我之所以會覺得像個外來者，也許是因為這個創造性的原動力仍然住在我裡面。我因此很感激，並想要對它打開自己的心房。既然知道被排除在外是什麼感受，我就不會去排擠他人。讓我慘痛的道路引導我去關懷他人。」最後兩句，即是實踐慈愛的表現。

我們那解不開的迷思，讓童年的家庭聚會變得毫無吸引力。那麼我們應該全都互相遠離嗎？我們成年的挑戰是維持連結，但不被牽絆所綁住；是尊重，但不強迫。我們如何做到這點？如何放掉對原生家庭的互相依賴？

- 保持聯繫，尤其在節日或生日時透過電話連絡，需要的話可以長話短說。只有在確定這次經驗會對我們的心理健康有助益時，我們才會親身出席。
- 總是尊重他人。
- 不反駁，也不用任何方式報復。

- 不利用親屬來營利，更不因而變得依賴他們。
- 當家人生病或逝世時，表現出關懷和負責。這是指留意他們是否受到照顧，而不一定是個人主動提供照顧。
- 不再以自我的傷痛為出發點去行動，而是用我們心裡不可侵犯、無法磨滅的愛與被愛的能力去行動。

為何他人的行為讓我懊惱

移情並非家庭或工作關係裡的一切。它只是我們對他人反應中最常見的四種範疇之一：我們碰觸到自己⑴陰暗的一面，⑵自我，或是⑶稍早或任何過去的經驗（移情的領域）。然而，我們也可能呈現⑷真正的自己，那個表現和接受5A的自己。那麼我們就會發展出兩人關係。

我們可以一一檢視這四者：

1. 就負面層面來說，陰影指的是我們內心壓抑的、令人無法接受的衝動，卻很困擾地在別人身上看見。正面來說，陰影包括我們否認自己擁有的恩賜、天分、美德，而欣羨他人所表現的。我們想像自己所有的事實上都在別人身上。因此我們的陰影結合了我們所拒絕且投射的。事實上，我們丟擲了（投射了）真正自我的一些部分到其他人身上。對他人的假設，也是投射的一種形式。

如同我們能意識到移情，就可以意識到自己的陰影，並且從我們在別人身上不喜歡或欣賞的部分來認識我們隱藏或被否認的自己。我們透過收回投射，將它們帶回我們身邊。一旦我們承認自己黑暗、負面的特性，或是正面的天分，就能與迄今未被注意到的自己做朋友。我們在自己身上同時看見希特勒和泰瑞莎修女，然後對自己的傾向和選擇負責，不管是黑暗或光明的。我們不再如此激烈地感嘆或喜愛他人。我們可以在自己身上找到人類所有的可能性。

當我們收回了投射，巨大的創造力會在我們心中打開。我們繼續欣賞別人，但並不因此而捨棄了自我欣賞。我們仍能看見他人的負面特性，但同時明瞭自己也有一些負面特性。因此我們將陰影當作一條正面的道路，引導我們在別人的陰暗角落裡，和過度聚光的自我實現模範裡，找到個人創造力的核心。我們就是一切，投影會讓我們無法看見或相信自己完整見解的範圍。

2. 我們會發現，高傲的自我是被某人的行為所激發的。這個暴君的內心想要完全掌控別人、事件和情況。這個自我膨脹誘騙我們相信自己凌駕於生命的一切之上，並注定有不受它們牽絆的豁免權。自我膨脹是我們本身的一部分，在我們被批評或想要讓事情依照我們的想法來完成卻遇到阻撓時，膨脹的自我會覺得受屈辱而圖謀報復。這自戀的自我會讓我們抓住任何一個蔑視，然後持續地找尋方法來為自己辯解並執行報復行動。這部分的自我想讓離婚具有敵意，「要讓他或她知道不能這樣對**我**，也不能這樣心安地離開」。我們可以與陰影為友，努力透過靈性上的練習來馴服自我（我的另一部作品《陰影之舞：釋放陰影的力量與創造力》〔*Shadow Dance*〕中的某些內容，在這些領域上可能有所幫助）。

3.我們也可能用移情來回應其他人。在移情中，我們先前的生活議題或人際關係問題，透過像父親般嚴厲或溫柔的聲音、母親或前任伴侶溫暖或短暫的擁抱，回頭找到我們。我們透過比較過去和現在的意識之間的相似處，承認我們被綑綁住的事實，且停止那些會助長移情作用持續下去的行事方式，來解決移情。

- 當我們猜想或懷疑「我也許會像那樣」，那或許是我們的**陰影**反應著對方令人無法接受的行為。
- 當我們說或想「她怎麼**敢**這樣對**我**？」我們可以假想，是自我在反應別人那些令人無法接受的行為。
- 當我們感覺「老爸或老媽對我做過同樣的事」，也許是**先前的生活**以移情作用的方式回來了。諷刺的是，通常我們最後還是對別人做了與父母或前任伴侶對我們所做的相同的事。

4. **有時我們純粹地過生活，沒有陰影或自我投射的干擾**。沒有移情，只有這個人本身或這個行為本身。那麼我們就能體驗**你我關係**。這會有一或兩種形式：

- 一個與某人互動或是進行中的關係可以在實質上完全沒有陰影投射、自我競爭，或是移情問題。我們僅以事實或友善的方式與人交往，沒有常見的神經阻礙和欺騙。
- 你我關係可以發展成真正的親密關係。我們在對方身上看到他或她的真我，因此也呈現給對方我們的真我。這過程通常會點綴著來自陰影或自我或移情的干擾。但它可以持續下去，直到我們感受到此時此刻的奔放自由，與一個真正的他或她，而非被轉換的人一塊兒相處。

我們都看過耶穌聖心圖，他的心在外面，他完整的內在是打開讓信眾看到的。這是個比喻，比喻靈性上深度的交往。在你我關係裡，一個心靈連結打開了，而我們接近了對方的核心自我。心（heart）這個字在拉丁文是 cor（意指核心）：某人的核心也許是我們等了一輩子才找到的一顆心。然後我們以相同的東西回報，結果就是正確地交往，而非反映我們黑暗的一面、一個自我的理想或敵人，或一個父親或大姊姊的替代者。

我們渴望的不只是內心啟蒙的狀態，也渴望一份無條件的愛。在你我關係的時刻裡，無條件的愛可以被彼此釋放。**它是無條件的，因為它不受陰影或自我投射、移情的條件所制約。**

看到我們的阻礙

在練習時，我們可以要求自己「**看到**」(S.E.E) 我們和別人之間發生了什麼事：「這裡有什麼被激發了，所以我的陰影、自我，或早期經驗現在以移情的方式重演？」事實上，每當我們變得不安，且不太知道自己發生了什麼事時，這個技巧是有幫助的。這個練習幫助我們對自己的感受負責。用這樣一個沒有責怪的立場，我們比較可能碰觸並表達慈愛。它會不費吹灰之力地自然流露出來。

練習

開放的技巧

這裡有一個三步驟的簡單技巧，可以處理讓我們不安的事。請注意，開放是我們所能利用的技巧性途徑，而非對感受的自我操作，事實上後者是一種激進的控制形式。對一段完整經驗的開放，能打破自我中心的習性。

從注意我們所感受的開始著手，也注意自己的反應或怎麼感受、表達它的強力。這表示聆聽自己、掌握經驗，而非以防禦或藉口來推翻它、逃離它、責怪他人或以我們所感受的來反擊。這是我們坦承的方式，並且永遠是第一步。

再者，我們可以問：「這裡的訊息是什麼？我需要在自己身上做什麼功課？這個經驗指出了什麼樣的陰影、自我或移情？」

最後，我們說：「沒錯。然後呢？」

以下三個步驟都是開放的形式：

1. 透過注意，我打開心胸看到我所感受的。我對事實保持開放態度。
2. 我開放自己，接受我所能學習的，以及該如何去負責任。
3. 我開放接受事實的挑戰，然後以一個有效益的方式去過我的生活。

練習　面對（F.A.C.E.-ing）自己

我們也可以練習自覺自我如何及何時被激起，然後放掉它對我們想法或行為的壓力統治。神經質的**自我**是我們試著要拯救的那一面：F.A.C.E.——恐懼（Fear）、牽絆（Attachment）、控制（Control）和應得權益（Entitlement）。當我們不安時，我們可以練習勾選我們的F.A.C.E.，並列表來看看自我是否被刺激，或如何被刺激。我們檢視讓自己不舒服的事，然後問自己：

- 我在害怕什麼？
- 我想要得到或證明什麼？
- 我試著控制什麼？
- 我認為我應得的是什麼？

透過慈愛，我們能成功放下自我。然後問：

- 我的恐懼和防衛如何變成愛和開放？
- 我的牽絆如何轉變為放手？
- 我要怎樣容許他人當他們自己，讓事情自然發展，而非試著控制人和事？
- 我要怎樣放掉我應得權益的態度，負責任地為我的權力站起來，且當無法維護這些權力時，也不會尋求報復？

這是接受「生命可以是不公平的」，不管我們的態度有多武斷。我們心理的承諾並未投降，我們靈性的承諾也沒有報復性。**這個過程是個心靈的鍊金術，因為鍍鉛的自我能轉變成充滿愛的純金自我。**

練習　尋找問題

處理反應是需要自我認識的。以下幾個有力的問題，可幫助我們認識現今生活中的獨特特徵。我們可以問，它們是否為我們應該處理的事實，或要重新思考的習性？誠實地回答這些問題能幫助我們省視自己，以致更加認識自己。這是我們能接受現今事實的基礎，進而改變自己到最佳狀態，如此我們才能更快樂地生活。在你的人生旅程中回答這些問題，然後與你信任的人分享（第一個問題僅需要更深刻地接納自己，因為它好像是我們心理DNA的一部分）。

- 我大部分是內向還是外向的，還是兩者相當？我是否注意到與某些人或在某些情況下，我會比較內向，或反之？
- 我對自尊的定義是否建立在別人對我的崇拜之上，或是我對自己的形容有多準確，包含了缺點和其他一切？
- 在生命中，我常居領導地位，還是在計畫中較能勝任輔助的角色？

- 我大部分找尋的伴侶比較像是我的父母、我的小孩還是我的同儕？
- 我是否傾向看到事物幽默和有趣的一面，還是傾向看到黑暗的那一面？
- 在我的生命中，事情是否能輕易地發生和解決，或者比較像上坡般吃力？
- 我是否能輕易且開放地表達感受，或者傾向於壓抑它們？
- 我是否覺得自己個性狂熱？是否千篇一律地否定自己？是否可以節制自己的行為？
- 我是否大部分都仔細計畫行事，還是行事衝動？
- 關於用錢，我通常是揮霍無度、慷慨、吝嗇、負債累累，或中庸適度？
- 在親密關係裡，我是否給予一個健全的底線，或是共依存關係？我心懷感激地接收，還是覺得理所當然？我通常是給予者，還是接收者？
- 我的性風格是什麼？在日常的性風格、性向和幻想生活之間，是否有吻合之處？
- 我常找到能滿足自我的工作，還是只是混口飯吃？
- 我現在在什麼樣的靈性道路上？我的靈性實踐是什麼？

練習

從受刺激到不受影響

這個練習在我們發現自己的按鈕被觸動時，可以有所幫助。我們的反應是被別人所說、所做或被他們對待我們的方式所激發？例如，當一個人用兇惡的聲音或動作來到我們面前時，我們可能被激發出恐懼，因為看到了童年時父母對待我們的方式。然而，我們可以用**不受影響**來面對移情的激發——穩住我們的言語或行動。最佳的不受影響就是修鍊慈愛的話語：「願我能無所畏懼，願這個人能擺脫恐嚇的需要。」很快地，我們會察覺對方的言語或行動只能與我們擦身而過，而不致傷害到我們。這就是愛如何幫助我們變得更堅強。

> 我要綻放。我不想要封閉在任何地方，因為在我仍然是封閉的任何地方，我就不是真實的。
>
> ——里爾克（Rainer Maria Rilke）

處理別人對我們的反應

到目前為止，本書探討了我們個人如何把過去強烈、未解決的感受移情到現今生活中的人物身上。但我們當然不是唯一在關係中重新活出過去的人。那麼當他人用他們舊日的情緒傷口來回應我們時，又會如何呢？

對方會用兩種方式移情到我們身上：

首先，那些受到我們移情作用的人，會以同樣的方式來回報我們。在心理分析學上，這稱作「反移情」，且大多發生於最親密的關係裡。此時我們受到潛意識的力量所控制：我可能不信任新伴侶，因為她在潛意識中讓我想到那個對我不忠的前任伴侶。她自己小時候也不受她父親的信任，所以她以怒氣和憤恨回應我。我們雙方都被困在過去裡，卻堅信著自己確實活在即時的現實裡。

其次，某些人在我們僅在現實層面面對他們時，對我們施以情感和期望的移情。這可能發生於工作上或其他社交場合。例如，我會注意到某人恨我或迷戀我，而我很疑惑自己為何讓他或她有如此大的反應，因為在此之前，我根本很少注意到此人。用移情來回應我們，是一種吸引我們注意的方式，特別當他或她需要我們憐憫的關注時。

我們並不總是能在別人對我們的反應中看到移情作用。在那些反應中，有些是移情，但有些只是有用的回應。**鏡映**這個詞是用來指父母對孩子需要和感受所接收到的理解，是一種需求與滿足的對照。童年時的鏡映能幫助我們理解真正的感受。之後我們繼續從別人對我們的反應和回答中來認識自己。我們感受的鏡映讓我們在這個共同的世界裡感到舒坦，且撫平了疏離感。這就是為什麼回應在我們一生的成長當中是很重要的。無法處理回應的自我，是一種障礙。

以下是四種表達負面移情的方式（別人對我們的負面反應）：

1. 與我們競爭或比較，誇大他們與我們之間的不同，讓他們覺得自己很優越。也許有一天，當我們都放棄想贏的衝動時，才會發現應該如何**去玩**。神經學證實，遊戲，大概從人類三個月大時開始發展，與大腦迅猛發展有關。幽默和遊戲一直是通往成長的道路，即使我們不再受到競爭的衝動所激烈逼迫時，它們仍是我們成長的道路。

2. 想要緊急解救或醫治我們，這也許是個避免或處理他們自己傷痛的手法。他們可能想藉由證明他們能夠當照顧者，來試著贏得自己心中的父母的肯定。人們通常先是在別人身上尋求肯定，繼而觸碰鎖在他們心中的這個人所象徵的形象。

3. 無法理解或無法看到我們某些人格或行為特質。這些盲點可能會進一步阻止他們看出我們對他們有多麼關心，或是無法接受我們建設性的回應。

4. 成見或仇恨可能是移情作用的表現。某些人會對我們的選擇、性向或政治立場產生道德勸說。某些人會對我們的外貌、衣著或舉止有過度強烈的反應。

上述四種例子，都是對方過去的某件事情被挑起，而來到我們身上。基於他們未解決的情緒傷口，我們誘發了一個情緒性的反應。

回應的力量

我們如何能正確且有自覺地回應反移情呢？

在治療上，反移情通常不是適當的感受，而是一個被治療者引誘治療者跨越界線，給予其特權破壞治療而引起的反應。治療者避開了這些陷阱，抑制自己對被治療者做出過度負面或正面的反應。他或她會搬出移情來面對自己的督導者，但在被治療者面前則隻字不提。在私人生活中，我們不一定要保持沉默。我們可以說出來，但是以友善的方式，及在謹慎挑選的時機下。若大膽地說：「我不是你母親，忘掉吧！把我當成我！」通常聽起來極具批判性，且會干擾到健康的溝通。

對移情到我們身上的人的感知加以肯定是很重要的，因為它在某種方式上，其實是合理的。**我是如何地像他或她的前任伴侶？**只有此時，我們才能從移情進展到你我關係的時刻。這樣的練習聽起來會是「我理解你在我身上看到你的前妻。我知道這是從何而來。讓我們打開心胸，接受這個可能。我可以做我自己，用你我關係的方式相處，而非以你和她的關係。我不想要當你的前妻或母親的最新版本。我想要做我自己，好讓你能看見我、愛我。我想要以同樣的方式對你。我知道這會花一點時間。你願意為我花這個時間嗎？」

對方也許不太自覺他自己所發出的訊號。在我們揭發對方的移情作用時，多數人都會感到驚訝。我們可以決定是否對移情的解讀負責。我們可以自由**解釋**。沒有防衛的解釋有助於發展真正的親密關係。解釋是人們之間深層事實的發射盤，因為它毫無責怪或將過錯推拖到任何人身上，客觀地記錄感覺和意義。

在他人對我們的負面移情反應中，我們會注意到別人如何將他們的願望或自我要求強加於我們身上，絲毫不理會移情產生作用時所發生的事。這會以精神自我的任何層面呈現出來：恐嚇、責怪、禁止、控制或針對我們的需要。這些都是自我用來延長我們的折磨方式。

維護我們的底線是測量別人移情範圍的可靠方式。界線幫助我們避免受到那些控制慾強或具有掠奪性的人們操控、遮蔽或催促。這些人通常很清楚地知道誰能忍受不公平的對待。狡猾的王子也許選擇了灰姑娘，不是因為她的腳能穿上玻璃鞋，而是因為他從她與後母和姊姊們生活的故事中知道，她有忍受別人無法接受的行為的能耐。

在我們心理和靈性的意識成長的過程中，當別人試圖控制或禁止我們時，我們能夠即時察覺，並且不會讓它發生。但我們也不至於責怪或報復那個人。我們只會回應：「噢！」同時保護我們的底線。我們建立且擁有一個底線，一個沒有例外的**政策**，然後用它來決定我們如何忍受他人，或他們能對待我們到什麼樣的程度。這暗示的是，當無法產生對話時，我們盡可能離得越遠越好。

這裡有個更微妙的例子：當我們的伴侶對我們說「你（妳）還不夠」時，他或她說的意思可能是他們在我們身上尋求的，比一般人對他人期望的百分之二十五適量需求的滿足率還要高。如果對方是自戀的人，也許指的是還沒達到他或她所應得的。這時由我們來**詢問他或她的用意**，然後決定我們所願意給予的。這是建立界線的一種方式。只要我們被別人用需要和要求來定義時，就不算是擁有真正的真我。

當對方憑藉那些未確認的假設，且拒絕與我們對話時，我們可以**拒絕與之交往**。我們不需要將他人的投射看成是針對我們個人。我們可以對一個移情背面的傷痛**表現出憐憫**，這個從一段悲慘過去的未完成事情，偷渡進我們現在的關係中。一旦我們明白它是無法控制、且潛意識地發生的，我們的同情心會更強烈，同時繼續保護自己的界線。

我們可以僅僅注意別人負面的反應，而不被他們停止或趨使而產生反移情的反應。如果我們做不到，是因為我們的自尊過去曾受過傷害。當我們必須逃離、息事寧或報復時，就是受到反移情驅使了。我們也可以在感謝和感激中注意到正面的反應。當我們被諂媚和自己的重要性所卡住，停止反移情的反應就會窒礙難行。而當我們利用別人的尊重來操縱時，就是受到反移情的驅使。

在靈性上，我們會注意到努力的兩種成果：

1. 我們培養了一個觀察的自我，而非競爭的自我。這是正念思考的結果。**那麼，在一段關係中放棄當一個自我競爭者，就變得比獲得我們所想要的還珍貴。**

2. 在回應別人的同時，降低自我情緒的能量。這是慈愛實踐的成果。我們接受總是會有人不喜歡我們，或是會負面地回應我們這個事實。因此，我們投注心力去接受這個事實，而非重新打造自己去改變這個情況。

當我們越來越維護自己的界線，就會注意到自己的自尊成長了，我們不再恐懼或因為某些情況、某些人而感到不安。在我們成熟心理的成長過程中，我們毫無意外地注意到別人的行為。由於我們的靈性意識成長了，就可以不帶責備地去察覺它。

> 移情狀態的危險在於病人會誤解他們的可能性，把它們當作新鮮的體驗而非過去的反映。
>
> ——佛洛伊德（Sigmund Freud）

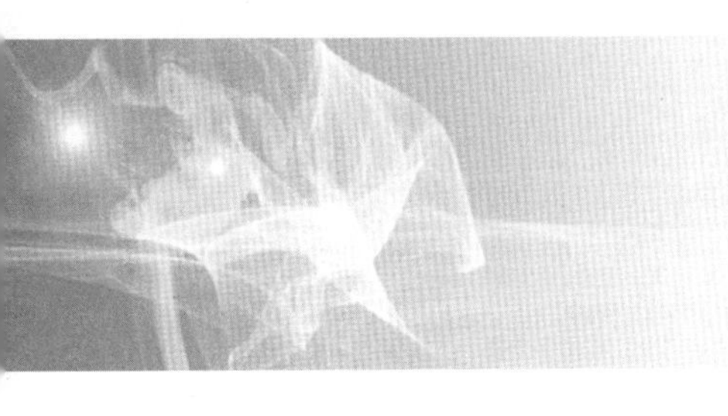

第5章 我們的恐懼如何出現

類移情的期望和恐懼在日常生活中隨處可見，而所有的反應，在某種程度上都是受原始過去所帶來的希望所影響。

——渥夫，《治療自我》（*Treating the Self*）

恐懼會出現在移情的經驗裡。我們常因某些過去的議題仍太具威脅性，無法面對它，因而產生移情作用。我們很難直接面對一個像蛇髮女怪美杜莎般的母親一樣讓我們害怕的妻子。恐懼的移情擠在我們的關係當中，通常沒有通知也沒有名字，但它們不一定會被隱藏著。

英國哲學家湯瑪士・霍布斯（Thomas Hobbes）在他的自傳開端寫道，他的母親生下了一對雙胞胎「湯瑪士」（Thomas）和「恐懼」（Fear）。很多人可以理解這句話。我們每天都感到恐懼，對許多人來說，恐懼幾乎是一個常駐的夥伴。某件事發生了，我們立刻會想像接下來肯定會發生最糟的情況，然後不是變得被動，就是過度反應。我們的心靈常無法注意到其他選擇，而是一直找到讓我們更加害怕的理由。恐懼通常是想像的失敗，我們所有天分中最自我膨脹的過失。

然而，我們可以相信愛與勇氣的可能性，只要透過回憶我們真確地如此表現時。我們可以勾勒出同儕或英雄那樣的表現，然後說：「我也能夠辦到！」甚或「願他們的榜樣讓我也一樣堅強」。這就是為什麼有聖人和英雄。他們從人類共通記憶中對我們說話，且鼓勵我們找到自己內心裡面美德和勇氣的完整潛力。電影「英雄本色」（Braveheart）裡，愛爾蘭英雄威廉・華勒斯（William Wallace）在猶豫不決的軍隊前來回騎馬踱步，鼓勵他們英勇地為自由而戰。那匹馬和騎士就在我們心裡。不管戰爭開始前有多膽怯，我們都能在戰場上成為「英雄」。身為人類的我們，彼此是息息相關的。我們並不會主動地表現英勇，我們需要激勵，就像影片裡的軍隊一樣。我們常先需要肯定自我的勇氣，之後才能啟動它。

鼓勵應該在童年就開始。童年的傷害大部分來自父母未能給予我們所需的支持，以致我們在愛與懼之間掙扎不已，這樣的掙扎，有如精神生命的蹺蹺板。在人際關係裡，這份掙扎會自動開啟。它可能會讓我們想起父母有時如何鼓勵我們，有時如何羞辱我們——結果在我們心中，愛他們或是害怕他們，讓我們猶疑不決。

我們是個緊閉的鸚鵡螺，不是隻蝴蝶。早期童年那幾層不理性的恐懼和偏執不會消失，我們僅在它們上面堆了幾層新的體驗。恐懼和需要的渴望變成了習慣，它們會在所有讓我們害怕或是渴望的事發生時，停留在我們內心許久。甚至，即使我們在某種層面戰勝了恐懼，卻會繼續相信自己仍受它的操控。我們仍舊試著避免驚喜或可怕的挑戰，即使我們已經擁有足夠的資源可以解決它們。

不理性的恐懼和上癮的偏執也與妄想有關，因為我們害怕的並不真正具威脅性，渴望的並非自己真正需要的。例如我們害怕被拒絕，因為它會將我們推進疏離當中。現在，已經長大的我們，建立了可靠的支持系統，卻還是害怕被生命中某些有力的——亦即充滿移情的——個人所拒絕。我們也常害怕一種不可能再發生的情況，即使它以前可能的結果，現在已經不可能再發生。例如，我們害怕被伴侶拋棄，這是源自於在我們還是嬰兒時，遭到遺棄可能會導致死亡。但其實這樣的情況已經不可能再發生了。

造成恐懼的四種障礙

有四種緊張的關係，會影響我們所有人。每一種都是真實的生命，也是關係裡的核心議題；每一種都會激發出恐懼，也是移情的重點；每一種都源自我們的過去，然後穿越到現在。我們無法消除這四種障礙，但可以學習泰然自若地衡量它們。

1. 來來和去去
2. 給予和接收
3. 被接受和被拒絕
4. 放手和前進

每一項都誘發出原始的需要、信念、感受、期望和反應——即移情的建造零件。這四項全變成我們生命循環中焦慮的結點，因為它們與我們的生存息息相關，也因為我們大多數人不相信自己有能力處理它們。例如，別人的離去，不管有多單純，都感覺像是拒絕和遺棄我們。對某些人來說，被施捨比自己給予還要困難。我們也許覺得，被人用愛接納，比被人拒絕更具有威脅性。

我們的力量——又稱為個人力量——應該在我們學步時期發展，是一種透過父母的接受和認同而來的鼓勵。「應該」（meant to）是本書常用的辭彙。它暗指某件事是正常發展的一部分、成長所需的本能，如以下的例子：番茄應該在種在太陽下。「應該」也指向一個目的——例如，學校應該幫助我們學習。我們可以結合這些意義，然後說：「既然我們應該相愛，我們需要一個應該教導我們如何做到的環境。」

童年時期的世界越不可信，我們之後的人際關係就會越複雜。例如，一個母親常常在出去喝酒後，消失好幾天；她無法給小孩安全感和可依賴感。因此，比起一個母親每年每天都在身邊的人來說，這個人之後伴侶的來來和去去，將會對他有更強烈的影響。

這四種經常驚嚇我們的緊張關係，也可用來當作防衛或武器。我們可以用離開來躲避、逃離或懲罰。給予，可能是我們為了創造他人對我們的依賴感。放手，可能是我們放棄責任的手段。自我可利用任何事件來滿足它自己的慾望或沉溺於它自己的恐懼。我們可以記錄我們的選擇，檢視我們的動機。這是處理生活經驗的一部分，也是我們在本書中所要學習的。

我們試著控制這四組可能性，這象徵著我們懷疑自己能不能在它們發生時安然度過。在這個疑慮裡，我們不必覺得丟臉，這是身為人類的一部分。但是面對這些緊張關係，控制是不可能的，它們只可能被「是的，然後呢？」的態度繼續去深入瞭解。

生命的四個衝突區域，四個人類發展的障礙，變成了許多問題和移情的來源。以下是一些例子：

◆來來和去去

「來」可能帶來對新事物挑戰的恐懼，或是對失去舊有舒適的恐懼。我們可能在遇見新的人時，感覺受到威脅。「去」可能帶來對遺棄的恐懼或被拋棄感，這些是可怕的發展，因為我們的生活有好大部分都與其他人相連結。

敏感的人比較能注意到伴侶行為中親密和疏離的微妙形式。例如，「去年他寄給我一張生日卡，親手寫上他的祝福。今年他寄給我一張制式的卡片，沒有寫東西。」如此的改變會感覺是「去」的形式，就像是真實的離開。如此敏感的確會引起痛苦，但我們絕不會想失去我們的敏感性，我們只需控制它。

我們會為逃避另一個背叛或是另一個失敗連結所引起的恐懼，而期望其他人絕不會離開我們。我們的移情讓我們鎖在過去的地窖裡，那裡頭的「去」導致失望，「來」則標示著危險。一個小弟弟的來臨，也許意指我們會有較少的5A。一個哥哥的離開，也許意指在家裡會有較少的歡樂。

如果對別人迎接我們的方式有所期待，我們的到來，也許會形成壓力。例如，小時候探望奶奶時，她會帶著雀躍的心情，明顯表現出因為再見到我們而興高采烈。現在，當我們在離開一段時間後回到原來的地方，如果朋友沒有以相似的興奮或帶著雀躍的心情來迎接我們，我們會感到失望或受傷。我們正將一個過去人物的心境移情到他們身上，且期望他們能做到跟她一樣。在現實中，我們感受到兩種程度的悲傷：想念奶奶特殊的愛，以及對現今朋友所缺乏的愛感到失望。這兩者加總成為另一個悲傷——錯失一個被愛的珍貴方式。我們對移情的期望太高，以致很不幸地沒注意到他們是用自己更成熟的方式來愛我們，與那位逝世於一九四四年的老太太有所不同。

最近我在自己的生活中，注意到在來來和去去裡的某些緊張關係的線索，即使我的心靈告訴我這些並沒有什麼好怕的。當我到達或離開一個地方，或是別人到達或離開我家時，我會完全沒有計畫地、自然地說些好笑的事情，但我平常並沒有那樣的技能。幽默是種抒發緊張或舒緩焦慮的常見方式。如果有人問我，我是否很緊張，我會誠實地否認，但明顯地，我那總是精確的身體卻已默默承認了。

那些與來來和去去相關的地點通常都充滿壓力。火車站總是比餐廳要來得緊張。與來來和去去相關的事件，像是新老闆上任或一個工作計畫的完結，都會引發焦慮。一旦我們單純注意到來去能以某種方式讓我們害怕時，便能慢慢學會如何處理，且能安然渡過它們，不會因為不安而譴責自己。呼吸是一個生命的象徵，暗示我們如何持續讓來的人事物進入我們生命，同時也坦然釋放要離開的人事物。

我們不僅對別人的來去有反應，也對我們自己的來去有反應。當我們的來去是穩定留下來或往前進或往外離開時，它們就是個人的議題。

去也包括了與一段沒有成功且沒有結果的關係說再見。「去」的再見也許說出來很可怕，因為這樣做就等於放手往前進入一個人的生活，是比停留在不理想的現狀中還要令人擔心害怕的挑戰。我們也會抵抗隨著一個再見而來的完結，因為它會激發出可能很難駕馭的悲傷。然而，那些感受能啟動一個能量，讓我們更能輕鬆面對改變。這是多麼諷刺，我們所害怕的，正是能帶領我們通往自由的大門。

更廣泛地說，「來」指的是誕生，「去」指的是死亡。我們的誕生是從子宮安全的「去」和進入一個充滿挑戰的世界的「來」。我們的死亡是從全世界對我們的意義的「去」，進入到無或一個新的生存形態的「來」。我們通常用歡樂來迎接誕生，並哀悼死亡。兩者都是自然的事件，因此我們應該無條件接受現實。誕生是個新的連結，死亡則是連結的終點。然而，雖然有兀鷹等著啃蝕我們的骨頭，我們仍舊可以看到誕生時身邊的雲雀，在我們生命當中，一直到我們死亡時，飛得越來越高。

當死亡威脅時，這個連結的失去可以是我們生命中重要的時刻，會將我們從平時的抑制中釋放。如果我們知道某人罹患無法治癒的癌症，我們自然而然會表現更具體的愛憐，且更有愛地對他或她說話。當他們還健康的時候，我們可能本來很保守，不太擁抱或不太說一些情緒性的話。現在，我們毫無尷尬地兩者都可以做到。因此，「去」可以打開且軟化我們。

◆給予和接收

愛是給予和接收５Ａ：關注、接納、欣賞、情感和容許。我們這麼說，也相信我們想要被愛，但被愛是需要勇氣和技巧的。接收則需要敞開心胸，如果我們想掌控所有發生的事，那可能會很可怕。我們可能感知到自己必須回報的需求，即使這並非對方的意圖。我們可能會害怕必須給承諾，而因此失去自由或無法主宰自己的力量。

心臟有兩個上心房跟兩個下心室。實體的心臟比喻著我們的情感生活。在心裡深處，我們帶著愛與希望尋找親密和愛的心室（開口）。但坐落在它們上方的是恐懼和防衛的心房（房間或拱穹）。我們兩者都擁有，但隨著自我信賴或自尊的成長，我們學會控制這些防衛，好讓它們幫助我們成就親密和承受失落。

當我們因為沒接收到想從某人那裡得到的，而感到失望或吃虧時，不管是情緒上或金錢上，我們將發現一些線索，顯示關於獲得我們相信自己所應得的移情作用。

「我應該要得到一切」，聽起來像是一位具有高尚自尊的人說的話，雖然這可能顯示著需要和自我懷疑。這帶到移情裡，就會是我們對伴侶或朋友不合理的期待。如果他們沒有達到我們的期望，我們會覺得自己的苛求、暴躁甚至報復都是合理的。我們會忘記，親密關係是滋長於一個改進失敗的氛圍裡，而非在抱怨和嫌惡裡。

另一方面，我們生活的最高原則也許是「我只應該獲得我需要的某些東西」或「我總是應得的比別人少」。那也許是因為我們沒有得到情緒上所需要的，或我們注意到手足得到了我們所被拒絕的東西。我們也許會被教導**欲求應該少於需要**，所以現在要知道我們所想要或所需要的，是很困難的。這非常諷刺，因為古今中外的精神導師都告訴我們，我們所想要的，不會比擁有的多，且不要依賴我們所擁有的一切。

最後，給予和接收引出了金錢的議題。我們可能害怕浪費錢或花費它。我們也許會因為收到錢當禮物，或因為借貸而感到不舒服。我們可能強迫性地或無法控制自己地花錢或浪費錢。我們也許會儲蓄的比我們所需要的還多。我們用錢的個人風格會超出自己的理解：「我擁有的很少，為什麼我花費和借貸的這麼多？」

我們的用錢方式通常反映出雙親或其中一方用錢的方式。移情的議題肯定涉及到錢包。透過給我們東西來表現愛的父母，可能可以用來解釋我們之所以強烈需要收到錢、禮物或特別約定的移情產生的原因。在情感上或錢財上抑制自我的父母，可能可以用來解釋我們之所以強迫性地儲藏錢財——或食物、東西——的移情產生的原因。在我們致力於移情時，我們要清除自己受到過去的感染，並且對它免疫。我們會驚奇於在終於能照自己的願望行事時，我們用金錢所能做的那些事。我們也會看到，金錢議題如何影響自己表現親密或害怕親密的方式，因為那也與給予和接收有關。

◆被接受和被拒絕

這組關係是關於被喜歡和被討厭、被愛和被恨、被引進和被推開。我們不僅僅在個人層面上去體驗這些項目。在先前的層面上，被忽略不光是被忽視。它刻印在我們仍舊古老的心靈裡，讓我們害怕失去連結，因為連結在一個保證合作和歸屬都安全的世界裡，是不可或缺的。拒絕或遺棄現在感覺起來很危險，因為它看似仍舊會威脅到我們的存活。我們覺得想像一個人面對生活很恐怖，就好像是跟死亡沒兩樣。這會讓我們錯失了認識自我的豐富可能，這僅會發生於我們獨自一個人的時候，不可能發生在和其他人在一起的擁擠房間裡，尤其當他們都簇擁著我們時。

此外，沒得到我們想要的，通常能帶我們前往生命的新章節。被一個伴侶所拋棄，能讓我們遇見另一個更值得信賴的人；厄運能帶來好運。而所謂的同步性，是這兩個極端的混合——意義深遠的巧合，有時在淚水的告別之下，同步性會陪伴我們走過命運。

無論如何，當某人在此時此刻的生活中離開我們時，我們努力的持續交替與調和會突然停止。在此時，我們的形象在對方心裡變得很明確，我們已經沒有其他輸入扭轉的機會，這就是拋棄之所以會如此重大打擊我們的另一原因。抽離的結果是，我們的形象凍結在它最後一次出現在對方面前的模樣。「拋棄」在成長歷程中定下了禁止運轉的指令，對於靠著進展而滋長的人來說，是一個可怕的選項。

拋棄可能是伴侶冷漠地從爭論中抽離，不再像過去關係中對生動感受有戲劇性的表達。另一半也許會以為這個新的平靜表示事情已經好轉，但事實上，該連結早已垂死。當伴侶對情侶出遊失去興趣，或不再關心它如何、是否繼續時，這段故事就已進入尾聲。如果想有修復的機會，當中一人必須正視彼此到底發生什麼事。

一個人與我們分手時，會好像從來沒和我們發生過關係，或我們的關係沒有像對方原本表現的那樣重要。對方沒有肯定我們的失落感，甚至完全不認同我們公開的存在。那很傷人。我們要練習放掉自我，不再說「他怎麼敢那樣對待我，好像我很不重要？」相反地，我們要面對自己的怒氣和悲傷。然後，最後我們可以說：「我如何能利用這個經驗，成為消除高傲自我的必要部分之一？」

當我們接受自己在這個世界上當下狀態的事實、我們對某些人來說不是很重要的，那我們就比較不會神經兮兮。自我想逼迫其他人看到我們的價值，否則就報復那些不願意敬重它的人。放手就是前進。這指的是融合無條件接受人們的樣子，沒有責怪或報復，以及更關懷我們在未來關係中所信賴的人。「為什麼他們會這樣？」會導致責怪。「是的，某些人就是這樣，然後呢？」則會導致接受現實，及一個憐憫的機會，也是我們往前進的推動力。

被接受包括了我們被瞭解且被歡迎的可信賴感。以下的例子是一件看似膚淺的事發生了，但在我們心靈裡，卻挑起了其他的事端：我發現自己在銀行兌現支票時感覺很不安，因為銀行行員向我要了雙證件。不久以後，我開始奇怪自己為何不高興，很快地，我明白那是因為我感覺銀行行員好像不知道我是誰，然而事實上他們都知道我的名字。因此我們期望他們為我開特例，赦免我去做那些例行的檢驗。銀行被我假設為一個幼時的環境，就像小時候那樣，而零用錢應該要給小大衛的。我生氣不是因為我被對方要雙證件，而是想到那時我沒有被愛。**我真的有那麼貧困嗎？**

◆放手和前進

放手和在生命中前進，感覺像是失去連結，同時失去我們的安慰。放手是失去我們能控制結果的感覺，就像我們明知道生命是不可預知的，但我們仍會不顧這個不可動搖的事實，忍不住定出種種計畫。對於那些想看生命是否能以他們想要的方式完成的人來說，這是個可怕的可能性。我們可能在一個洋芋片會掉落在它所有可能之處的氣氛裡，而一直感到驚慌失措。

我們在踏上英雄之旅時，會有所成長，這就是放手和前進的典範。既然是個典範，它就是個潛在的、流傳下來的、正面的衝動，雖然這也可能被恐懼所超越。同時，既然這種英雄旅程對我們和地球的進展如此重要，也會有必要的恩典讓我們去經歷它。從自我的帝國向更高的王國逐漸進展，即從自我中心進步到大愛的境界。但因為我們的背景，我們會發現自己有時很難信任它。

我們對前進的躊躇不前，並非表示不恰當。我們內心的某件事想要停留不動，而某件事也想要走。對某些人來說，留在家裡比英雄之旅要踏實真切。我們可能還沒在內心遇到那樣的傾向。這裡的挑戰是要衡量四處旅行的英雄之旅和穩定的留在家中，透過容許我們依照自己的需要，來決定要前進或留下來。我們回想起有些鳥會遷徙，有些會停留，就像詩人愛蜜麗．狄更生在詩句裡所描述的：

南方習俗的鳥，
在那結霜的地方，
可以飛到更好的高度，
我們——即鳥類——停留下來。

農夫門前閃爍著，
因為那無奈的麵包屑，
我們約定著，等到憐人的白雪，
說服我們的羽毛回家。

練習　以恩寵衡量障礙

◆來來和去去

這個練習需要無條件地接受他人進入和離開我們生命的來來和去去。這表示我們接受和歡迎新挑戰，同時放掉準備好消失的一切。歡迎和道別的儀式能幫助我們，我們可以和任何加入我們挑戰和失敗的朋友一起策畫它們。我們也可以設定到現實裡，生存在這個時代，意指更輕易地交新朋友和更輕易地說再見。這是處理人們選擇進入或離開我們生命的旋轉門的最佳方法。

面對恐懼，我們因此會靠著肯定，勇敢地**用我們的習慣換取實踐**：「我內心有個可信賴的，根深柢固的衝動，想要引進新的可能，而這個衝動是無所畏懼的。我超越了困在熟悉的舒適區裡的習慣，打開自我，迎接想要進入我生命的一切。我依照現實調整自己，而不企圖重新打造它來滿足現狀。我舒服地看著事物經過，知道那是我們現實轉變的自然本質。我接受事實，提醒自己命運和最終的去向。」

◆給予和接收

我們探索童年時是否獲得我們所需要的。我們回想生日和聖誕節時，自己的感受是什麼。我們仍相信自己還欠缺什麼嗎？這個訊息表示我們相信現在自己可以獲得之前所沒有被給予的。另一方面，我們是否相信虧欠某人某個東西？這個信號表示我們感覺自己無法滿足於他人的給予。

漸漸地，當我們越來越有意識以完全成人的狀態存在，就能遠離不是給予就是接收的關係，而且還能好好活著。那個「而且」就是我們的泰然自若。靠著它，讓別人不被我們的期待所鉤住，他們可依照其限度付出。泰然自若不是沒有感覺的距離或冷酷的中立，而是對經驗的全然接納，而沒有「如果愉悅就抓緊」或「如果不悅就逃跑」的心態。相反地，是對所有的情況都平靜地接納。

有了這個美德，我們就能從「利用別人來補償父母所欠缺的」移情風格中得到釋放。在後續的慷慨寬容裡，我們不再責怪他們或是怪罪任何沒有為我們克服一切的人。這樣做是因為我們原諒他人已決定的某些事，而非因為我們是不顧一切想要當好人的受害者。力量能夠給予和原諒，而不在這當中失去自我。

◆被接受和被拒絕

以下是個人有關拒絕的例子，以及它和過去、移情的關係：在我的生命中，偶爾會有朋友不再打電話來。當我主動打電話或發電子郵件時，他或她也不會回覆。這種突然的靜默在我一生中一直傷害且困擾著我，而我從不知原因為何（這些原因一直是潛意識的）。最近，一個朋友突然不再與我連絡，沒有明顯理由也沒有說明原因。我做了我通常會做的反應，即試著透過電子郵件和電話找他，卻沒有得到回應和解釋。這次，我問自己：「大衛，第一次發生這樣**突然的靜默**，是什麼時候？」答案很快就出來了，且讓我很驚訝：那是在我兩歲的時候，爸爸的突然消失。忽然間，我清楚了為什麼我對朋友的靜默會感到如此孤單。此外，這個朋友對我來說就像父親一般，因此這樣的事件所引起的回應，也更加猛烈。

我的處理方式是注意且**感受**自己的感覺，對他的靜默說**好**，**尊重**他決定不讓我知道他為何不想連絡的原因。我決定**接受**我的不知情，再次檢視自己因為爸爸消失的**悲傷**。那新的專注將心力轉移到我自己的課題上，而我可以從經驗中**學習**。最後，憑著慈愛，我對自己承諾，絕不對別人使用突然的靜默，如此其他人就不會像我一樣因此受到折磨。

◆放手和前進

我們省視自己如何受阻礙，如何動得太慢或太快，如何拖延時間。我們檢視自己對前進的恐懼。我們要問自己所執著的，然後才能面對放手的恐懼。

我們內心都有超越害怕，看見自己真正的模樣，和超越害怕，用新的方式生活的能力。當我們注意到恐懼，且想要維持、控制它時，我們可以利用以下的練習：

想像你的一隻手裡握著對**可能發生**的事情的恐懼。在另一隻手，則握著你計畫控制且**促使發生**的事情。介於你的雙手之間，是坦然接受**所有發生的事的真正自我**。

放手是指丟掉我們的控制旗。自我會利用控制來偽裝它的恐懼或從之逃離。單純的恐懼感覺起來像是無力感。很矛盾地，從恐懼中釋放的自由道路，正是不要回到控制權裡，而進入周圍的空間裡。因為只有處於無助當中，我們才能完全地感受它。這能讓我們放掉掌控的幻覺，並在我們心中打開一個新形式的力量，能面對和處理生命所帶來的一切力量，這也就是無懼的精髓。

即使是在小地方成功放掉恐懼，也能讓我們看到自己的恐懼所能到達的限度。我們也注意到，它能剝奪我們能力的限度，這是另一個激勵人心的領悟。這對先人們並不陌生，因為印度史詩《薄伽梵歌》（*Bhagavad Gita*）裡提到，「即使是一個小進展，也是恐懼的自由釋放。」

> 融合的道路並非逃離焦慮，而是承受它，才能重拾那些心靈因為分裂而回來用投射的象徵形式困擾我們的碎片。
>
> ——大衛．羅伊（David Loy）

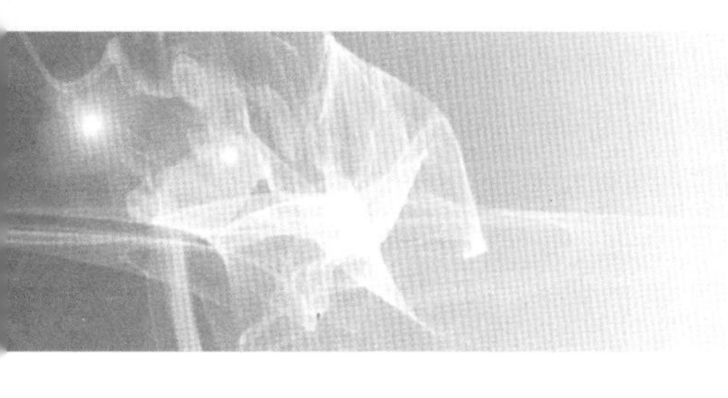

第6章 對重複的執著

這種看待的方式，移除了早年那被當成是錯誤和認為自己是障礙和殘忍受害者的負擔，取而代之的，是在鏡子裡的核心果實，無止境地用不同的面具，重複著你因果圖騰的靈魂。

——詹姆士．希爾曼

重複（repetition）能幫助我們渡過事物。一個個人悲劇故事的重演，能幫助降低其壓力的影響，而以一個能與我們共存的事實，在我們內心安定下來。一個正面事件的重複，可以讓我們重新體驗歡樂且受到撫慰。

我們在人際關係中重複童年所發生的事，並非因為我們有什麼不對勁。「重複」幫助我們解決過去，但這僅限在我們對它有自覺的時候，才能處理它，且放掉它。但通常我們僅僅重複，而沒有進到下一步，所以我們利用正確的方法（重複）卻沒有正確的後續（解決）。在這個章節裡，我們探討這部分，且找到方式來利用重複當作解決我們過去的橋樑。

我們隨處都能發現重複。重複是某件事情尚不完整的反覆證據。我們只有在得到完成的滿足感（不管是情緒上或是身體上的）時，才能在風險中靜止。當我們聽到歌曲的一部分，我們會在腦海中唱完它。我們會因在某人去世前沒有機會跟他說再見而感到失落，因為再也沒有機會清除我們之間的爭吵，彌補我們的過失。沒有完整，我們會「詛咒我們所願意表現出的貧乏的愛」，就如詩人愛蜜麗．狄更生在一首詩裡動容地描寫我們在失去一個深愛的人之後的感受：「我們覆蓋上你，甜美的臉龐。」

自然界也是重複在進行的：清晨和黃昏、月亮圓缺、星球軌道的運行、季節替換。我們的身體也在重複運行：心臟跳動、呼吸、睡眠與甦醒。歷史不管是好的或壞的，都會重演。看來「重複」是建立在生命和現實當中，所以它在我們心理生活和進化的世界中，一定有個有益的目的。

重複肯定是東方宗教裡的一個主題。「因果」的概念中，就有重複過去的善行或錯誤的傾向。當我們選擇實踐慈愛，就加強了善良的傾向。當我們選擇傷害某人時，就容易做出更多的傷害。「因果」是美德或危險的重複。

德國哲學家尼采（Nietzsche）寫過「永恆的迴圈」，且聲稱「純粹的來回是善的極致」。他對英雄的定義是，事實上，「他是重複的強烈統治者」。我們不妨回想，來回有兩種方式：一是螺旋式的正面重複，是不斷向上演進的趨勢；另一是在雪中空轉的滾輪，是不斷浪費能量的負面重複。

俄國心理學家齊加尼克（Bluma Zeigarnik）在一九二七年提出「齊加尼克效應」。他認為停留在我們記憶裡的不完整任務，會比完整的任務來得長久。這說明了我們傾向記住負面或揭發缺陷的記憶，會比正面的記憶更加長久。

中斷和縮小化，會創造出持久的印象，且會得出結論。這是個古老的認知。聖保羅（Saint Paul）認為對完成的渴望是種自然的優點：「所有的造物都像小孩誕生時的劇痛一樣呻吟著，甚至到現在都一樣。」（羅馬書 8:22）西元二世紀的新柏拉圖主義者卡波克拉蒂斯（Carpocrates），提出靈魂必須重複完整的人類經驗，才能真正從肉體上得到自由。對前世今生必定重複過程的信仰，也是同樣的論點。

就哲理上來說，我們可以說每個生物，包括人類在內，都內建著一個自發創出系統，一種「自我」創造的傾向，就如這個源自希臘文的字面意思（autopoiesis，同時也延伸出了詩poetry這個字）。自發創出是某事物內在的動力，能讓它成為它自己，且本能性地向助長自我實現的方向而行動。自發創出幫助我們瞭解自己對完成的驅動力，和達成目標需要的重複過程。我們可以說它是個正面的衝動。我們不得不走向自我實現，除非刻意自覺地超越這個自然傾向，譬如透過使用成癮的物質，或在傷害、束縛我們的關係或情況中停留過久，來阻礙自己。

完整的人性不僅靠生理上和心理上的健康來完成，同時也透過啟發和愛人來完成。這表示我們內在有一個自然的天性，會重複表達美德、佛性、耶穌意識。那些典範中的愛和智慧對我們來說並不陌生，且代表著我們內在渴望被表達出來的潛力。我們的自我想要達到它在意識、智慧和憐憫上的最高潛能。唯有在此時，它才能終於安於實現其被訂下的目標：不是目光短淺、「唯我獨尊」的自我性，而是同理心、「我你」關係緊密相關的意識。

自發創出最能在我們用心回應時體現出來，而不是用頭腦控制，靈魂會感動我們，且不僅是規條和概念。我們會注意到，迪士尼卡通裡的小木偶學習到如果他遵守規則，他可以成為真人。他同時也受到加入馬戲團裡成長的誘惑。然而他要變成真人，必須要在他為別人冒生命危險時，才能真正實現。他的心回應了、靈魂勇敢地敞開了。唯有此刻，生命才能給予真實的祝福。

靈修是重複的，且必定是自發創出的技巧。例如，當我們在人際關係中練習正念時，不會強迫自己扮演假我。其實我們在任何既定時刻，都在**調和**行為以符合真我。當我們實踐慈愛時，我們並非在摩擦種子，而是帶著愛和友善的種子出發，那賦予生命且解釋我們存在的種子。在內心深處，我們**想要**愛所有人，因為最深的自我**就是**愛。有個新柏拉圖主義的概念，是「善良忍不住會散播自己，因而遠播」。莎士比亞也知道這點，所以茱麗葉對羅密歐說：

我的給予像海一樣無邊際，
我的愛像海一樣深。
我給你的越多，
我擁有的就越多，
因為兩者都是無限的。

太重大的事件

有些人想要重返過去，有些人想要平反它，有些人則只想重複它。大多數人在生命中都有過這三者。我們常抵抗完成一個經驗或關係，想要重複我們所沒完成的。潛意識的移情是我們重複的一種方式。這是提出、處理、解決和整合我們經驗的極端相反。

我們可能不自覺地尋找一個會重複無法滿足我們需求的伴侶，就像童年時那樣。這可能發生在接連的關係當中。諷刺的是，我們可能將重複與安全聯想在一起。

重要的事件會有層次地影響我們。這就是我們經驗中所謂的「深度」而非「淺層」。事件的層次深度也可解釋重複的儀式，移情就是其中之一。移情像個常作的夢，不停地發生，直到解決導致它出現的緊張關係為止。重複會緩和一個創傷事件所造成的痛苦影響，好讓它不至於將我們一次擊倒。當我們專注於一個重複的過程，或在我們企圖從中得到滿足時感到沮喪，重複就成了一種衝動。我們有強烈的慾望想要治癒任何一個破裂的團圓，而滿足就發生於事件完成時。為什麼會這樣？

在移情裡，我們企圖與新的人完成那些我們與原來的人沒有完成的事。移情在這樣的情況下，是一種自發創出，自我創造的手法。透過移情，我們打開了自我完成的健全可能性。如果讓它維持在潛意識中，則是剝奪了它的益處；意識到它的作用，我們才能利用它。

在較大的範圍裡，我們注意到詩人里爾克告訴一位年輕的詩人：「對所有懸宕未決的事有耐心，且試著去愛這些疑問。」有些事件是如此的巨大，或具有深遠的原型隱喻，它們必須一直被重複，沒有最終的完成，至少在一個生命當中是無法完成的。

這個需要無止境重複的正面例子，可以在反覆演出的著名戲劇中找到。它們幾世紀以來不斷地被詮釋，因為人類的心智無法真正完整地吸收它們所要傳遞的訊息：一個兒子殺了他的父親，且娶了他的母親（伊底帕斯王 Oedipus Rex）；一個王子發現他的父親慘遭謀殺，被迫採取報復行動（哈姆雷特 Hamlet）。我們瞭解故事的情節，但無法真正瞭解伊底帕斯或哈姆雷特，他們的動機、他們的秘密慾望——就像我們不完全理解自己的父親或兒子的動機或慾望。

我們一再地觀賞這些戲劇，彷彿這些我們所熟知的神話對我們的個人發展非常重要，但這些神話中所隱藏的訊息，我們卻無法以一個完整或最終的方式掌握住。因為我們從中看到的是我們的故事，每次都會看到一幕不同的故事。因此，在生命的每一齣戲劇中，我們可以更強烈地感受和理解莎士比亞的情節和人物。當我們在大學時，李爾王（King Lear）僅讓我們有些微感動，但出社會後，它會像支魚叉，刺進我們心裡。我們看到自己原始的情節出現在這齣戲劇裡，每次都以不同的角色出現，希望至少能理解一些我們心靈所無法看清楚的強烈寓意。

我們要如何相信家人把我們放在這樣的處境裡？我們要如何相信人們會做出那些在血腥舞台上發生的事情？我們如何相信為他們付出那麼多的那些人，是可能忘恩負義的？

雖然從未能完全吸收，但我們為了每次能吸收更多而不斷重複的正面例子，就是我們參加的宗教儀式。我們要怎麼做才能完整掌握，並獲得奇蹟式的釋放？所以逾越節的聚餐必須無止境地重複下去。人類的心靈必須花很久時間才能理解《舊約聖經》（*Exodus*）的浩大恩賜。我們如何能完全領悟神給我們祂的肉體和血液當精神糧食？即使世界上每天有無數的彌撒，也不會耗盡神話的啟發。美好的恩賜，就像美好的事件，需要永恆的時間來吸收。也許「相信永恆」就是從這樣的理解而來。

在宗教的範疇中，重複是自我發現的有力工具。人們被召喚重複練習和遵照聖人和智者的行為。的確，當儀式是模仿神性的行為時，它們就非常有意義。我們會接受上天的恩寵，是因為我們模仿儀式，這是一種靈性事件的重複——例如逾越節。因此，「重複」在人類共同心靈的深刻組織中，有不可磨滅及明確無誤的意義。重複不僅是做以前所做過的，也是進入上天的恩寵和靈性自我實現的道路。

負面的事件，譬如浩劫，必須經常被想起，因為人類的心靈無法完全掌握自己能夠做出這樣的殘暴事件。此外，我們也想到自己的國家會傳承到我們手上，是因為我們祖先的貪心和民族屠殺。現代的國家元首對重複於戰爭的循環感到困惑，我們懷疑人類什麼時候才會透過和平的方式來為地球的存活而努力。像這樣引起悲傷的事件，包括了重複講述曾經發生過的故事，並挺身支持一個透過無暴力正義的政治新風格。這是重複的需要，是一種助長我們與人類的共同陰影共存的能力。我們無法完全從我們的陰影中得到釋放，然而，我們從不會停止努力追求改變。

我們內在古老原始的記憶

在寫這本書的時候，我夢見自己告訴父親的父親，我有時會想念好多年前去世的爸爸。爺爺回答我說，他也想念他。「當我想念他時，」他說：「我會下去，到他出生的房間裡，然後就坐在那裡。」這個夢幫助我更瞭解移情，還有正念。我會和爸爸講述目前的關係，雖然他已不在人世。我會和爺爺說話，雖然他也不在人世了。他告訴我，他進入了潛意識中（我下去），在那裡，他接觸到源頭（他出生的地方）。正是移情做出了連結。我們在潛意識中，找到原始的議題，並在感到不完整時造訪它們。然後我們「就坐在那裡」——亦即處在正念的意識中。我認為這個夢也是個恩賜，因為是過去年代的人，幫助我寫出這些字句。的確，移情是一個年代的因果：與某些人的事件，導致了與其他人的事件重演。

佛洛伊德解釋我們通常不試著「找一個真正具有概念的物體……而是重新找到一個目標，然後說服自己它還在那裡」。這就是所謂的移情，試著說服自己過去仍舊在那裡，爸爸仍舊好端端地在樓下的房間裡，但是，我靈魂的深處也同時是我現在所站的房間嗎？這是我企圖將我們的關係重新來過的方法嗎？

如稍早所見，我們會以個人的層次感覺事情，但也以一個村莊、祖先、村落和共同的層次來感覺。這些所有的層次仍住在我們身體裡，是潛意識的最原始版本。我們有個很漫長的原型記憶，和貓一樣。有人說，貓小心翼翼地接近我們，是因為牠們的身體會記得，過去人類對牠們如何不公，讓牠們飽受折磨。至於狗，則有短暫的原型記憶，所以牠們會毫不考慮地跳進我們懷裡，不管是好是壞。

集體記憶的例子是，我們所獲得的好事一定會再被拿回去。這不僅能追溯到我們早期的童年，且是常見的人類恐懼，基於不值感和對羞辱的恆常需要，好取悅那些容忍和容許我們存在的主人和統治者。在內心深處——這裡指的是村落心理的層次——我們仍然相信自己從不真正值得，如果我們的幸福持久或需要的伴侶仍舊留在身邊時，那是我們很幸運。**或者這就是羅密歐說的：「我仍舊會陪在妳身邊，而不是和任何我遇到的人離開。」**

我們可以練習去關注那些對日常生活中的事件或危機的原始反應。即使它們看起來不重要，它們也許會有份量和強度。我們可以在身體的創傷上看到實例。從機車上摔下來也許看起來像是小意外，但它在我們身上造成的影響，可能比我們心理對它的描述還要來的嚴重——或是我們原本根本不加考慮。同樣地，童年時的心理事件現在聽起來好像不那麼嚴重，但並不表示在發生時，它們感覺起來不洶湧澎湃。大多數的原始經驗伴隨著持久的細胞反應，我們無法控制，也不知情。這也許很難令人相信，因為自我的控制感，會因我們的潛意識比自己掌控的還要多，而感到羞恥。然而，身體卻無法自己說出它原始的劇痛和持續的鏗鏘聲。

為何我們如此在意遺棄

我抵達機場，等待答應來接我的朋友。天色漸漸晚了，他還是沒出現。我打他的電話，但沒有回應。我沒手機，所以他無法找到我。我的頭腦會單純地推論（或許是正確的），一定出了什麼差錯，發生了超出他所能控制的事。那是我成人的心智在說話。但同時，我開始感到一種被故意無視和拋棄的痛苦。那是我原始的身體－心智在說話。它在來來去去的場所，像是機場這種地方，會更大聲地責怪。因為來來和去去在我們最脆弱的地方打擊我們，在連結的範疇裡（我們因此而存活）或破裂的連結裡（我們因此而崩潰）。我的被孤立感因此是個共同回憶的「村莊反應」。

現在我感覺到的不再僅是關於一個朋友的遲到，而是關於一個遲到的不忠的愛，喚起了我們所錯過的家人、朋友和愛人，讓我想起了生命中幾十年來人們和機構對我的拒絕和排除。我仍舊相信這些拋棄的發生是因為我不值得，而這就是我想像這個缺席的朋友今天對我的評量。所以我站在這裡等待著，但實際上我正彎著腰，為過去很久以前的事而悲傷。我如何能繼續相信有「過去」這種事？

然而，這件事可以成為個人成長的泉源。我可以像個友善的叔叔對自己說話，在我站著等待時：「今天，一個事實的錯誤發生了，生命中不幸的事實。然而，我注意到我正誇大地感受它。我猜我仍相信自己並不真正值得被忠誠地對待，而這件事正挑起我那古老的不當感覺。我將這個信念帶到現在，且現在帶著它站在這裡，在這失望的時刻。這警示了我，在下個療程有個很大的課題要努力，並且要很快著手。同時我也準備好放掉這個『村莊反應』，然後搭計程車離開。」

拋棄表示被排除，是原始人民的重要議題。我們原始的感受，就如我們所見的，有個共同的範圍，且不受教化的自我所控制。治療和類似本書的書籍碰觸不到那深刻的間隙，所以它從來就不可能被清空。但是我們可以幫助自己，就如上述例子裡，簡單注意到個人的感受正在挑剔共同的感受，而我們可以就讓它們這樣。矛盾的是，我們會因跨越幾世紀的他人與我們現在有相同的感受，而產生某種歸屬感的安慰。

拋棄的恐懼滋長於錯誤的信念：「如果我一個人被丟下，則會死去。」這個恐懼可能會升起，成為起火點，就像在機場等待一個延遲的朋友，加上最近的危機或壓力讓個人力量處於低潮。那麼我們就更容易被拋進原始的模式，在離平常的意識層次下方不遠之處，想像著可能發生的最糟情況。也許危機是被心靈所控制的，因為它多麼想要我們在自己身上下功夫，好讓我們能終於從過去中釋放。在這樣的情況下，難道一切都是同步性，機會和意義的神秘結合？

透過類比，我們可以瞭解自我極端且原始的反應：心靈就像個資料庫，屬於一個擁有很少資料夾的人。因此她必須將資料放在非常統稱的名稱下，而非明確或精準的名字的資料夾裡。例如「拋棄」是資料庫裡一個資料夾的名字。「他沒回電」、「他沒注意到我的新洋裝」、「他不像以往一樣吻我」、「他完全沒有回家」——這些都進入了同一個資料夾，不管它們變化的程度與重要性。因此，它們以同樣的影響力衝擊我們。同樣地，「父親」、「權威」、「上司」、「規則」也可能進入同一個資料夾，因此它們的解讀都一樣。這個心靈傾向，將不同的事物模糊成同一件事，這肯定會助長移情作用的產生。

我們從童年中回來時，心理資料庫的資料夾並不多，因為這些資料夾在我們成熟到能理解發生的事情可能有許多微妙的意義之前，就已設定好。資料夾的適當名稱實際上是一段經驗的特定微妙之處。然而，許多經驗都有個相似但不見得一樣的微差，就像上述例子裡，對方沒注意到新洋裝，對我們來說就像被拋棄一般。我們可以自由擴展我們的資料庫，讓它的資料夾更能準確反映不同的人類經驗。我們內心友善的叔叔在這當中能幫助我們：「他沒注意到我的洋裝。那就寫下，他因為自己的問題而分心了，人們都會這樣。這不是你的關係。將這個歸檔到『生命的事實：人們並非總是有愛的』，或是『亨利的情況』資料夾裡，而非將資料夾命名為『我又被遺棄了』。」

拋棄是個共同的主題。為何拋棄資料夾對個人來說如此特別？成年階段是童年的延伸，而非取代童年。內心那個受驚嚇的孩子仍絕望地尋求安心，在某人拒絕回電時變得慌亂。即使那不會觸及我們成人的部分，但它對我們內心小孩的部分有很大的影響力，讓我們的感受無比強烈。任何形式的遺棄都很可怕，因為它挑起了過去的創傷或是共同的創傷。

我們的心智會降低感受的合理性，將之標為非理性。我們可以透過歡迎感受的完整面貌來啟動這個傾向。然後它們會牽著我們的手，回到那從未被處理、甚至未被回想到的事件中。接受現在的感受，是接受我們心中那個被剝奪的小孩，在他第一次感到寂寞卻沒有被抱住時，終於擁抱他。

對我們的影響

以下是另一個原始反應的例子，以及它如何揭露移情：我開車時被別的駕駛硬插進來。我當作那是對個人的羞辱。此一公路上的事件並非個人的，因為那位駕駛插的是一輛車，而非一個人。他這麼做並非要羞辱**我**，而是想儘快抵達目的地，只是不顧行車禮貌。把事情個人化是一個潛意識移情的表示。要意識到這個移情且從中學習，就得注意到它，且對自己進行心理治療：「我這樣的反應，表示我感受到過去的某件事還沒得到解決。這跟那位駕駛無關。」

多數人從未能完整想像出童年時受到羞辱的感覺。現在，在駕駛座上，我們感受到巨大的羞辱。童年時期，我們盡量忍受不公的待遇或羞辱，卻為家人找藉口，或責怪自己，以便降低對自己的打擊。當痛苦變得熟悉時，它對我們來說不再是一種痛，而是一種習性。小小的身軀無法承受成人的身體所能承受的。現在在車子裡，我們可以狂野地生氣，因為這時的我們不具名，被安全地隱藏在鋼鐵裡頭。我們現在可以安全地感受到以前所無法感受的。我們對那名駕駛的憤怒有多少其實是憤怒的悲傷？因為無所不在的母親是多麼殘忍或令人失望，或小妹妹來到這個家庭裡，切斷了我們早已習慣的愛？我們是否回想起另外的某個人用「呃！」打斷了我們興奮的「嘻嘻」？

我們的挑戰是要支持自我的感受，而非被它們占有——亦即不要被它們所影響，被迫不恰當地使用它們。無助小孩模式的反應是讓感受進來，然後將之塞進持續不斷的循環裡。

怨恨與傷害

我們可以將憤怒視為一個循環感受的例子：**一個移情裡**的怨恨和傷害可以是某一悲傷且痛苦的循環的一部分：受傷、怨恨、受傷。過去有人傷害了我們，我們因此怨恨他，再透過傷害現今生活中讓我們想到他的人，來表現出我們的怨恨。但傷害那個人並不能平息我們的憤怒，因為我們傷害的是錯的人。我們會如此不安及生氣，一部分是因為在現今衝突裡傷害我們的人，會讓我們想到過去另外一個人對我們的傷害。現在我們試著透過眼前活生生的人，回到過去那個鬼魂身上。因此，我們的傷害當然無法被解決，我們的怨恨也無法被消除。

唯有當我們哀悼這個傷害，而非將它傳承下去時，才能打破此一循環。這表示在我們內心找到問題，而非靠移情來維持它。哀悼能讓我們放下憤恨，**因為哀悼會導向原諒，它本身是一個愛別人的行動表現**。然後我們不用像挑戰獎金的拳手傷害他的對手一般，來回應那些傷害我們的人。相反地，我們的風格像個合氣道者，**運用**某人兇惡的能量，來形成不具傷害性、卻能自我防衛的工具。

怨恨是挾帶著盲目，無法滿足對報復需要的一種怒氣。這無法滿足的特質給了我們線索，即生氣是從古老傷痕引起的重複移情和投射。健全的人們不會恨，因為他們會面對和解決痛苦的感受；與之相反的是，繼續餵食按捺不住想要懲罰的需要。

有靈性意識的人不會恨，因為他們承諾著慈愛。心理健全的人不會恨，他們會解決事端，而非將之轉成仇恨。會怨恨的人值得我們同情，而非應得懲罰，因為如果當下情境夠極端，我們也許會跟怨恨的人一樣困惑，也一樣會被同樣的報復循環所結成的危險網子所綑綁。

練習　與感受共處

健全的成人能讓感受進來和離開。我們單純地與感受同在，然後漸漸地有所理解。

感受會教導我們。我們對現在事件的感受與過去有關聯，因此要檢視自己的感受如何與過去連結。透過處理現在真正的感受和與過去連結的感受，我們就能獲得雙重的益處。注意到問題裡面的移情範疇，這些問題就能揭露它們的根源。

假若我們困在某個情緒狀態中或是抵抗改變，我們只要練習與自己的困境或抵抗共處，只要開始信任正念停留或端坐在我們事實中的力量，不管那有多不舒服或看起來會是多麼於事無補。

然後我們會注意到，沒有什麼事是停留很久且不動的。我們會注意到某個自發且輕微的改變，我們的困境會以某種方式突破。我們停留在自己事實的圈圈中，而它會轉變成一個新的事實。在停頓當中與我們的事實共處，指的是倚向它，然後，諷刺地，這個倚靠會讓我們準備好自己站起來。「共處」會變成「站起來」。

與一個感受共處會成為一種安慰，因為它讓我們知道我們不會拋棄自己，因而感到心安。那份對自我的承諾變成了一種保護，因為它比所有成功逃離的情感和躲避自己的條件來得更有價值。與懷疑、消沉和全然的脆弱共處，也會讓它們成為我們心理生活中理所當然的景色。

這個練習是要抓住且連結我們的感受，將之當作啟蒙的**教導**。這些教導來自於我們感受和回應的方式。悲傷能教導我們認識失落和短暫性；生氣呈現出我們對不公平的待遇做什麼樣的反應；恐懼教導我們如何處理危險和威脅；歡樂教導我們如何慶祝生命。

我們透過給自己5A的愛，來與自己共處：關注、接納、欣賞、情感和容許。

當這類停留的力量適用於另一人身上時，這就是所謂的**承諾**。

這與我們所有的功課一樣，最終會達到一個「好」的境界。我們對生命的事實無條件地說好，接受需求永遠不會被滿足的事實；我們也對佛教的真理說好，接受生命包括無法滿足的事實。當我對這些事實說好時，就可以從不恰當的頭銜中釋放自己，然後開放接受滿足的時刻，拉起悲歎過去所有不滿足的布幕。我單純地停留在這一刻，因為，我沒有拋棄自己而得來的滿足感，會變得比是否有任何人留下來陪我，還要珍貴。這是從恐懼被拋棄中走出來，通往自己的康莊大道。

忠於此刻的蘊藏力量，在英國浪漫主義詩人華茲華斯（William Wordsworth）的〈丁騰修道院〉（*Tintern Abbey*）中描寫得很貼切：

此刻，有了生命和食物，
供給未來的年歲。

最後，關於怨恨，我們利用哀悼課題的範本來觸碰我們的傷口，如第九章所述。我們透過提出、處理、解決和整合，致力為自己的感受負責，按照第二章的練習。

此外，我們想到八世紀的印度教師寂天菩薩（Shantideva）在《入菩薩道》（*The Way of the Bodhisattva*）裡所說的：「願那些地獄是怨恨和傷害的人，被轉變為帶來花朵的愛人。」我們節錄這個靈感時，就可以感受到慈愛的力量在改變我們的態度，從報復到調解、從怨恨到憐憫。我們保持平靜，因為我們相信智者的智慧。我們的祖先將療法傳承給我們，而非只有傷害。

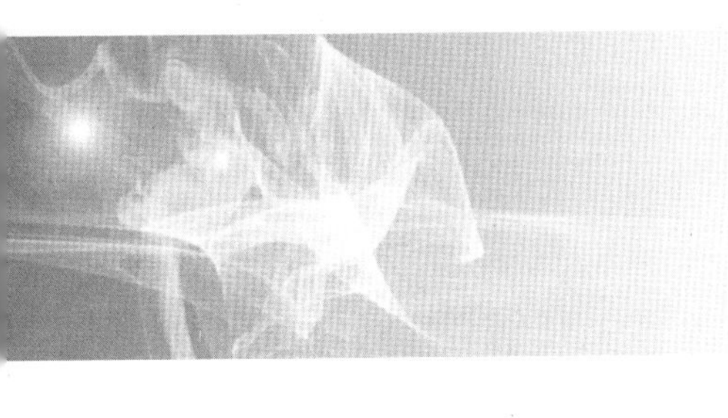

第7章 受傷的回憶

在生命最早的階段裡，一個小孩有可能忘記他或她所承受過的極端殘暴對待，也有可能理想化傷害他或她的兇手。但後續的發展，會揭露出早期受迫害的整個故事其實被隱藏於某處……在心理分析治療裡，這個故事會在移情和反移情的框架裡呈現出來。

——愛麗絲．米勒，《都是為你好》（*For Your Own Good*）

當一個人對我們咆哮時，我們聽到的只是很久以前酒醉父親對我們所說的諷刺話語。父母可能嚴重地驚嚇了我們，而我們帶著這個內心的恐懼到處遊走，尋找一個可以放下它的地方。然而，我們不能將內心深處的東西，移情到另一個人的地盤上。

潛意識的某些記憶是受壓迫的，某些已被分解開來。壓抑的記憶被我們深深隱藏在潛意識裡，因為它們太具威脅性而使我們無法面對。生命早期那些太可怕的記憶我們無法回想起來，可能是為了我們的福祉而被壓抑或遺忘。由於還沒準備好或無法處理它們，所以心理的保護機制將它們排除在外。於此，透過本書，我們對自己的課題是，必須尊重且維護敏感內心的內在時機，以防在太短的時間內需要面對太多。這並非能力不足的徵兆，而是一種尊重心理時間表的智慧，它比自我的智慧還要值得信賴，因為自我可能會為了證明自己的能力，而罔顧我們是否已經準備好。

解離（dissociation）是藉著躲避到另外的想法或影像裡，將自己從正在發生的虐待中抽離。例如，當一個小孩受到性侵害時，她也許會從事件中解離，想像自己在其他的地方——甚至想像自己是另外一個人。我們解離是為了將自己從發生在我們身上的痛苦或恐怖中抽離出來。解離比起稍後再遺忘一個事件，是較刻意和較直接的逃離，因為它是在壓抑中產生的。

不管我們現在能回想起虐待或是已從中解離，我們內心都有一個好的父母親應有的樣子的原型感知。如果父親是酒鬼，且嚴厲地體罰我們，也許我們當時沒有意識到，但仍直覺地知道，這樣是錯的。在內心深處，我們知道父母應該要保護我們。當我們被虐待而母親卻保持沉默時，我們瞭解到我們失去了存活所需的某樣東西。試著想像那會有多可怕。

一個受虐的兒童，會為了避免感覺自己像個孤兒，而藉著認同父母對他負面的想法，來維護他們。他將虐待解讀成是自己的錯，因此被處罰是應該的。這會讓孩子理想化的父母留在他們（不應得）的理想狀態。**心靈想要體驗的連結，更勝於想要承認虐待的存在**。心理學家費爾邦（W.R.D. Fairbairn）評論道：「一個罪人住在神所創造的世界裡，比住在惡魔所創造的世界裡還要好。」

成年後，我們會潛意識地重複父母的行為來守護我們的配偶和小孩，以合理化我們的過去，且讓我們較容易承受它。我們可能在工作上或社會上誤用任何自己擁有的力量。意識中，我們會感到生氣和不堪，是因為內心那個與虐待我們的父母共謀的部分，還紮實地留在我們的潛意識中。然後我們會透過虐待他人，來延長自身的傷害。我們會強迫性地產生這些行為，而不太知道其中的原因，這就是一個潛意識移情的徵兆。

會留在自己被虐待的關係中，是因為對我們來說，熟悉的事物比逃離它還珍貴。在成人關係中被虐待時，我們會覺得無力去改變或逃避。那個無力感就是過去的記憶使然，不是我們現在的自然傾向。我們的課題是要體驗自身的感受，研究它們以及與過去的關連，直到我們準備好為止。只有讓光透進來，才能對我們有幫助：讓潛意識變得有意識、隱晦不明變得清晰可見、還沒曝光的重見天日。那麼那禁閉的門會自動以它的方式打開，而我們終於可以逃離殘虐的待遇。

有些伴侶，即使在我們對他們表明立場後，還是繼續用不可解釋的方式使我們害怕，那他們就必須一起加入治療。當這個提議被伴侶拒絕時，我們就必須準備好離開一陣子或是永遠離開。「但是我愛他」會讓我們停留在自己持續受到傷害的地方。因為愛和虐待的連結發生在無法離開家庭的童年時期，所以我們依然認為自己毫無選擇，且仍然相信，愛就是要留在加害者身邊。我們耽溺於人類的迷思，並接受一個同時愛我們又傷害我們的人。於是愛就被用來為虐待背書。被害人相信，他或她的痛苦是愛不可或缺的一部分，是正確的，要去承受而非面對、迴避或逃離。愛指的是無條件的關懷，但並非指與一個虐待者留在同一屋簷下。有時候，愛只產生在距離之間。

當父母真的對我們很苛刻或惡毒時，我們的移情可能會延伸到同性的所有人。個人與母親的經驗可能會讓我們對所有的女人起敵意。這可能是男人厭女症或是女人厭人類的來源。也可能因此，女人很難相信其他女人，或男人很難相信其他男人。

我們的恐懼或被某人震懾的感受，不管是有意或無意的，都可以用第二章的練習來處理：提出、處理、解決和整合。透過直接稱呼它，大聲地**提出**虐待問題，將它攤在桌上以獲得處理。藉著表現生氣的感受和悲傷的完整面向和承認移情來**處理**它。我們看著事情演變，在加害者尋求且利用治療協助的同時，來**解決**問題。如果這沒發生，就要持續下去。我們將新的覺醒**整合**在生命裡，做出新的、更堅強的行動，不允許虐待或恐嚇，並為未來的關係劃清界線，以確保我們自身的安全。

不幸地，在一段關係裡，對伴侶的恐懼常常是被忽略的，因此我們根本不會面對它。它較常以底層逆流的方式，而非高漲浪潮的形式發生。於是，對我們可怕伴侶的忠誠，變成一種衝動，而非選擇。我們次要的獲得（從一個負面經驗而來的正面卻潛意識的益處）是熟悉感，通常是一個安慰的移情，即使很痛苦，「至少我覺得在自己家，且知道這裡的規則。我對生命沒有更多的期望」。在這樣的絕望中，我們被困在移情裡，而非面對且處理它。我們看不見其他選擇，因為熟悉感會讓我們看不見能夠接收到 5A 的可能性，而不用生活在我們童年時那悲憤的怒氣和遺棄的慢火威脅中。

蔓延的焦慮感受，我們的如履薄冰，不會與過去連結，也無法幫助我們解決問題。我們首先必須努力治療，如果失敗了，就必須離開那個讓我們害怕的人一陣子。然後我們可以檢視過去的個人問題，變得更堅強。如果之後我們選擇「要」，我們可以回來面對那個讓我們害怕的人，告訴對方我們痛苦的完整故事。

對某些人來說，這樣現實的經驗能終結移情，同時如果這真正是它一直所隱含的一切，這段關係也可能不再有趣。這也許說明了為什麼這麼多人並未跨出那一步。恐懼和慾望的結合、痛苦和愉悅的結合，是感情連續劇的精華，也許比從中釋放的自由還要高潮迭起或持久。這是我們對腎上腺素的癮頭變得如此持久的原因。

詩人愛蜜麗・狄更生警告我們這類慰藉的枷鎖所蘊藏的危險：

這個監獄如此溫柔，
這些陰鬱的欄杆如此甜美，
沒有暴君而是監獄的國王，
投入了這個休止狀態……
一座地牢但卻是親屬的，
箝閉——家。

持續性的壓力

記憶會持續，那是個人生命的事實。但虐待的記憶不一定會繼續傷害我們。我們透過哀悼的功課來提出、處理、解決和整合它們。悲傷的記憶仍然會留在內心，成為我們內心深不可及而無法摘除的碎片，但無論如何，它們將不再具傷害性。

然而，童年的衝突，如同痛苦記憶中由前段關係製造出來的慘況，可能讓我們因爭鬥而創傷，經驗著創傷後的壓力，且對新的伴侶過於敏感。當新的愛情的可能性來臨時，我們會帶著一直裂開的傷口。我們害怕把握機會去嘗試，且很難信任別人。我們可能表現出創傷後壓力症候群（Posttraumatic Stress Disorder, PTSD）的徵兆，如以下所列：

- 無顯著原因的強烈焦慮。
- 持續且執著地回憶傷痛，不管是心理上或細胞(生理）上，通常帶著回憶的片段。
- 等待最糟的情況發生。
- 做跟原始痛苦經驗有關的夢或惡夢。
- 感受到原始的創傷彷彿在現今發生。
- 對任何象徵或使我們聯想到過去所發生的事件，產生強烈的反應。
- 以逃避、麻木、拒絕、解離或離開，來面對任何類似或重現過去創傷的人、地方或事物。
- 對物質或行為上癮，或是對一個人或信仰過度執著——這些都能幫助分散悲傷的注意力。

我們可以看到，在一段關係中掙扎時，這些同樣的因素如何出現。我們可能被虐待者羞辱我們人類尊嚴的記憶所煩擾。這樣的記憶不存留在我們的腦子裡，而是會飛濺到對伴侶的懷疑上，因為他們做了任何會讓我們想起過往的事，即使是無心的。過去不斷地遞出它的帳單，卻弄錯了債主。當我們睡在新伴侶身邊時，我們會夢到過去難搞的伴侶；在我們的潛意識裡，親近不只是個比喻。如同我們在前面所看到的，我們的腦袋會混淆過去和現在，導致對中立的事件產生強烈和戲劇性的反應。

創傷後壓力的問題在於，過去持續傷害我們，而我們感覺自己束手無策。透過研究它所表達的移情，可以幫助我們治癒某些傷口，但在這個過程中，時機是很關鍵的。如同在前面所看到的，只有在時機對的時候，才能在自己身上下功夫。我們知道，當我們準備好在那個方向踏出嬰兒的腳步是對的，不管有多彆扭或尷尬，不管誰在看著我們。身體會找出一個平穩的狀態，它會在消耗或牽引它的壓力中找出疏解方法。所以我們在如嬰兒學步的啟蒙中並不孤獨，就像我們在學走路時，會有支持我們的意志前進。

恐懼會讓我們絕望，不相信事情可能會改變。通常，我們對重複一段虐待或重複可怕過去的需要，會強過我們對一段健全關係的需要。這是正面的，假若我們相信「事情有先後」，那麼我們就必須先完結舊的事情之後，才能接觸新的事物。我們要先處理舊有的恐懼，然後當我們找到健全的親密關係時，才不致被過去所約束。

微妙的時機

喔！時間你必須打開這個結，而非我。
這個結對我來說太難解開。

——莎士比亞，第十二夜

移情和它的解決之道都牽涉到回到過去。希臘字 nostos 意指「回去」。希臘文的痛苦是 algos，合起來就成了英文的 nostalgia，一種對過去經驗和連結的鄉愁。我們渴望回去，然而同時這個渴望會讓我們痛苦。nostopathy 一字意指「回去的痛苦」。它主要指的是當戰士在一場戰役之後回到家鄉時，心中感受到的痛苦。現在我們明白，這個痛苦是前述的創傷後壓力症候群的一部分。

我們在回去時所感受到的痛苦，是來來去去中常見壓力的一部分。在研究移情時，我們企圖回到過去發生在我們身上的事實，而那肯定會很痛。回去的記憶通常都是令人困擾的。同樣地，重複過去也是一個痛苦的舊地重遊。在移情和處理移情的經驗中，我們看到回去、重複和痛苦之間的連結。

數學演算法的其中一個意思是，透過重複某個操作來解出一道數學問題。也許移情是人類計算機裡的演算法，我們重複某件事，直到感覺解決它了。有些重複是窒礙不前的，像個空轉的輪子；有些重複則是因為我們的情緒太滿，無法對眼前問題找出創意的回覆，所以才發生。這是時機應該被重視的地方。

不要跳進去然後匆忙地揭發過去，要同情我們自己，找出獨特的步調；每一次都只處理我們所能消化的份量，這是非常重要的。

透過同步性，我們所建立的關係，表現了我們一直傳遞著的一些重大事情的下一個片段，並移情到他人身上。全宇宙好像也加入了我們的行動，同時也尊重我們的時機。例如，在三十幾歲時，我們對自己受虐的成長背景做了哀悼的功課，然後在四十幾歲時，在一段新的關係、工作或婚姻的最新狀態裡，用不同的角度回到過去。然後我們可能在往後的日子裡再次造訪它。**每一次的功課都是當時完整的過程**。當我們想要研究移情作用時，它們會在對的時間為我們敞開。英國兒童心理學家溫妮柯特（D. W. Winnicott）說：「匆忙或延誤，都是干擾。」

在一段關係裡，必須關注的一個要點是，當一些問題已經浮現時，要注意且尊重伴侶拒絕提出、處理、解決和整合那些問題。面對問題、深層動機以及持久性的疑慮，對於進展比較緩慢的人來說，感覺會像是一種入侵。如果我們個性內向，那處理問題的時機一定會跟外向的人有所不同。如果我們對親密關係抱持恐懼，我們對親密關係的準備狀態就會非常敏感。我們的內心世界仍是我們的神聖空間，有安全的高牆，沒有人能跨越，即使對方是懷著好意的。請等待，直到我們準備好為止。

不需要一次全部處理

有些經驗太過敏感，不適合現在處理——或根本不宜去處理——所以某種程度而言，壓抑是為了自己的健全著想。所謂的抵抗或拒絕，也許對我們是最好的。我們可以回想化學課中，容器的堅固性，必須與容器中化學物質加熱時所產生的壓力成比例。我們可能是一只太薄的玻璃杯，無法承受那段燒燙的過去。

對某些人來說，有些童年發生的事，最好還是不為人知較好。當我們太脆弱而無法承受時，沒被發現的記憶，會比直接面對的記憶較不具傷害性。直接地檢視發生在我們身上的事，可能很可怕或很驚人，以致我們有可能驚慌、崩潰、變得不正常或整個崩壞分解，就如詩人愛蜜麗．狄更生冷酷的描述：

有一個痛苦如此全然地
吞噬了本質，
然後用沉迷覆蓋了深淵。
因此記憶可以踏步，
於周圍——橫越在它之上，
像個神魂顛倒的人
安全地前進——
那裡有隻睜開的眼睛
會丟下他——一根一根骨頭地丟。

轉移目光可能是自我身體的自衛機制，為抵抗那個可能大到我們無法承受的刺激。知道我們是誰、別人是誰，或我們所感覺的恐懼和危險，可能會在心裡變成巨大的迷惑。也許我們不會真的困惑，只是還沒裝備好——或準備好——去知道。內心的偵測器就像個守護天使，保護我們不要知道得太多。測量我們心靈的承載能量是很重要的，我們能安全地知道多少關於自己的事情？

大自然所認為的人類面對悲傷的失落，她可能認為我們最大的失落就是自己的孩子被一隻利牙的老虎殺死。她可能沒有預見連環殺戮、恐怖主義和人類浩劫。我們哀悼的能力也許還不足以進化到能處理如今面臨的恐怖。同樣地，就個人而言，童年的某些虐待或失落可能大於心靈所能承載的。有些悲傷因此可能是無止境的，就像哈姆雷特所描述的：「他會用眼淚氾濫整個舞台。」

這可能是為什麼我們通常會害怕知道真正的感受或動機。我們會拒絕承認自己所無法處理的，就像聖經故事裡的諾亞之子一樣。他們在發現父親喝醉且裸體躺在帳篷裡時，在覆蓋其父身體的同時，也轉移了目光，不願面對父親酗酒的事實，不管是在心理上或字面上。我們可能也會這樣做，或頂多瞥一眼，就是無法無懼且堅定地注目，因為這是對於面對我們自身事實的很大挑戰。

有時候，阻擋我們的是自我，因為它不想承認自己受傷了。但丁在地獄裡看到拒絕懺悔的靈魂，這是一個膨脹的自我拒絕承認它的不恰當或拒絕請求原諒的比喻。的確，自我不能承認任何一種形式的破裂。這是多麼諷刺，因為只有在我們承認自己受到動搖時，才能找到修復的道路。這個諷刺喚起救贖的矛盾典範，深深地刻印在人類共通的心靈裡：在那裡，透過傷口，我們才能得到治癒。透過矛盾，我們能看到心靈是傾向完整的，且孕育我們心靈的宇宙是友善的。

救贖的可能性，最能滋長於我們開始坦承自己的傷口，不需要去挖掘過去記憶到它們自然地到來。這通常要在一段長久的圍城之後，必要的保護盔甲或受驚的自我城牆才能被瓦解，而它的石頭能被重新利用來建造一個健全的自我，一個沒有成為我們移情素材的防衛裝飾。

在我們透過心理成長功課和靈修來穩定生活時，我們認識自己的能力也有所成長，然後可以漸漸容許越來越多與我們過去有關的事。在我們知道的比我們能承受的還多的事實裡，會有個動人的同步性。那個同步性是個守護天使、友善的宇宙典範，是任何一個溫柔地在我們受傷的心靈上，創造出神聖出口的人。

練習

尊重時機和生活方式

與自己共處，不企圖改變任何事，是正念的自覺。這樣的正念成了一種治癒的矛盾，因為它帶領我們從自然轉換進入到轉變的過程。我們對此地此刻的忠實，能打開一個安全的地方，提供未來一個最佳狀態的環境。

正念的覺察如何帶來轉化？當我們與自己的經驗共處，能顯示出心智和世界的深層架構。因為我們可以從經驗的起因和條件中，看出架構如何連貫，並能理解它們之間的互助關係。我們對互助關係的認知，即是對空的認知——即所有事物的孤立性都是空的，世上的一切都是不確定的。我們注意到執著如何導致痛苦，因為執著在與其他經驗脫離的妄想裡被找到，因為當一切都無法滿足時，妄想能令人滿足。正念是佛學的主要精神。

佛教徒從事「靜觀」（direct looking）練習，而後停留在空寂中。在這個修鍊裡，我們安靜地坐著，注意呼吸，逐一地觀察靜止、思想和外觀。我們將看到與自己交織的人、事、時和地。我們放掉關於那些人事時地的觀念所造成的依附與執著。然後我們進入寂靜產生的空。這表示看見一切如其所是，而非看見被心態和投射扭曲的人事物。在空中駐留的平靜是廣大且讓人滿足的。

我們以同樣的方式看自己的故事，即在傳統意義上雖是真實的，但最終還是空的——自由的——沒有概念的。這樣的切入讓我們能打開一個空間，讓健全和智慧安然進入。在那沒有特定地點的空間裡，我們終於可以獲得完全的休息。

練習　找出我們所缺乏的

第二個練習必須與我們的生活方式或人際關係中所缺乏的某件事物的意義有關。它會以四種形式出現：

1. 我們知道少了某件事物，且知道那是什麼。因此我們的功課是藉著將自己擺在它可能發生的情境裡，謹慎找尋它的實現。我們無法勉強它，只能接受它。

2. 我們知道少了某件事物，且不知道那是什麼。因此我們的功課是找到十個在日常生活中，普遍被要求的領域，並注意哪些是自己所欠缺的，然後努力實現它：

- 我有段能培育我的關係嗎？
- 我的性生活令人滿意嗎？
- 我的工作能滿足我嗎？
- 我的生活狀況是舒適的嗎？
- 我有健康的生活方式，沒有藥癮嗎？
- 我與家人和朋友有令人滿意的連結嗎，包括生理的健全？
- 我是否有培養嗜好或從事某些活動，例如運動，好讓我有活力？
- 我是否用正直、誠實和良知在過生活？

- 我是否透過幫助別人而對這個世界做出貢獻？
- 我是否找到滿足靈性的靈性或宗教？

3. 我們原本不知道缺乏什麼東西，但某個事物出現並滋養我們，使我們現在明白之前欠缺什麼。在這裡，我們的練習就只是感激。

4. 我們不覺得欠缺什麼。所以我們的練習是感激目前好的生活，同時仍維持正念的注意力，小心觀察下一個可能被揭露的事。

在破曉時分，盯著月亮，
天空如此孤獨，
我終於認識了一路上的自己，
現在沒有事被遺漏。

——和泉式部（第十世紀）

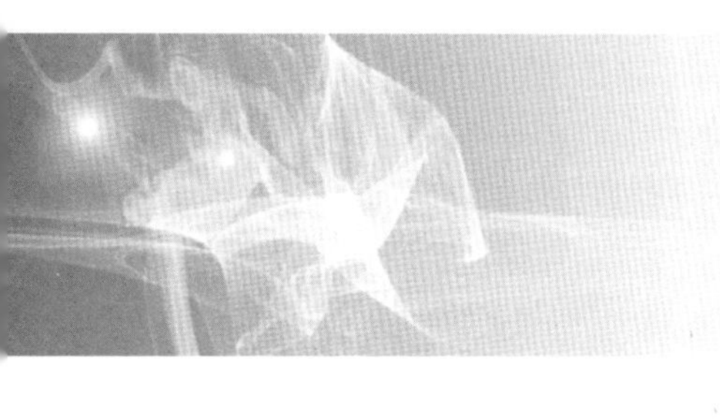

第8章 生理的層面

童年的事實儲藏在身體裡，儘管我們能壓抑它，卻絕對無法改變它。我們的頭腦可以被欺騙、感受可以被操控、感知可以被困惑、身體可以用沉思來詐騙。但總有一天，身體會交出它的帳單來，因為它是無法腐壞的，就像那不接受任何妥協或藉口的孩子，且它不會停止折磨我們，直到我們不再逃避事實為止。

——愛麗絲・米勒（Alice Miller）

榮格使用「身體反應」一詞來泛指身體上的生理感受所作出移情反應，也是潛意識生活中最顯而易見的一種形式。移情的最原始層面展現在我們器官的反應上：「我感覺她的話打在我的胃上。」「當我聽到他的聲音，我會顫抖。」當一個發怒的人走到我們面前，我們會感到呼吸緊迫或是脖子緊繃。看到暗戀的對象或最近與我們不歡而散的人時，會感到雙腿發軟。在一個按摩療程裡，會突然淚流滿面。聆聽情人願意為我們摘下月亮的甜言蜜語時，會感到一陣興奮。

這些生理的反應，可能是移情在產生的信號，表示除了眼前事件展現出來或採取行動者所表現出來的之外，還有更多事情正在發生。不管心智如何縮小或理性化事情，我們的身體會對興奮或創傷發生反應。我們體驗著從嬰兒時期就存於體內的細胞反應，它們全都代表著未經處理或未完成的事件和感受。如今一一浮現，並與我們打招呼，手中握著帳單，要求完整的結清或部分付款。就某個層面來說，身體就像信用卡，我們一生都在用它來簽帳買東西，然後，現今的經驗拿發票給我們。當身體回想起我們的心智所遺忘的，生理的反應能幫助我們找出心理課題，或用更多的關懷和注意來探索我們的過去。如佛洛伊德所說，「身體永不死」。自我的原始感覺是肉體上的。的確，佛洛伊德看到的自我，最初始是一個「身體的自我」。

這個肉體的自我如何幫助我們？精神宣洩（Catharsis），一個被封閉的情緒的發洩，是身體上的行為，而不只是言語或心理上的行為。當談話治療或其他協助的技巧帶領我們進入身體層面的經驗時，這些治療就能發揮最佳的功效。於是提出、處理、解決和整合是關於一個被開啟的更完整自覺，更屬於身體覺醒的感受。當自我感覺在一個安全的容器裡、一個安全的環境，像是療程、一段親密關係或精神自治團體裡時，較不會處於防衛狀態。

內臟器官的反應能告訴我們事實，而我們的心智僅回報一些空話。例如，我們的心智說：「這沒什麼大不了。」但當我們檢查自己的身體反應時，我們會偵測到怒氣（也許以緊咬的下巴或握緊的拳頭來呈現）。那被揭露的事實會啟動能量，讓我們自覺地感受到怒氣，然後我們可以說：「我對他們很生氣。」無視這個感受可能會導致沮喪，同時內心會感到困惑。有趣的是，在東南亞國家裡，人們相信憂鬱的原因是因為沒有好好哀悼祖先。這肯定比喻了潛伏在我們神秘的心情背後那些未結束的事情。

過去的影響並不完全是心理上的。我們的身體一直以來都記錄著媽媽和爸爸對我們的身體上的意義。在內心深處，我們知道他們是否真的贏了我們。儲存這類資訊的原因是要與照顧者調和，這對我們的發展而言是非常關鍵的。擁有這樣的資訊，是希望有一天我們會獲得之前所沒得到的，或是重新得到以前曾獲得過的。有些人迷失在絕望裡，找不到如何與現在的關係調和，但那並不會取消或抹去其潛意識的回憶。這是因為我們持續相信，父母對待我們的方式，就是他人和世界期望我們的一部分。

我的故事不僅僅是一段心理記憶，記錄著我所學到或所發生的事。它是段肉體的記錄。所以研究移情也包含了身體層面。我們的工作是要在生理上超越過去。以下是個例子：我們的母親強勢，但必定也保護了我們。她對我們提供保護的代價，就是在她侵犯我們底線的時候，我們只能保持沉默。現在，當我們想到要在工作上面對一個權威的人物時，就好像是冒著一個被遺棄或失落的重大風險。事實上，即使現在，只要我們一想到要跟自己的母親講什麼事時，身體仍會有驚天動地的反應。身體並不像心智那麼容易被說服。我們的挑戰是透過移情，讓此一課題在身體上觸動我們。這要如何做到？

一個身體的意識，指的是注意到我們如何以一個肉體的個體生存。我們從自己的移動、走路、呼吸和承受自己的方式中，發現許多關於自身的事。童年和現今的壓力都刻印在我們的身體裡，它們透過肌肉緊張表現出來，像是壓抑的身體動作、緊縮的姿勢和呼吸。我們體現的方式能揭露出自己潛意識過程的關鍵資料。透過注意和記錄，我們會注意到身體傳遞的訊息。如此一來，即可遵循榮格的建議，「給身體它應得的」。

當我們聆聽身體想要告訴我們的時，我們將明白自己真正所需要的是由5A所提供的一個安全背景。我們可以學著注意到身體對過去經驗的迴響，及它如何影響到現狀。擁有一個能敏銳感知我們所感受的身體迴響的治療師或朋友，是很有幫助的。然後，透過陪伴、接觸和鼓勵，我們更能輕易地達到生理與心理的健全。

身體治療在我們研究自己的課題上很有用，因為它專注於身體如何動作及顯現出來的樣子。它探索著身體所要溝通的訊息。正念的意識壓力和我們的結構模式，可以幫助我們放掉生理上的壓抑，然後內心會感覺更寬廣，即使我們的身體形象並不符合好萊塢版本的美麗或青春，也能較不畏懼表現出真正的自己。當我們放掉緊張的束縛，然後放鬆與自己舒坦地相處時，移情就有可能開始浮現。我們透過記憶的意識和與過去事件及人物相關的感受去接觸它們。當我們容許感受如遊行的行列，光明正大地通過內心並自由地表達時，我們就能更豐富地在療癒之旅中大步前進。

你擁有感覺的身體，事實上是巨大系統中的一部分，這系統包含此處和他處、現時和他時、你和他人——事實上，即是整個宇宙。當身心感受由內而生，身體即是在宇宙大系統中真實地活著的經驗。

——尤金・簡德林（Eugene Gendlin）

大腦如何介入

大腦有它的通道——跨越物質的地方。

——愛蜜麗・狄更生

最新的科學研究讓我們瞭解移情在大腦裡面的生理作用。情緒的反應儲存於杏仁核，大腦邊緣葉系統的一個構造，約在出生時就已開始運作。所以，過去的經驗在身體、心智和行為裡一直以都實體存在，是我們人格背景的一部分。一個環境的演進需多年的氣候轉換配合而成，心靈也以同樣的方式運作。我們的樣子來自我們經歷的所有事件，長年以來受到事件、創傷和童年記憶所影響。我們收藏著一本厚厚的舊相本在身體裡，而不僅只收藏在閣樓的皮箱裡。

因此，人類的個性並非堅固的事實，而是不停隨著時間和情境在變化的圖騰。它不像雕像，一旦完成了就不會改變；它較像旋律，即使完成了，也會繼續變換音色和演奏方式。我們的穩定性就像月光奏鳴曲（Moonlight Sonata），並且每個人都是一個獨特的版本，每天都在改變。鋼琴家顧爾德（Glenn Gould）演奏的月光奏鳴曲，和音樂家阿巴多（Claudio Abbado）演奏的風格截然不同。此外，某位藝術家在星期一錄製貝多芬作品時演奏的，與他在星期六晚間音樂會上所演奏的，聽起來也會有所不同。

那麼壓力和恐懼呢？它們會分泌可體松，一個藏匿於腎上腺裡的賀爾蒙。高度警覺的狀態也會分泌神經傳導性正腎上腺素，一種攜帶著電子的衝動跨越大腦突觸的化學物質。這些心理反應讓我們準備好面對眼中的危險，不管是否是真的。它們將我們完全帶進現在，且精準地調適我們的反應，好讓我們更容易地反抗或逃離。

過去具有威脅性、傷害性或影響深遠的事件，產生了影響一生的身體作用，像是焦慮、沮喪、恆久警戒的需要等等。它們在掌管語言和邏輯的大腦新皮質裡進行，不會到達發生（或反覆發生）內在反應的中腦，所以我們無法講出自己記錄在細胞裡的資訊。事實上，在壓力之下，左腦的含氧量會降低，右腦的含氧量提高，我們情緒和身體反應都發生於此。這也許能解釋為什麼身為成年人，當我們在高度覺醒時，因為恐懼和慾望而瞠目結舌；我們會無法動彈，而非反抗或逃離。我們失去了為自己站出來的選項，無法逃到安全的地方。當喝醉酒的父親蹣跚地進入屋內，我們就好像癱瘓了一般，一動也不敢動，開始想像這次他會對我們做什麼。

海馬迴將隱晦的記憶融入可理解的整體裡。當它被創傷或高度壓力所窒礙時，事件就不能完全獲得處理。**這些都顯示了記憶在我們無法掌握的因素前脆弱無比**。例如，一個憂鬱的人在一段關係裡可能會忘了或放棄與情侶一起訂定的計畫；這不是困惑或任性的徵兆。臨床上的憂鬱症症狀之一，就是失去回想起計畫或支持熱忱的能力。

海馬迴位於中腦。在那裡，個人的故事記憶被安置在各個正確的時空片段裡：事情發生的來龍去脈、在哪裡、如何發生、何時發生。這是短暫記憶以正確且長久的方式儲存的地方。當童年時期長期忍受壓力，海馬迴就會失去細胞。這表示**有件過去的事情將在我們內心重現，就像它是個近期記憶一樣，讓我們以為這件事發生於現在，但事實上，它卻是在很久以前發生的。這正是移情的定義**。

現在的危機感加深了我們的壓力。此外，腎上腺素幫助我們敏銳地回想起危險的事件，以及長期記憶中恐懼的反應，所以我們能運用之前學過的，來處理現在立即面對的危險。當回想變得敏銳時，它也會讓我們感覺到過去的事件在眼前發生了，使一個移情作用顯得更加真實。加州大學洛杉磯分校（UCLA）醫學院的仕柯教授（Dr. Allan N. Schore）研究指出，「人類在出生後，大腦的皮質增加了它最終DNA的百分之七十，而這擴張的大腦是直接受到早期環境的豐富和社會經驗所影響。」

我們是什麼樣的人，並不只跟基因有關，也和早期接受的照顧品質有關。腦前額葉外皮這個保存自傳性記憶的重要構造，一直到我們兩歲時才發育完全。不過，它會在我們一生中不停地發展。因此，我們的生理是正面的，它確認了持續的成長是可能的。腦前額葉外皮會依據人際關係的經驗發展並產生反應。這讓我們理解為何我們對人際關係會有如此的印象。

最新研究顯示，定義「自我」的特質並不在於大腦的某一處，而是分布整個大腦；沒有管理大樓的「思考者」、沒有中央配電盤的操作員。因此我們可以練習從一個堅固自我的幻想中釋放，坦然面對「我」的無邊界的本質，即便是在生理上。一個大的自我會成功顯示我們囊括了宇宙及所有在當中所發生的事情。

我們用正念的平靜來面對所有發生的事，才不會陷入像逃避瘟疫一樣想逃避某些事情的困境，且把生命依附到其它事情上。現在我們瞭解為何這麼多佛教大師建議摒除偏好，以得到自由。於是哈姆雷特告訴他的朋友赫瑞修（Horatio）：「命運的打擊和報酬，以同樣的感激來享用。」

學者繼續探索人類的情緒和記憶是如何儲存於整個體內，而非僅在大腦裡。我們是真正擁有身體和心智的動物，就像在莎士比亞的《愛的徒勞》（*in Love's Labour's Lost*）中，也看似猜出了這當中的運作：

但愛……
並不單獨住在腦袋裡，
而是隨著所有因素動作，
如想法般瞬息萬變的每個力量的過程，
且給每個力量雙倍的力量，
超越它們的功能與作用。

練習

凍結以外的選擇

當我們困在過度覺醒中，防衛的處理——抵抗或逃離——都啟動不了，所以我們會僵住。隨時警戒危險的長期狀態，表示我們對危險的反應無法進到下一階段，也就是處理它。創傷干擾了從覺醒到反應、防衛的自然進展。**當隨時都處於戒備狀態，我們會被**

凍結的回應所困，這同時解釋了為何有些人不再前進，或在成人關係中不採取行動抵抗虐待和傷害。我們稱他們為被害者，但他們也許沒有很多的選擇，所以他們真的應該得到我們的同情。而如果我們被同樣的情況所困，這也可適用於我們身上。

我們不是孤單的，這對人類來說也不新奇，如同美國〈獨立宣言〉所示：「……所有的經驗顯示，人類在惡還可以容忍時，較傾向於受苦，而不會透過摒棄原先習慣的形式來糾正自己。」**大腦讓這看似緊張的事件，與和它相似的原始事件變成同一件事，而我們卻不是以這十年來有所成長的成年人去看待它，而是以那舊時光裡無力的小孩來經歷它。**生命裡有時有較多的相似、較少的真實。我們應該得到憐憫卻無法同情自己，因為身為充滿壓力的人類，我們那想要幫忙的大腦，可能嚴重錯誤地呈現了事實。

我們可以找到另外一個選擇，來面對凍結和遇到恐懼時的無力，那就是停頓，冷靜地停留、站穩腳步。這是與我們經歷的事實共處。電影「終情之吻」（The Last Kiss）裡，我們清楚看到停頓的比喻。一對年輕的情侶面臨了危機：男人劈腿，女人將他趕出房子。他知道他們的關係很珍貴，且彼此相愛。他想要解決問題、獲得原諒，所以他坐在走廊上，告訴伴侶他不會離開，直到她準備好與他一起把事情說開。無論下雨或晴天、晚上或白天，他都留在走廊上，讓她知道他是認真地悔過。經過一個適當的過渡期後，她讓他進門。我將這看成停頓和其作用的有力比喻。我們停頓一段時間，通常是在寧靜之中，然後一扇門便會敞開。

當一件緊張、具威脅性的事件發生時，我們不一定能用力量來抵抗或逃離它。相反地，我們會像車頭燈前的鹿一樣僵住。我們會注意到這個傾向，且在下次壓力發生時做好準備。當它發生時，我們可以深呼吸，停頓而非僵住，然後在一分鐘內做出某個動作，即使只是移動身體到一個新姿勢——也許那是我們唯一能做的。我們可用專注的意識來注意自己的腳步並前進，每一步都紮實且有節奏地踏在地上。簡單有節奏地依照我們的呼吸這樣做，就能帶來清晰透徹和解決。聖奧古斯丁（Saint Augustine）有句話說：「它靠著走路解決了。」我們繼續走路，直到覺得準備好可以做選擇為止。

在走路過後，我們帶著正念坐下，想想發生過的所有事。回想自己被壓力抓牢時的景象，然後想像自己走進它。要確認它已經失去抓住我們、讓我們毫無選擇的力量。

我們也可以在任何時候做事先練習，以下面這個指南針的圖像來說明：

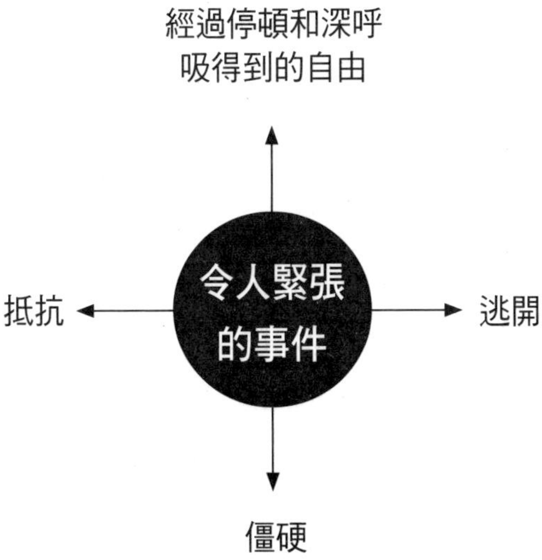

經過停頓和深呼吸得到的自由

↑

抵抗 ← 令人緊張的事件 → 逃開

↓

僵硬

我們在壓力指南針上面看自己，想像自己輕鬆地在周圍走著。我們帶著停頓的視野和時間從北邊的自由開始選擇。這是安全卻又準備好戰鬥的中性角落。然後就事論事地往下到緊張的事件，不再被緊張的能量所恐嚇。然後往南移動，回想我們如何被僵住，在必須做選擇時卻什麼都沒做。然後往上回到中心，看到自己**通過**緊張的事件，卻沒有逃跑或戰鬥的**衝動**。我們周全地想像兩個選項，且自認夠堅強，可以選出合適的選項，然後回到北邊，回到自由的地方。

現在當我們遇到壓力時，有不只一項的四個選項。在面對壓力的情況下，我們可能是以自己的習性反應，例如，我們會一觸即發的戰鬥。在一邊是倉促行動，另一邊是因為害怕而逃跑的兩個極端選項中，我們自由的選項是選擇避免戰鬥或逃避，除非我們真的想要。我們也不需要受阻礙而僵在我們的路途上；相反地，我們上前面對問題而處理它。最後，依照對實踐愛與慈悲的承諾，我們要表達致力於協助全世界的人都能找到同樣自由的意願和努力，這就是我們正開始或已經找到的自由。我們要全世界與我們一起邁進。

當我們在每個情況下決定先往北邊走時，我們的練習就更為豐富。在面對任何刺激前停頓下來，這樣我們才能瞭解自己的情況，然後準備好選擇要戰鬥還是要逃離。我們不再是自動航行，強迫用我們習慣的方式來行動。這個停頓是我們所選擇的自由。然後進入練習的第二部分，做出對我們及其他人慈愛和安全的選擇。例如，假設到現在為止，每次有人在路上硬插我們的車，我們都會生氣且追他到底，但現在，我們會停下來，讓腎上腺素稍稍緩解，然後我們會發現能輕易讓他過去且祝他好運。北方的星星不僅穩定了我們，同時也賦予我們它的平靜泰然。

> 我們所要畏懼的唯一事物，就是畏懼本身——無名的、無原由的、無理的恐怖，癱瘓了將撤退轉換成前進所必須的努力。
>
> ——羅斯福，一九三三年就職演說
>
> （Franklin Delano Roosevelt, First Inaugural Address, 1933）

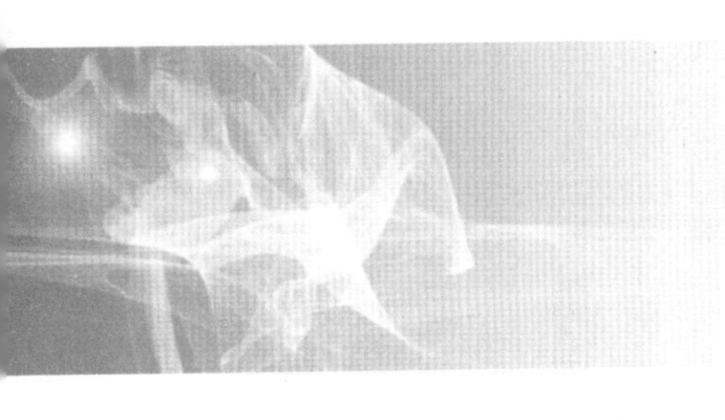

第9章

對慰藉和挑戰的雙重渴望

小男孩，學著從你母親的微笑中去認識她。

——維吉爾，〈第四田園詩〉（*Fourth Eclogue*）

在我們帶著自信站上壘板全力以赴之前，我們需要隊友的打氣和一種歸屬感。在面對生命會用任何球路朝我們投過來之前，我們也需要站在本壘時的安全感。為了成長，我們需要一個在摸索出自己之前，能感到被愛和受到保護的包容性環境（holding environment）。這些是能讓我們信任他人的**慰藉**。同時我們也需要打破這溫暖的巢，才能走出去，進入廣大的世界，開啟所有可能的潛能。這是讓我們能夠相信自己的**挑戰**。我們會覺得自己已準備好，且願意接受挑戰去嘗試飛翔，是**因為**我們還在溫暖的巢裡，一個我們感到安全的包容性環境。

無論在生命中、人際關係裡、工作上、娛樂中、宗教上，和其他任何一項活動，我們都會持續藉由改變個人的這兩個重要成分，而獲得益處。我們需要安全的慰藉，也需要冒險的挑戰。光有慰藉，無法發揮自己所有的潛能；光有挑戰，則無法完全放鬆或找到平靜。

我們原本在子宮裡被保護著，誕生的感覺像是一種被驅逐的過程。突然，原本舒適的世界沒有了底，而我們被迫往下掉，開啟了第一個旅程。誕生的過程是結束，也是開始；是失落，也是獲得。當我們來到這世上，一邊悲嘆著，卻同時也身為拓荒先鋒。的確，我們雖然失去了舒適的子宮，卻很高興能因而進入到一個更大、更光明的世界。那個將我們保護在她子宮裡的母親，也是將我們抱在懷裡的母親，而且我們還能看到她的微笑。這趟旅程是值得的。這種旅程的矛盾將會持續一生：**我們必須面對放棄舊有慰藉**

的挑戰，迎接一個新挑戰背後所能帶來的全新慰藉。

一個依照勒博爺（Leboyer）自然分娩法誕生的嬰兒，出生時被溫柔地抱在溫水裡，會有一種延續他剛離開的那個子宮水世界的感覺。這會記錄在他身體的細胞裡，平靜而心安，讓他清楚知道改變並非那麼危險，因為總是有可能回復。而一個出生時馬上被拍打、施以硝酸銀，然後被清洗，放在冰冷的磅秤上，再穿上衣物、包裹起來、戴上識別手環的寶寶——你和我？——也許會因此覺得這個新世界並非那麼友善。莎士比亞描述了嬰孩的痛苦，他說：「我們出生時的哭泣，是因為感覺上了一艘『愚人的船』。」這個寶寶並未感受到「回復是可能的」，他的細胞或許記錄了衝擊，而非一趟旅程；記錄了一個無益的程序，而非溫暖的迎接。

我們生理的誕生可能只要花幾個小時，但是心理的誕生卻是一輩子的過程。它反映了英雄式旅程的三個階段：啟程、掙扎，以及回歸。我們從在子宮裡和嬰孩時期的結合與共生關係，逐漸進入到學步時期的獨立發展，然後是青少年和成年時期的互依互存關係。

因此，人類成熟發展的旅程，可說是一連串安逸的失去，也是一連串挑戰的表現。我們矛盾的處境是令人動容的：成長必須要經歷分離感，然而我們對父母慰藉的那種渴望，根本無法釋懷。獨立身分的內在感受會讓自己站起來，同時維持著我們與他人的關係連結。

童年的慰藉來自於讓我們感到安全的包容性環境。在那裡，我們不會受加害者迫害，我們會發現自己的需要被認可且被滿足，個人的選項被容許而非一直被控制著，我們感覺到真實的自己是父母的愛和好奇心的客體（object），而非要被塑造成他們認為我們所應該要有的所謂的正確個性。我們的父母用正念鏡映我們，而非心智遊戲來禁止或操控我們。

主張客體關係理論（object-relation）的兒童精神分析學家瑪格麗・馬勒（Margaret Mahler），稱母親保護的行為叫「個體化及心理誕生的助產士」。對此佛洛伊德用一個有趣的農場比喻當例子。他注意到未孵出來的小雞，在蛋殼裡已有牠所需的一切，但牠仍需要母雞的溫暖，來幫助牠成功地來到這個世界上。溫暖胸膛的慰藉能幫助小雞小心翼翼地踏上顛簸不平的土地，人類也是一樣。

啟程的發展任務，是從共存、結合和母親懷抱中健康的抽離。它成了個人區別及劃分外在世界的恆久感受。這是我們學習維持自己周圍的界線，同時繼續與他人連結的地方。

有時候，母親給我們慰藉，父親則是推我們一把。父親通常扮演著那個將我們帶進世界的角色，如同電影「小鹿班比」（Bambi）的情節。但有時恰恰相反，這項任務是由母親來為我們達成。有時我們只能找到慰藉和安全，或是挑戰獨自一個人生存。在我們規畫成人關係、職業選擇、宗教取向、社群中的地位，甚至在我們決定所有事情的時候，慰藉和挑戰的原始經驗都有舉足輕重的影響。

我們尋求能同時安慰和挑戰我們的關係，就像童年或近來的關係經驗。如果我們接受過一個夠好的包容性和推進的經驗，一個在早期生活中相當合理均衡的經驗，那麼我們就會知道，以後可以在何處、以何種方式，將這些經驗與我們現今的生活做結合。健全的人總是會同時尋求矜持和大膽。他們不會因為自己仍需擁抱而感到尷尬，也不會畏懼獨自闖蕩冒險。

慰藉的滿足能讓我們在做自己時感到心安：「這世界能供給我所需要的。」挑戰的滿足能讓我們對自己有信心：「我自己內在有著豐富的資源。」這兩者的滿足構成平靜與自尊。在擁有所需的慰藉時，我們的內心會感到平靜。當發現自己願意且能夠面對挑戰時，我們的自尊就會有所成長。即使我們並不總是在冒險裡獲得成功，我們還是會欣喜於自己的勇於嘗試。

自古以來，人們都將慰藉與挑戰結合在一起。早期的人類，成天打獵與工作，到了晚上，他們圍坐在火堆旁講故事，分享集體生活的安全與歡樂。對每個人來說，在挑戰的任務中找到慰藉與放鬆的方式，是非常重要的。如果每天都能融合這兩者，就能充實地渡過每一天。挑戰讓我們緊繃，慰藉讓我們放鬆，這正是一把吉他能彈出音樂的方式。

我們可以嘗試按照自己對慰藉和挑戰不同的需要，去設計生活的步調。如果因為面對太多的挑戰而壓力過大時，我們可以放慢腳步，尋找關懷或抽離。如果因為生活變得太鬆懈而感到枯燥乏味時，我們可以挑戰自己，嘗試新的事物。當我們更深入地解讀自己，我們將發現且做出決定來遵循我們內在的時機。

對依賴或慰藉的需要是舒緩、同情、安心和溫柔。只要這些需要被滿足，我們對挑戰或成長的需要，就可以被照顧到：創造力、超越極限、獨自出擊、在職場上的競爭力、成人關係的承諾、對世界的貢獻，和精神上的成熟。我希望這本書能將基於我對你們的瞭解的同理心慰藉，以及我列出來給你們練習的挑戰，做一結合。

我們生來就有體驗所有人類感受的潛力。當父母用 5A 的愛擁抱我們時，他們支持且合理化我們的感受，不只在童年時期，在此之後也是如此。當一個感受——無論是悲傷、生氣、害怕或愉悅——被父母的 5A 所接受，它便能成功地安裝在我們心裡。因此，包容性的環境，有助於我們健全的發展。「我能心安地面對自己的感受，而且更棒的是，我能承受痛苦，學著安撫自己。」矛盾的是，我們越容許自己被感受所包容，就越能夠包容感受。他人的安慰提供了包容性的機會，導致且激發我們面對挑戰的能力；於是潛能變成了才能。

在嬰兒時期，我們分裂了母親的形象。我們相信有個會安慰人的母親能滿足我們，不同於另一個無法調和我們需要、令人沮喪的母親。及至學步時期，我們開始瞭解這兩種特質其實都在同一人身上。這個能融合明顯極端能量的技能，在我們一生中都備受其用。我們因而相信，一個人可能今天很不友善，但明天變得很友好；今天可能是酒鬼，但明天就沒事了。人類對戰爭的渴望，可能會變成追求和平的慾望。這是因為我們認同了人們都包含著人性、錢幣的兩面。這是個希望的珍貴錢幣。

許多父母無法給予5A：關注、接納、欣賞、情感和容許。當我們終於直接訴說我們的故事，而不再利用別人來幫我們表達時，才是真正正視了很久以前愛我們之人的那些缺陷。同時，當我們明白父母並沒有隱瞞或吝惜什麼時，我們就能同情他們。他們可能只是沒有擁有我們所要求的那麼多；他們當時並不懂我們現在所知道的兒童發展。他們當然要對他們對待我們的方式負責，但這也許不完全是他們的錯。可以肯定的是，他們的不恰當對待，促使了我們這一代著手研究兒童發展，因而促成了自助的運動！所以，這畢竟也是個正面的巧合。

現在，我們的功課是自己要完成的：**哀悼我們所錯失的，並放掉過去，為自己現今的生活負起全部責任**。在哀悼的課題裡，心裡油然而生的難過感受可以比喻成西柏洛斯犬（Cerberus），希臘神話中守護冥界或潛意識的可怕三頭犬。牠讓我們知道，我們正要踏進一片未知的疆土。我們進入這個未被編列的領土裡，找出自己以前和現在的模樣。我們能發掘自己的身分與英雄事蹟，唯有此時，我們才真正準備好與等待我們的公主結合。她並不是不能成為女英雄來拯救自己，她沒那麼做，是為了等待我們成為真正的自己，如此一來，真正的她—和—我的親密關係才有可能發生。

我們在所愛的人當中找到休憩，我們在心裡提供一個休憩的位置給那些愛我們的人。

——聖博爾納（Saint Bernard of Clairvaux）

練習 如何哀悼和放下

哀悼的功課牽涉到我們前面所提到，解決任何心理問題的四個步驟：提出、處理、解決和整合。我們透過覺察、正視使我們悲傷的事情來**提出**問題，透過表達我們的感受來**處理**眼前的悲傷，藉由放手來**解決**它，透過向前投入到不這麼充滿投射或移情的關係裡來**整合**它。

悲傷是無可轉圜的。我們不能取消或改變它，雖然我們會這樣嘗試。這麼做並非不健康，因為事實上這正好可以尊重自我悲傷的能力。我們必須讓它以自己的方式和時機來渡過。這意指我們可能會稍微閃避它，一點一滴地接受它，甚至試圖拒絕它。我們必須在悲傷裡對自己好一點，讓它引導我們，不要強逼自己盡快地將它釋放出去。

在本練習裡，我們先檢視自己的感受，再檢視內心的改變，藉此幫助我們放手和前進。在閱讀下列關於悲傷和哀悼課題的內容時，看看你能與自己的生活做出什麼樣的連結。如果有一個特定段落引起你的共鳴，那就停下來，記下你的反應和回應。

悲傷是由三種感受組成：

1. 因為失去某事物而傷心。
2. 因為它被拿走而生氣。
3. 因為它無可取代而害怕。

我們可以同時體驗這三種感受，也可不按順序地一一去體驗。哀悼童年時未被滿足的需要，意指表達出與這三種狀況相同的感受：因為需要被忽視或未曾滿足而傷心、為那些沒有滿足我們需要的人而生氣、可能再也無法找到一個能滿足我們的伴侶而害怕。

這三種組成悲傷的感受就像我們內建的技能一樣，讓我們能處理短暫、失落、背叛和折磨等無情的事實：因為生命中有失落、改變和結束，所以我們擁有傷心的能力；因為生命中有背叛和不公義，所以我們擁有生氣的能力；因為生命中有時會被威脅和危險襲擊，所以我們擁有害怕的能力。

哀悼的課題讓我們能進入到最深處的感受和健康的脆弱性，這個脆弱性有時在親密關係裡是必要的。當脆弱性融合著穩定性時，它是健康的。我們覺得很脆弱，但無力感並不會讓我們脫軌。我們是脆弱的，但並非受害者。

我們很高興自己能感受到人類的痛楚而不會追求更多的痛苦，且不會因此感到羞恥。我們打開門接受愛情和渴望的痛苦，但我們不是門墊。我們的心是敞開的，不是被撕裂的。我們的面容是如詩人威廉・亨利（William Ernest Henley）所描述的，「血腥但不屈服」。

健康的脆弱性和悲傷一樣，以相同的三種方式顯現出來：

1. 受傷讓我感到傷心。
2. 被羞辱讓我感到生氣。
3. 無法釋懷讓我感到害怕。

這樣的恐懼是可以理解的，如同我們在前面所看到的，悲傷有其無法撫慰的特性：「這是神所說的：『你的損傷無法醫治，你的傷痕極其重大。』」（耶利米書 30:12）

當我們抑制感受自然流露時，脆弱就變得很不健康了：若只表現出傷心的模樣，我們會感覺自己是受害者；若只表現出生氣的模樣，那我們等於處於防衛狀態，無法容忍能讓我們更可愛的脆弱性；當我們只表現出恐懼，我們好像只期待更多的虧待，然後逃避連結。我們的挑戰是要體驗悲傷的三種感受，而非去責怪、心存不滿和抱怨。

悲傷的三種健康感受會以下列方式幫助我們：

沒有責怪的傷心，可以幫助我們接觸到溫柔的脆弱性，將之當成是被欣賞的，是愛和接納能力的正面象徵。負面的不健康脆弱性，會讓自己自認是受害者。

將生氣變得對我們有助益，是讓它激發我們變得夠堅強，去克服我們的恐懼，或讓它幫助我們與加害者保持距離。它能抵消傷心，好讓我們勇敢去面對虐待或傷害。

恐懼能被正面地使用成一個危險的警告訊號，而非抑制或強迫性的力量。注意到我們害怕所失去的將無法被取代，也能幫助我們瞭解其背後的意義：我們也許帶著一個期望進入一段關係，希望伴侶能提供我們渴望或失去事物的完整替代品，即使他或她根本不知道那事物是什麼。

當我們能夠表達自己的感受且釋懷時，就可漸漸原諒自己和他人，並繼續生活下去。這是因為悲傷的開啟，矛盾地造成了自我安慰。它能穩定我們，讓我們能終於接受這個注定讓我們經歷得與失的世界。我們可以接受自己，「在人際關係裡渡過生命的挑戰，學著自我抒解。現在那些因失落或失敗而感到的遺憾，成為建立我個人完整感的基石」。

這個完整性或整體性，來自於釋放感受之後的自動轉變。我們發現自己能放掉悲傷的沉重負擔。其次，我們放下了責怪、抱怨、不滿和報復——亦即原諒了對方。悲傷和憐憫不應同時發生，而是依序發生的。當我們生氣時，我們無法輕易地原諒對方，可一旦我們解決了悲傷，原諒和憐憫就會隨之而來。

然後我們將發現，我們可以繼續過生活，且更為個人而活，不再受未滿足的需要、遺憾、失望，和它們經過時所挾帶的悲傷所聚集的移情所影響。現在我們更能照顧自己、更開放，並準備好接受健康的人際關係。

繼續生活也意指我們原始的毀滅性問題終於塵埃落定，成為直接的事實。將「當我明白母親不夠愛我時，我心碎了」的事實，轉變成為接受它乃生命中的現實狀況之一，而非永久傷害我們的天大羞辱。接受是一種自由釋放，認為「現在我能如何愛自己？」的確，每個完成的心理成長功課，就像每件發生在我們身上的事情，最終會成為事實。這並不表示我們不再有感受，只是它們不會再對我們造成衝擊。我們偶爾會落下眼淚，但不會再眼淚潰堤。我們變得可以承受那些故事，這正是心理健康的目標。當心中浮起對低劣或吝惜的媽媽的憐憫，我們就達到了一個精神上的勝利。

這裡有個對憤怒的有用注解。字典裡對憤怒的定義是「對不公平感到不悅」。每當我們不高興，或因我們認為不公平而惱怒時，事實上我們正感到憤怒。我們也許不想承認自己感到憤怒，但卻經常承認自己不喜歡某件正在發生的事情。我們可以練習向那些相關的人大聲說：「我不喜歡那樣！」那是憤怒，因為它表現出我們對認為錯的事情感到不悅。這是個簡單的開始，然後慢慢地，我們可以承認自己感到憤怒，並且自由且適當地表現出來，不會越來越激動——即使我們仍需要漲紅著臉，提高音量和用誇張的肢體動作來表達。

家庭系統中的哀悼

哀悼的能力取決於相關的第一次經驗：原生家庭對我們的悲傷做出什麼樣的反應。在童年時期，一個家庭裡面的失落，要有互相看得見的悲傷。例如，當我們還是小孩時，我們的一個兄弟去世了，光我們獨自哀悼是不夠的。這種情況下的哀悼，必須成為整個家庭應做的事——這可能就是為何葬禮會是公開的活動。我們憑藉著鏡映彼此的悲傷，來經歷自己的悲傷。我們讓每位家庭成員所特有的表現方式能有所發揮。父母接受我們的悲傷，瞭解它的重要性，並容許我們依照適合自己的方式來呈現它。當他們大方地談論且常常提到逝去的兄弟時，會主動詢問我們對他的感受，而非等我們去提起，這時悲傷就得到了解決。父母一直提醒我們他的優點，以及大家有多麼想念他。莎士比亞在《終成眷屬》（*All's Well That Ends Well*）中評論道：

讚美已逝去的，
會讓記憶珍貴。

在健康家庭的哀悼裡，父母也長年教導我們如何接受失落的事實，同時告訴我們他們是如何把持住的。一個失落的家因此得以轉變成具療效的包容性環境。諸如童年時期一個年輕家庭成員死亡這樣的大洞，是永遠無法完全癒合的，但當它們發生在一個充滿關懷之愛的環境下，就會變得可以承受。於是這裡的解決之道包含了接納重大悲傷事件的不可安慰性。這個例子顯示，就算不是所有的破洞都能修補，我們的課題還是能完成，而一個控制慾強且衝動的自我，則會傾向於追求前者。

任何一個強烈的感受反應，都可能是濃縮幾年下來的經驗，進而成為一個議題。例如，一連串生活中從未被完全哀悼和放下的被遺棄感受，會等待時機，搭上最近一次遺棄經驗的便車回來。例如，我對失去一段關係有出乎意料的強烈反應，但其實這段關係並不是那麼重要，我對這段關係也不是很滿意。在此我可能沒注意到的是，剛離開我的那個伴侶，並非只有她自己而已，她還代表著有類似意義的前任伴侶、較重要的伴侶或經常遺棄我的母親。現在悲傷圍繞著失去她而聚集，吸引著我的注意力。事實上，這份悲傷所蘊藏的，是過去的往事，亦即移情的本質。

生理的事件可歸於同一類別。例如，一個人可能害怕做核磁共振檢查。此刻，所有窒息的經驗襲捲而來。也許他或她有一次差點溺斃，或其叔叔經常掐他或她的脖子（即使是出於好意跟友善）。一個未被認同或未解決的過去事件，在一個相似的重演當中，會拿出它的「總帳單」來。當我們處於最佳狀態時，可以完全結清或依照自己情緒的時機，做出分期攤還。

當然，在一個正面的移情裡，我們也會收到很美的花束。例如，與一個最好的朋友一起健行，會讓我們感到朝氣蓬勃。這是因為我們想起每次在大自然裡，自己都能找到慰藉和滿足。到目前為止，生活中所有的樂趣都在內心結苞，等待時機綻放——當相似的情況發生時。也許是智慧本身在我們內心種下了一個重複的需要。

今晚，多年來的希望和恐懼都在你內心相遇。

——菲力普．布魯克斯（Phillips Brooks）

遺憾和失望

移情企圖彌補過去的失望，只是有時到了最後，卻僅僅重複這些失望的經驗。我們可能遭受過背叛，或對早先的照顧者、過去的伴侶感到失望，所以現在我們找尋那些不會讓我們失望的人。然而，現實就是人們並不總是能成功。我們會遺憾自己信任那些傷害我們的人，遺憾生命中和人際關係裡的錯誤，因而對自己失望。

遺憾和失望都是悲傷的形態。我們可以學著用無條件的接受來迎接它們。然後接受會幫助我們處理它們，以致它們不會太過於阻礙我們的幸福。

後悔是悲傷的重複。當我們停止嘗試擺脫它們時，遺憾會變得有益處。我們反過來用5A來接受它們。我們注意到它們、接受它們、明瞭它們背後的意義，仍然愛完整的自己，且容許自己繼續生活而不受它們牽絆。

在遺憾裡，如同在罪惡感中，我們因為心情不好而感覺很糟。當我們因為回想過去的錯誤和失誤的判斷而感到遺憾時，就是承認它們是通往羞恥、自我貶損和有利教訓的通行證。如果我們接受「每個人都會犯錯」這個現實，當遺憾在此前提下發生時，它們就沒那麼難以承受了。我們可以接納它們，同時接受那不停墜落，也不停上升的自己。如果我們和世界都應該是完美的，我們的中心人類原型就不會是英雄式的旅程，而我們的世界也不會建立於進化之上！

第三世紀的基督神學家俄利根（Origen）提倡萬物復興的美妙概念，他認為所有生物終究會追隨信仰而被拯救，即使是那些受到詛咒的，例如魔鬼。對他來說，地獄不是永恆的，只有神聖的愛是永恆的。因此，所有發生的一切都會得到救贖，最終會對我們有利。這可以比喻成我們所做過覺得丟臉、而現在讓我們感到遺憾的所有事，它們可以全部得到「拯救」，意思就是，它們就像一群遊蕩的生物，一直找尋回到軌道上的路，而今，它們終於被包含進我們真實的原型之中。

我們也可以想到關於佛教聖人蓮華生大士（Padmasambhava，意為「生於荷花」）的傳說，他在第八世紀時，將佛教傳入西藏。當他剛抵達西藏時，他在人們與其周圍的魔鬼身上看到了邪惡。他沒有摧毀魔鬼，卻相反地讓他們皈依宗教，因此他們變成宗教的守護者。打個比喻，我們可以說他在淤泥裡找到了蓮花，對所有人來說，這是一種靈性上的挑戰。聖柏尼菲斯（Saint Boniface）把基督宗教帶進德國，在那裡，他看到人們崇拜一棵橡樹。他將之砍下，然後用橡木建造了一座教堂。聖喬治（Saint George）殺了具威脅性的龍，然後用牠的肉來餵食受驚的村民，藉此將牠的力量傳給他們。在成熟的靈性裡，我們不會摧毀，只會拆解，然後用原本的材料來重建。我們將能量重新導向，而非打倒它。

我們全都經歷過失望。只要這些失望如同所有的挑戰，是發生在充滿慰藉的包容性環境裡，而非孤立的隔離中，我們大部分都能輕易地發展成健全的人。隨著身邊那些人的陪伴，我們學會擁抱自己；讓自己被擁抱，也擁抱他人。如莎士比亞在《亨利六世》（*Henry VI*）裡的第三幕所說的：

> 我的憐憫是治療他們傷口的慰藉，
> 我的溫和平息了他們湧現的傷悲……

童年時期，細心的父母會發現我們對他們和世界感到失望，他們也會幫助我們認清這些。在我們哭泣時，他們會給予溫暖的擁抱。他們不會因為我們的感受而批評我們，而是能聆聽我們，接納我們的體驗。他們如此喜歡且珍視我們，以至於能愛我們如其所是。現在我們追求能提供這些的關係。成年後，我們不再需要母親，但總還是有需要被愛的時刻——類似得到母愛和父愛的時刻。這是什麼時刻？這是我們被5A擁抱的時刻，也是我們學著將5A傳給他人的時刻。我們能得到的結果是親密，包含著它完整的慰藉和挑戰。

練習 處理遺憾和失望

處理遺憾的一個有效方法是，將它們放置於比記憶所能提供的更大空間裡。我們不把遺憾當作是發生在我們為了接收它們而壓縮的記憶裡，而是想像它們**打開了一個練習的空間**。如此，記憶就不是發生在我們身上的事件，而是一個甦醒的發射板。

不管是口頭上或在手札裡，我們都接受所有發生在我們身上的事，和我們所有的決定。我們可以祝福然後釋放它們，毫無自我的自責心態。我們安心進入平靜，接受現在與過去的事實。這樣地接受現實，讓我們能在生命中進入下一步。因為我們知道，遺憾已經被融合了。

我們都聽過從錯誤中學習。例如，我們學會不要去碰發燙的爐子。那是一個從痛楚反應而來的簡單教訓。然而，我們會一直回到痛苦的關係裡，因為我們還沒摸索到將原始痛苦關係整合進生命學習環境中的方式。相反地，我們會尋找對我們來說還是一樣糟的未來關係。當這情況發生時，我們其實是被「重複衝動」所掌握，掉入一個無法抵抗重複的需求裡，讓我們無法超越自己的過去。那麼，我們如何在人際關係的領域中學習和改變呢？

承認自己會選擇傷害我們或讓我們失望的伴侶，就是**提出**問題的第一步。當我們為自己悲傷，明白我們的選擇其實與過去有關時，就是**處理**了這個問題。在一段關係中，**解決**包括定一個新協議，打破不適用的模式。我們放下延續傷害故事的最新人選，沒有報復，只帶著對自己和他人的憐憫。當我們堅持其他人要尊重我們的底線，不能刻意傷害我們時，就已**整合**了問題。現在我們看到如何從錯誤中成長，而不光是從中學習而已。

某些靈性練習會著重在放掉牽絆，好讓我們不會或不再體驗到失望。這看起來像是免於生命現實的一種特權。沒有失望，我們會失去機會變成更有深度、更有個性和更有憐憫心的人。我們真的想要小心避免受苦，然後將那些人類成長必經的苦痛拒於門外嗎？我們想要因為一個靈性練習，讓自己不能瞭解其他人的苦痛，因而把我們與他們遠遠分隔開嗎？我們真的想要利用靈修來完全控制人類的傷痛嗎？

我發現在我自己的生命中，當開始靈修後，擔心和遺憾的存貨期限變得較短了。那些嘮叨不休的想法，比之前還要快失去它們的衝擊。遺憾變成了沒有生命跡象的記憶，而不再是它們曾經是、不可控制的芒刺。這是個喜樂的恩賜；當我注意到這點時，我心懷感激。感恩的態度好像更迅速地趕走了魔鬼，且說服天使在我周圍停留更久。

靈修讓我們成熟許多，以致在悲傷裡能有健康的慰藉，在旅途中能有健康的挑戰。我們容許自己遺憾和失望，且哀悼它們，然後跟著諾貝爾獎得主達格・哈馬紹（Dag Hammarskjold）說的：

那些曾經的一切：謝謝！

那些即將來臨的一切：歡迎！

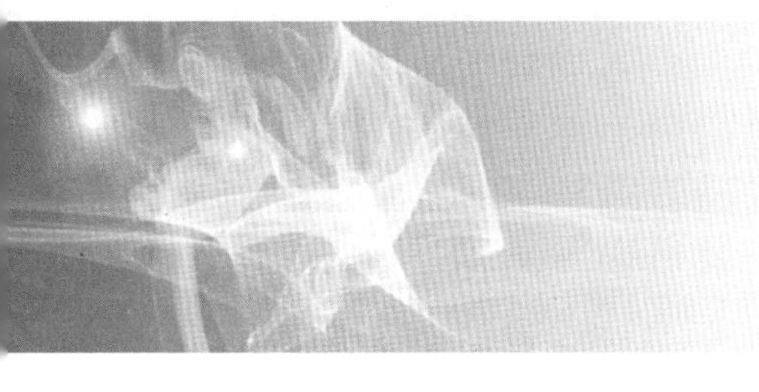

第10章 鏡映和理想化

在我們早期的心裡發展中，有兩個關鍵的步驟，一是他人的鏡映，另一是對他人的理想化。在這個章節裡，我們會看到它們如何成為移情的形態。

我們早期生活的移情中的一個重點是，找到一個可以瞭解且鏡映我們的人。當父母能供給我們5A時，這點就能達到，然後我們就能在人際關係裡，鏡映其他成人。

另一個移情的重點在於找到一個我們欣賞並仿效的人。童年早期，我們仰慕父母的能力，然後慢慢地內化它們。因此我們能像他們照顧我們一樣，照顧自己。在之後的關係裡，我們就能進而去照顧別人。

透過思考這兩個我們生命早期的發展線索——別人的鏡映會導致信任，仰慕他人會導致自我培育——我們現在更能瞭解我們的移情。我們仍然找尋那些能像我們父母一樣或不同於我們父母，能鏡映我們的人。我們仍舊找尋像我們仰慕或無法仰慕的父母那樣，能讓我們仰慕的人。如同我們已經看過的，我們的移情是基於我們所接受到但不足的，或是我們已錯過但想要彌補的一切。

追求鏡映的愛

我們基本的信任來自於持續相信世界能滿足我們需求的能力。在生命早期，透過父母不斷滿足我們的需求，來獲得或被灌輸這個基本的信任。當父母表現出他們理解我們時，他們也建立了我們對他們的信任。例如，當他們看到我們害怕時，模仿我們恐懼的樣子，然後說：「這很可怕，不是嗎？感到害怕是沒關係的。」這即是鏡映，或調和我們的感受。調和（attunement）意指某人瞭解我們，因此給我們一種安全感。鏡映的愛於是導致了愛的表現。（這會是我們一生中憐憫的風格。當我們看見別人的苦痛時，我們會把痛苦表現在臉上，然後著手於一個有所助益的行動）

「物體守恆」（object permanence）是個由發展心理學家尚．皮亞傑（Jean Piaget）在十八個月大的嬰兒身上發現的認知技能。這個階段的嬰兒明白，當球滾到沙發後面時，它不會消失不見，且能完整地再次出現。然後，這樣的理解在他的心智裡，套用到對母親的信賴，儘管她出門去工作了，或是僅僅離開房間。不在場不是指消失，而只是距離遠近的問題，且常常只是暫時的。

與物體守恆相當的情緒反應，是相信我們所仰賴的母親在離開、生氣或我們看不見的時候，與我們的連結仍維持不變。這是描述心理學中所謂「客體恆常」（object constancy）的一種方式，我們相信愛和信任的客體與我們的連結是恆常的，即使看不見，還是存在，即使生氣時，他們還是愛我們的。這是因為我們如此需要的連結，**在我們心中延續著**。我們內在化了父母鏡映的愛及它所給予的慰藉。我們現在的安全是仰賴於一個**內在**的體驗。

在成人生活裡，當一個人表現出值得我們信賴的樣子時，我們會接受他，並心懷感激。如果我們發現某人不值得信賴，且背叛了我們，我們就會保留對他的信任感。這是以信任為關係基礎的成人風格：我們的信任不僅是針對伴侶，也是針對**自己**。的確，對伴侶無條件的信任是很危險的，因為這罔顧了人們並不總是值得信賴或可靠的這個生命現實。隨著我們越來越接受這個現實，就能與我們所喜愛的可靠時刻相調合，而對於那些不可靠的時刻，我們也能不加以報復地去哀悼。

當我們平靜地與人類行為內建的短暫性共存時，我們不再責怪父母無法總是在那裡支持我們，也不再於現今尋找一個能做到這點的伴侶。這裡的「總是」，已不再屬於處於一段關係中的成人詞彙。

因為有內在的安全感，我們能在偶爾遭人背叛與欺騙時，仍持續對人類保持信任感，不受任何特定個體所做的事所影響。這樣看來，基本的信任是個有力的資源。當某些伴侶傷害我們時，他們無法奪取我們對人類世界的持續信任。我們變得能夠用放鬆的懷抱擁抱他人，而不是用強迫或壓制來表示我們堅持維護寶貴的生命。佛教作家史帝芬．巴特菲爾德（Stephen T. Butterfield）寫道：「既然沒有一段關係能完全安全和坦然……這必定意指信任一個人，就能夠使用任何結果，包含背叛，來當作清醒的管道。」

如果不能處理別人暫時無法陪我們的事實，以某種形式來說，我們在人際關係裡是有障礙的。我們無法強烈相信自己具有被人保留的價值，我們會以為某人在拋棄我們，即使他或她並沒有那樣做。反對也可能被視為一種拋棄的形式。將反對的意見聯想成拋棄，可以解釋為什麼我們當中有些人，在有人對我們皺眉頭、批評我們或轉身就走時，會感到如此恐慌。

我的真愛擁有我的心，而我有他的心，
透過一對一簡單的交流……
他的心在我裡面，讓我跟他合而為一……
他愛我的心如同他自己的心：
我珍愛他的心，因為它住在我裡面。

——菲力普．席德尼爵士（Sir Philip Sidney）

沒有你就活不下去

如果沒有基本的信任，我們會相信當我們所需要的人消失以後，我們將崩潰。我們想像自己只能在他或她實際的陪伴下存活。我們沒有任何能讓自己活下去的方式。

當我們認知或看到我們以為絕對需要的連結被永久破壞了，會感到害怕或驚慌。這是因為我們需要一個包容性的環境來存活，所以我們的存在會因此面臨危險。如果我們失去需要的人，他或她的手臂將不再圍繞我們，他或她的雙眼將不再充滿愛地凝視我們。我們對連結的需要能幫助我們瞭解，為什麼在生命中放掉別人非常困難，尤其在一段關係的尾聲。如果我們一開始就不太知道自己執著的是什麼，就特別難以放手。

我們感到驚恐並非因為膽小或過度依賴，而是因為我們是人，且瞭解集體生活**所必要的**是什麼。這個事實可以解釋為什麼我們能忍受這麼多家人對我們的不平待遇。我們確實持續地注意到，他們無論如何都會與我們同在，而這個確定性對我們來說，比他們造成的苦痛或對我們轟炸的批評都來的重要。如此我們能理解〈撒迦利亞書〉裡說的：「必有人問，『你胸口那些傷口是什麼？』答案會是，『這些是我在那些愛我的人的房子裡所受到的傷口。』」（撒迦利亞書 13:6）

一段關係裡的現實是，伴侶有時令人滿足，有時令人沮喪或失望。在無條件的愛——沒有保留、沒有選擇性的愛裡，我們可以無論如何堅持我們所愛。的確，即使在伴侶無法滿足我們的需要時，他或她仍舊被捧在手心上疼愛著。我們可以學習成熟地容忍伴侶邪惡面的底線，因為我們學著信任連結的耐力，不管它有多少缺陷。

信任的陰影面有如持續的束縛，也就是我們傾向於相信，看不見的比看得見的還要多。對一個不停對我們施暴、遺棄或背叛我們的人信守承諾，這段關係就會變成一種互依互存。為了自己的需要而相信連結，會使我們忽略自己的界線。我們相信客體恆常的第二個危險，在於我們總是太快相信自己必須對某人忠誠，以為他或她會像我們的父母那般，會確實地一再回到我們身邊。如果我們過於相信自己心裡那個版本的現實，那麼這對我們來說，就是有害的。

最後，客體恆常會讓信仰變得可能：當我們感到孤單時，會信仰一個神聖的能量；當我們失去希望時，會相信一個慰藉恩惠的降臨。信仰成了一座橋樑，我們在這個世界裡，藉著這座橋樑來信任自己，且感受到一個超越自我的能量陪伴著我們，如同聖經〈詩篇〉第二十三篇所表達的：「我不會畏懼邪惡，因為你與我同在。」。即使沒有個人的神聖信仰，我們仍可透過信任佛性心智、戒毒同好會，或是任何分離和短暫表象背後根深柢固的現實，來體驗這樣的安全感。

一座橋樑的出現

嬰兒在十五個月大前會注意到，他與母親共生融合的慰藉正慢慢褪去。他看到他的分離，同時也看到她的分離。然而悲傷仍是一個太複雜的感受，嬰兒無法擁有，或無法承受這個感受，所以他通常用不安和過動來表達他的不悅。慢慢地，他學會與父母持續地接觸和遊戲，尤其是透過玩具來處理他的情緒。我們現在仍會用關係、遊戲和成人玩具來達到同樣的目的。

「過渡性客體」（transitional object）是一種玩具或任何物品，可以讓小孩聯想或模仿一個不總是在他身邊的所愛之人。最好的例子是，代表媽媽和家的安慰的毯子或泰迪態。學步的小孩會帶著它到處跑，透過感官的想像力，他會感覺一直有媽媽在身邊。我們一生都會用這種方式來接受取代者。

成年的生活中，有許多事物都能達到這個橋樑的作用：一輛車、一隻寵物、一個銀行帳戶、神、瓶子、一個靈性的練習。現在我們可以像小時候一樣利用它們：在這麼多的不確定中感到安心。就某個意義來說，移情現象也是一種過渡性客體的表現。透過在新需要的另一半身上看到之前需要的另一半，我們維持著與原始那位的連結——一個他們之間的橋樑——直到我們能完全沒有她而活。

一旦我們通過了這座橋樑，之後會發生什麼？在客體關係心理學（object-relations psychology）中，十八到二十四個月的小孩會經歷一個「和解危機」（rapprochement crisis）。我們必須放棄自戀的浮誇，接受父母並非我們的延伸，也不是滿足我們需要的代理人，而是有時會為我們排除萬難、有時也會讓我們失望的分別個體。我們的任務是從這個角度來與他們連結，形成一個聯盟、一個和解。

在和解危機裡，我們放棄自己和父母的全能感。我們會有分離焦慮，但為了成熟的自我而不得不分離。這必定是生命裡會發生很多次的情節。當我們還是學步兒童時，我們無法自己完成。當我們長大成人後，如果有做到成長所必須的努力，我們就有能力獨自向前走或跨出去。也因此，我們才不會被共依存的需要或連結的絕望所困。我們學會了不管有沒有人陪，都能走過那座橋。

我們的理想來自何方

我們如何變成那些能夠處理生命重要任務的個人，用好父母關心小孩的方式來照顧自己呢？我們在早期的生命裡就開始這個過程，介於一歲半和三歲之間，我們會理想化且仰慕父母掌管家庭的技巧，以及他們關懷我們的能力。漸漸地，我們內化這些照顧者的技能。他們做出技能的表率，而我們吸收它們。的確，我們對父母的理想化和對這個理想化的內化，幫助我們激發出自己高尚的理想和道德價值。在一生中，我們會一直理想化其他人，以便找出未開發的力量。

這一切與自我心理學（self psychology）中所謂的「蛻變性內化」（transmuting internalization）有關。這表示我們承擔或內化了照顧者的抒解、培育和產生信心等優點特質。有了這樣的技能，在我們感到受脅迫時，內心會有某種事物給我們安全感。我們不需要只在外在追求需求的滿足。靠著內化的力量，我們在內心有了整個王國，同時可以繼續從與他人的關係中獲得益處。內化是一個政治的行動，因為它確認了力量的分享。

當父母反覆、持續地給我們 5 A 的愛，我們就能從理想化過渡到內化。他們對我們充滿喜悅的愛，讓我們能與他們結合，而非與他們競爭。藉此，我們學習到評量和信任自己，不需要與我們所尊敬的人競爭，這是生命一個很珍貴的特質。當我們長大成人，就不需從他人身上尋找安全感。我們不會在人際關係中苛求，只在他人身上尋找**某**

些需要的滿足，因為我們已經給了自己這麼多，也在自己身上找到這麼多。之後在成年的關係裡，我們需要的滿足中，只有不到百分之二十五的部分是來自其他任何人。

當別人無法依靠時，我們的父母有足夠能力滿足他們自己的需要。內化的另一個部分，是學習在父母無法幫助我們時，我們要能滿足自己的需要。但是不幸地，有些父母之所以令我們印象深刻，不是因為他們具有啟發性，而是他們的要求非常嚴格。我們不會認為他們是理想的，但以學步兒童的智慧看來，他們的確很棒。這是創造生命的力量設想週到，在童年為我們安排了便利成長的盲點。因為當我們不再需要父母的幫助來完成重要的內化作用之後，我們才注意到父母的陰暗面。然後，身為成人的我們，在繁衍了後代、遇到我們自己陰暗的一面之前，或許也不會注意到我們父母陰暗的一面。這些同步性（Synchronicity）的形式，也許是有利人類發展時機的的演化方式。

穩定自我的益處

一致的自我感，包含了對這個世界的媒介及效率的理解：「我可以說服別人回應，所以我是重要的人。」這是一種在別人的世界裡，找到個人真實性的慰藉方式。

低落的自尊、缺乏穩定的自我感，會以「自己一無是處」呈現出來，並相信自己無法激發重要的人產生鏡映作用。缺乏原始的鏡映，會讓我們很難相信自己是可愛的，所以我們一生都會懷疑自己的可愛性和恰當性。然後，我們追求能仰賴的人，無法完全地相信自己。我們重複那些受傷的往事，回到那些只有走調的時光，就像個弄錯方向的調音師，一直試著去調根本無法調音的鋼琴，卻不承認正確的音調無法被敲彈出來。

成功地建立基本的信任和內化理想（也就是前面兩個部分的主題），是構成通往穩定自我感的要件。這些能力也正是我們解決移情的成果！

- 信任自己能接收愛和處理失望。
- 有賴以為生的自信和理想，也因此能在自我尊重中成長。
- 培養健康的抱負，成為我們生命的目標。
- 能夠不需要立刻滿足自己的衝動，且不會被迫用會傷害自己的方式來滿足衝動。
- 能夠在與他人的關係中維持健康的界線。
- 在他人無法幫助我們時，學習照顧自己。這是自我抒解，一種內化父母對我們的抒解力量的成果。
- 當伴侶完全不再為我們而努力時，也可以繼續向前進。

矛盾的是，完整自我感的最後徵兆，是我們可以為那些不穩定的時刻撥出空位。當我們處於壓力或驚慌之下，會暫時無法進入健康的自我力量，而造成某種形式的故障。

這是我們所有人正常且常見的經驗。不過最重要的是，我們要接受這個選項，知道它是現實，且盡快從中恢復過來。

來自父母的鏡映的愛能助長我們的力量。我們能在那些愛我們之人包容和釋放的懷抱裡找到它。佛洛伊德感人地說：「知道他被母親所愛，使得小男孩成了征服者。」之後，充滿愛的父母成了我們的紀念品，代表我們過去共同生活的美好時刻，並會一直用幫助我們建立力量的愛澆灌我們。我們學著把父母給予的同樣舒緩的 5A 導向自己。

因為基本的信任、對培育力量的內化，讓我們在第五章看到的四個障礙可以有轉圜的餘地：我們感到心安，可以在他人的來來去去中信任他們。我們可以在親密關係中給予和接收。我們可以承受拒絕而不崩潰，且能無畏地去接受它。我們可以放手，且在生命中前進，因為我們的內心有好多自己的事在運作。

當父母鏡映一個小孩，他或她的感受會被合理化。當一個小孩理想化他或她的父母，他或她的力量會被合理化。這兩種情況都表現了 5A 的愛裡頭**容許**的部分。我們在成為自己的過程中，一直都是參與者。

我們的需要如何被移情

我們鏡映的需要、接收 5A 的需要，和別人仰賴的需要，變成了移情的形態。當鏡映的需要被移情到他人身上時，我們有可能會太過苛求。我們可能在一個只能給我們伴侶之愛的人身上，尋求親子之愛。當理想化變成了移情作用，我們可能會將一個人奉為拯救者，因為我們需要一個能相信的人，而讓自己在人際關係中一直是小孩子。如果我們相信一個人會是我們的避風港或安全保障，我們可能會變成受害者。當我們活在一個平等的世界裡，與其他人類一起經歷血親關係時，那麼他們和我們是一樣的，有時能以愛渡過，有時能高尚地行動，有時則否。我們會看到，這個健康的血緣關係，成了鏡映和理想化之後的第三種移情形式。

基於父母成功或失敗地提供鏡映的愛給我們，我們會將接收鏡映的希望移情到彼此身上。當我們接收到一個我們將希望移情在他身上的人的鏡映回應時，我們就會經歷到**鏡映的移情**。

將父母的理想化移情到他人身上，如同健康的內化父母力量一樣，是建立穩定自我感的要件，我們對他人的理想化也是我們持續成長的方式。這是所謂的**理想化移情**。它會導致**血親關係**或**雙生移情**，我們會與那些我們所欣賞的人擁有一個更成熟的契合與平等感受的關係。

這三種需要或移情，闡述了我們本身的完全開放是基於某種回響，亦即需要人類的回應來達到完整的實現。就像柏拉圖的《饗宴》（*Symposium*）中提到，被眾神切成兩半的球形人，我們一直在尋找我們潛能中所缺乏的那一部分，想與之結合為一。我們內心堅持著許多的成雙成對，我們的心靈是諾亞方舟。

注意以下的進展：

- 鏡映會讓我們相信他人仍舊與我們有所牽連，即使他們不在身邊。這是我們慰藉的泉源，也是通往親密的道路。
- 理想化他人的能力，會讓我們勇敢地將它變成我們自己的能力。這是我們挑戰的來源，也是成就自己抱負和目標的道路。
- 感覺自己與他人站在同樣的起跑點上，是來自鏡映和理想化的結果。這是通往自尊和完整性的道路。

最後，鏡映能給我們 5A 及激發我們產生強烈的感受。每個人都想在這方面受到兩性的認同。如果童年時，認同只發生在男性身上，我們現在就會渴求女性的認同，反之亦然。父親和叔伯認同我們，母親和姊妹則否。這個未實現的需要會在之後被移情。它會以取悅的慾望，或希望在工作上受到女性經理人肯定的方式呈現。它可能會蛻變成性幻想，像是被一個年紀較長的女性控制——然後被擁抱。這可能變成某種辯論的爭端，或是引起騷動，而使女性成為我們的對手。在各種情況下，我們尋找著心裡那個失去了的原本堅決對女性的興趣。我們也許會花好幾年才注意到這點，同時發現我們對許多無辜的旁人產生了移情作用。

移情的三種最基本的形態，都是健康的自戀形態，因為我們都透過與他人的互動，試著建立自我感。的確，所有的移情都是一種退化或是更進一步尋找同樣那三種童年需求的實現。我們可以逐一詳細檢視這三種移情：

1. 鏡映移情發生於當某人在 5A 的頻道上與我們的 5A 感受接軌時。我們會藉著對 5A 接收的回應，而對那些展現 5A 的人移情，因為我們曾期待在父母那裡找到 5A。給予我們愛的另一半是新的父母，而這次（父母）是真的給予和值得信賴。在情人節，我們會說：「我一直都想要這樣被愛。謝謝你（妳）。」

尋求關注可能就是找尋被鏡映的方式。當我們渴望自己的價值或重要性被鏡映時，我們會滔滔不絕地說話，感覺需要述說我們的故事。如果他人無法忍受這點，就會產生反移情而表現出厭倦、漠不關心，甚至拒絕。他們失去讓我們找到鏡映之愛的機會。可信賴的鏡映，讓彼此的關係變得無所求。

2. 理想化的移情發生在我們開始仰慕一個人，並相信自己能分享他的力量和能力時。我們將對父母的理想化信念，原封不動地移情到我們所仰慕的人身上。在工作上，理想化移情的徵兆是讚美、欣賞、送禮、誇獎：「你是我所擁有過最棒的夥伴。」

這個理想化可能產生一種合併移情的形式。我們會放棄自己的身分，而與另一個人融合。在過程中，我們會失去界線。例如，當我們追隨一個精神領袖或加入一個宗教團體時，值得我們信賴的領袖，不會利用我們所產生的理想化移情，來控制和洗腦信奉者。宗教領袖會將我們對他們的虔敬，導向靈性的力量（Higher Power）及我們內在潛能的光榮。

在健全的理想化移情裡，我們投射自己的力量到他人身上，然後內化那些力量回到自己身上。當它們回到我們身上時，它們就變成了我們的心靈構造，並且讓那獨特自我的感受和心態，構成自我身分的要件。

3. 雙生（twinship）或另我移情（alter-ego transference），是一種理想化移情的自然延伸。雙生不是一個新的移情，它只是一個理想化過程的衍生和完成，指的是被理想化的人被當作與我們平等的個體。例如，我們仰望父母，並在童年時將他們理想化。現在我們尊敬他們，但是，是以同樣成人的立場來尊敬他們。

雙生也與鏡映移情有關，因為它包含了一種與我們原始的培育根源持續連結的感知。它可被當作我們從鏡映或理想化的失敗瓦礫中，發展出一致的自我感的第三次機會。我們找到能鏡映我們潛能的人，讓我們看見如何點醒它，且容許我們平等地與他或她並肩而立。

還有一種精神的雙生是，我們發現人與人之間息息相關，於是不再恐懼外人。即使在我們解決了移情，與某人獨特交往後，我們共生的強烈感受依舊會持續著。此即榮格所謂的「近親慾力」（the kinship libido），一個我們集體心靈中對雙生連結的核心直覺。

- **我們產生鏡映移情**來回答「我可以信任他的力量，並相信不管我在不在他身邊，都能受他守護嗎？」
- **我們產生理想化移情**來回答「我可以與這個有力的個體結合，並分享那令我仰慕的力量嗎？」
- **我們產生雙生移情**來回答「我是否能與獨立和連結為伍？」

總括上述，如左方表格所示：

我們早期的需要是：	**需要引導出的類似移情：**
我們的感受被接納與支持：鏡映是父母加諸我們的	我們尋找他人與我們感受共鳴時，產生鏡映移情
在壓力和危險中受到我們敬仰的力量保護：理想化是我們加諸於父母的	我們仰慕和尊敬他人時，產生理想化移情
被我們尊敬的人視為同輩：雙生我們是邁入獨立的記號	我們找到真正的同儕、較陌生的自我或靈魂伴侶時，體驗雙生移情

移情隨處可見

我們在移情的每一個層次中發現特別的特質：

- 相信對方可以給我們5A：這在鏡映移情中是關鍵。
- 希望可以和對方一樣：這在理想化移情中是關鍵。
- 認為我們像對方：這在雙生移情中是關鍵。

移情的三種層次，常常照著我們與父母的經驗次序產生：嬰兒時期，他們鏡映我們；兒童時期，我們將他們理想化；當我們長大成人，我們的關係是在平等的立足點上。

同樣的三種層次，會以同樣的次序發生在愛情關係裡，反映出英雄式旅程的不同階段：在浪漫的階段，我們鏡映彼此，同時建立信任；在浪漫的愛情裡，我們漸漸將彼此理想化，不太注意到彼此的缺點，也沒發現陰暗面的存在可能；在一段關係的掙扎階段，我們能很明確地看到彼此的陰暗面，然後接受另一半黑暗及光明的潛能，且認同自己內在同樣的特質。最後，一體性或雙生，成為靈魂結合和建立真正親密關係的基石。雙生是你我關係——毫無移情和投射影響的關係——可能發生的方式之一。

這三種移情的形式也反映出三種需要實現的需要，以便幫助我們建立一個穩定的自我感：我們需要鏡映來讓自我信心成長；如果我們要建立自己的理想，必須有一個可以仰望、理想化的人；我們發覺歸屬感是必須的，好讓我們感覺到自己不是外人，而是被囊括進來、某種結合的更深表現。

戒酒無名會的治癒步驟，成功地結合了這三種形式的移情。鏡映移情發生在他人抱持同理心地聆聽新成員時；理想化移情產生於長期戒酒的成員說明他們在治療中所投入的心力時，被剛開始戒酒的成員所仰慕，且可能選擇他們為引導者；雙生移情則發生在當治療課程中的團體成員彼此視對方為同輩時。

這三種層次的移情也會在宗教中強烈出現。例如，我們會感到被神所愛和瞭解。神在我們眼中是守護者、同伴或父母的形象，亦即神聖鏡映的對應。此外，我們希望神是完美的，並且無限慈悲。然後我們漸漸明白，神是我們自己內心渴望和呼籲將慈愛帶到周圍世界的一個比喻。我們從仰望天堂尋找神，到檢視自己的心和大自然，然後明白神聖的存在，是一個深刻瞭解我們是誰以及宇宙是什麼的存在。

在佛教裡，我們看到同樣的進展。我們在佛祖的雕像前鞠躬且奉上鮮花和香。很快地，我們注意到光明的雕像和從中流露的智慧與憐憫，其實都在我們心中。然後我們在這世界裡，帶著正念和慈愛，照著祂的榜樣行事。當我們認同了，我們就是現在的佛祖，我們的精神道路從理想化發展到比喻，一直進展到行動。

移情和建立健全自我的三種形式有一個共通點：對他人的需要。這是嚴苛及拘謹的個人主義，或堅持坎坷的自我仰賴的另一種選擇。在一生當中，我們會尋求這三種需要的實現，這並非我們的缺陷。它說明了我們並不絕望。我們仍繼續往外探索，不管我們多常被拒絕；我們仍舊打開心房，不管它多常被傷害；我們無條件地相信外頭有個人會以人性對待我們。那不是愚昧的幻想或許願式的想法，而是個健全的希望。

一切都是變動不定的，除了比喻，它偵測到所有事物的重要親屬關係。

——查爾斯・希米克（Charles Simic）

練習

新的信任方式

在你的手冊裡，列出你在下列練習範圍中的進步：

1. 與其信任一個人會毫無錯誤或永久地為我們而存在，寧可相信自己能與許多不同的人產生信賴的**時刻**。我們不會停止相信，因為那會讓我們更沒人性、較不溫暖地與人連結。我們不尋找完美，而是追求越來越接近的共同感。

2.正念的沉思會讓我們看出且欣賞此地此刻的直接經驗。我們放掉自己對現實是怎麼樣、應該怎麼樣，或可以怎麼樣的感知。我們平靜地遵循它現在的樣子。我們發現自己不能堅持它的樣子和現實的存在，因為它就像是現實本身，稍縱即逝。我們注意到自己無法長時間專注於任何一件事物。這不是我們本身的缺陷，而是現實瞬息萬變的本質。每時每刻的正念練習，會幫助我們與暫時的和平共處，不管現實如何對我們展示它自己，或是我們如何對彼此展示自己。

練習

我們相信誰？

另一個練習是列出你信任的人，和你信任他們的原因。問問你自己是否能承受他們以某種方式讓你失望。在這些關係當中，放入一個你所信賴的美好時光，讓自己對他們已經展現給你的忠誠感到感激。讓你自己準備好接受他們可能無法總是如你所願，無法總是為你排除萬難。你的練習成果將會是你的報酬。

看看你自己。哪些是自己身體、心智和靈魂的可靠主宰？你可以改變生活形態，讓自己成為更可靠的牧羊人嗎？

想想這個問題：我的關係是否建立在我對他人無條件的信任上面？這是個小孩的風格。試試這個：我信任自己**能接受別人給予的慈愛，也能承受背叛的發生**，因為我能哀悼它，且不因此而報復。

在他人試著將他們的需要移情到我們身上時，我們也可以在同一時間練習察覺自己的反移情。當他人向我們尋求鏡映，而我們無法給予；當他們仰望我們，而我們無法承受；當他們想要跟我們一樣，而我們不能忍受；那些都是反移情的反應。當他們仰望我們，尋求鏡映或理想化我們，而我們卻利用這點來操控或控制他們時，也是一種反移情的反應。

在回應他人對我們的理想化時，我們可以表現出感激，以及（或者）變成一個導師或引領者，就像戒酒的十二步驟課程。這些是因應他人對我們的理想化移情的健全回應。接受我們應得的讚美且完整地抓住它，是需要勇氣和廉恥的。我們用以下的語句來實踐這些美德：「願我接受且感激他人給我的愛和仰慕；願我從不利用它；願我能自由地、無畏懼地表現愛給他人及對他人的仰慕；願萬物都能以對我們有益的方式來給予和接受愛。」

練習

檢視我們的理想

這個練習是為那些**過度愛慕**一個領導者或領袖，甚至親密伴侶的人所設計的。

一個我們尊奉為領導者的人，很容易變異為父母、愛人或拯救者的原型。我們將那些他或她可能沒有的力量，移情到我們的精神領袖身上。這表示我們失去自己的力量，連帶而來的危險，則是我們因此可能會變得奴隸般地依賴。

如果這個導師或精神領袖讓我們失望或背叛我們，他對我們的吸引力會立刻變成反感。這兩種情況一如漸層色譜上的兩極。受吸引的危險，在於我們想像它是獨立的一種行為，以為我們只會受到吸引。但是事實上，吸引力和另一端是直接勾在一起的，也就是反感。所以我們最後會恨一個人，就像我們之前愛過他一樣地深。憎恨是表示我們還沒有完全發洩出完全的憤怒感受。一旦發洩完了，我們要不就是會與對方拉近距離，要不就是會離開他。我們的恨會轉變成為冷漠或是同情。

當我們處於情緒漸層色譜的中間，我們可以從那裡跳入恢復力量的自由中。正念的沉思會幫助我們到達那裡，因為它是注意到感受和想法的練習，並不會強迫抓住它們或拒絕它們。相反地，我們能像閃過的風景一般，見證眼前所有發生的事。我們能自由地觀賞，而不沉迷，以致失去力量或憤怒、變得激動到想要攻擊。

當某人傷害或拒絕我們，我們也因而對他生氣時，對憤怒內的悲傷和畏懼開放，以此來平衡怒氣也是很重要的。如此，我們哀傷的所有幅度能被涵蓋。我們從那個擁抱中浮現，沒有怨恨的激動和再次被蒙蔽的脆弱性。

我越能放鬆和打開心胸接受這世界，信任它且接受必須回應它的責任——也就是愛它——我就越能感受成為它的一部分，並與其他人合為一體。因此，其他人變得更願意信任我，並對我敞開胸懷。

——大衛・羅伊（David Loy）

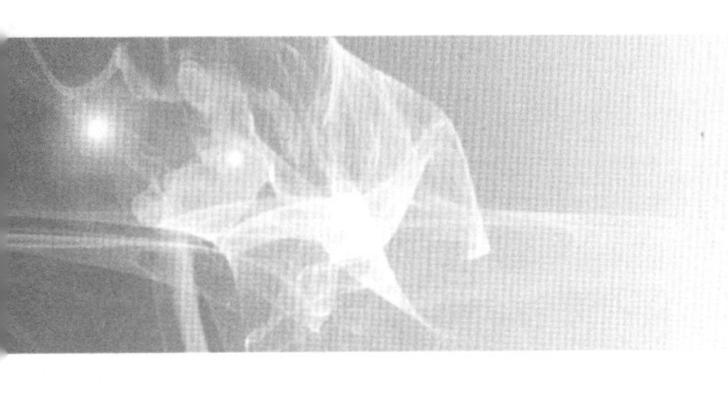

第11章

為何我愛你，卻沒能真正看見你

看見這個世界的榮耀，甚至去愛它，是需要勇氣的——若想在你所愛的人身上看到它，則需要更多的勇氣。

——王爾德（Oscar Wilde）

性與我們的情慾移情

情慾移情（erotic transference）是用於治療上的辭彙。它指的是為某人傾倒，因為他或她的舉止、人格或面貌，有某種吸引力，讓我們想到一個過去曾經滿足，或承諾滿足我們需要的人。我們意識到情慾移情，但它那過去的根源則是潛意識的。

我們會愛上一個女人，是因為她似乎能給我們一個機會，兌現我們一直想要的東西，或我們以前擁有過，而現在想要再次擁有的東西。依此看來，情慾移情點出了那些我們從未注意到的真正需要，以及從未表達出來的悲傷。

三歲以前的小男孩可以學習握著他們的陰莖，找到安心和慰藉。也許我們繼續以同樣的方式尋求慰藉；這並非錯誤或愚昧，只是效果很有限。我們開始掉入終身的幻覺，以為「性」對我們來說，好處多多，以為它能給我們，或對我們起許多作用；性能承諾我們的，比它實際能傳遞的力量還大。它很容易被誇大，並且可能變成吼叫的肉食動物，讓我們落荒而逃。

性是自然的，是一種愉悅經驗和表現愛的方式。但它也可能與自我的擴大有關，亦即那個相信售貨員胡扯和承諾的部分：街道心理、媒體、廣告。於是男人會用性表現或外觀來衡量男人氣概——一個中年的特殊危機；女人則會相信她們的女人味是建立在體重或外貌上。女人和男人都會混淆性與感情。對某些人來說，性是唯一能感到安全的親密方式，因為他們在性當中能得到掌控。我們發現，我們能利用性當武器、戰略、詭計。如此利用性，就像期望一個電器產品能發揮比它被設計出來所應發揮的更多效用——例如，將吹風機當電暖氣使用。雖然它可能起一點作用，但最終會崩壞或是變得過熱而引起危險。

情慾移情讓我們想到，當一對情侶在床上時，他們的雙親也都跟著他們在床上。因此，熟悉的幽靈成為我們奇怪的床上伴侶。自童年以來，我們對5A的需要，一直都與在親密關係裡是一樣的，所以造成混淆也可以理解。然而，只有注意到誰與我們在床上；當我們爭論時，誰在我們身邊；或是當我們表現友善或惡毒時，誰正在影響我們，只有在此時，一個真正的你我關係才會產生。

佛洛伊德也在治療時猜到了情慾移情，透過性化一個移情反應和愛的經驗，發現兩者都是從同樣的原始生活經驗延伸而來。如今，研究嬰兒行為和依附的學者發現，母嬰連結中的某些行為，與成人情侶之間的行為，有驚人的相似處，例如親吻、擁抱和觸摸，雖然沒有性的面向或動機。這也許是成人生活中的情慾移情，如何在母親的懷裡找到它的第一個微弱印象：**當我今天被你這樣地觸摸，你溫暖的情感，喚起了童年時我與母親經驗過的愛**。它也可以正面地運作，治癒我們未被滿足的過去，雖然我們直覺地知道它們是什麼：當我今天被你這樣地觸摸，那溫暖的情感帶我回到過去，治癒了童年時我與母親相處經驗裡的缺憾和失望。

在同個方面，我們在過去接受到的愛，會穿越時空來支持我們。當奶奶如此可靠且溫暖地呈現5A給我們，她正在我們心裡種下根深柢固的自我價值的資源。她仍舊擁抱我們、安慰我們，在我們（也因此我們才能）面對生命的挑戰時。我們面對現實的能力，部分是因為她持久的撫摸而建立起來的。過去因此真切地存活著，而愛是永無止境的。

在我們笨拙地摸索四周尋找連結時，我們對鏡映、理想化和雙生的需要也會不正確地出現我們眼前，成為性慾。性的意圖，會代表我們對一個包容性環境和可信賴的父母或伴侶的持續渴望。正如我們最早感到安慰的時機是在母親的懷抱裡，所以現在感到安慰的時機，將會來自被伴侶擁抱，或能與母親一樣無條件對待我們的人。

性成癮

當中學時錯過性探索的機會，我們可能會持續以成癮或無關係基礎的方式來尋求「性」，也就是以青少年的方式。我們在那方面滿足的失敗，清楚地表明了我們無法彌補過去所錯失的經驗。我們只能悲嘆錯過了適合那時的東西，且往前去追求適合我們現在的東西。

當性已不再是關於性**活動**，而是關於情慾或情感**能量**時，我們知道自己已進階到成人階段。那麼重點就不在產生愉悅的行為上，而是在於分享其中愛的力量。

身為健康的成人，我們對婚姻或認真關係中伴侶的承諾，包含了放棄其他的性連結。除非我們協議出一個開放的婚姻或關係，否則我們的承諾是對伴侶專一。這代表不僅沒有外面的性關係，也沒有虛擬的現實——網路。**放棄**，在這個自由開放的世界中，是個很難的字眼，然而它在許多傳統裡，是種靈性上的練習。例如在佛教裡，它是用來勸說信眾克服貪婪和渴望的解藥。在這樣的前提下，放棄不是指否定我們自然的直覺，只是對它們進行監護，好讓我們的愛情關係能受到保護。性是人們找到他們承諾的範圍和認真程度的許多方式之一。

對某些個體來說，性有時也會被用來協助脆弱的自我穩定下來。在一個更深的層面上，我們可能會用性來防止破裂，而非用來抒解個人衝動或互相滋養：我們相信沒有**這個**會活不下去。然而，自我感不應從這個部分而來。精神分析學家史托洛盧（Robert Stolorow）說：「為了抵銷內在分裂，帶著被性化的意圖去彌補自我內在的空虛和缺憾……對那些因缺席、令人失望或沒有回應的父母而心理受創的人而言，它們是情慾化的取代品。」性癮的客體不會治癒我們的傷口，但會安慰和分散那正在進行中，且未受認同的空虛。

性成癮會發生，是因為我們害怕經歷活生生、赤裸裸的生活。我們尋求逃避，尋求一個我們能藉此超越困境的事物。超越常常會誘惑我們從現實中抽離（如同「精神」可用來解釋被軟化的生活現實對我們的衝擊，而不會容許接受它們無情的影響）。

關於「活生生赤裸裸」，我分享以下一個幽默的故事。一天晚上，我躺在床上快睡著時，突然被窗外一隻從腹部發出尖銳叫聲的發春貓兒困擾著。尖銳的哀號相當可怕，但在這陣貓叫春當中，我突然有個想法：如果我們真的用喉嚨來表達長久以來受禮貌和禮節所壓抑的性渴望，人類或許也會發出這樣的聲音。這些來自體內的自然聲音，可用來表達所有感受，包括人類旅程中發生的喜悅和痛楚，也許從未被使用過。我們緊閉野蠻叫吠的蓋子，但我懷疑這有什麼代價？貓兒很真切地表達出來；雖然牠們無法使用文字。我們有**劍橋英文字典**，但它卻不能給我們一個原始的尖叫，除了文字，還是文字。

愛和戀愛

古老的歌曲唱著：「我要一個就像那個嫁給親愛的老爹一樣的女孩。」的確，我們的關係通常是故事重現而非真正新的事物。我們在這個女人身上看到的魅力，也許大部分是她能喚起熟悉感的能力。我們會與那些和我們原始照顧者相仿的人建立親密的連結。我們認為相似的事物能給我們一種保障：「那個特別的人能給我以前錯過的，或是我曾經得到過的，他能結束我對愛的痛苦飢渴。」

當我們相信自己終會被一直想要的方式所愛，我們身體沉默的細胞會獲得聲音。

這裡有兩個可能的情節：移情發生於我們在此地此時接受某人的愛，但不相信它是可靠的，因為我們父母的愛到最後就不可靠。另外一種是，如果童年的愛是可靠的，我們會期望與這個新的伴侶有同樣的結果，但如果最後結果不是這樣，我們會失望透頂。我們甚至會在生命之浪顛簸時，將伴侶當成漂浮物般地抓緊，而在事情平靜下來後，才發現對她完全不感興趣。

我們意識到，在戀愛時，自己和另外一個人發生「化學作用」。化學作用也許不會告訴我們伴侶的真實面，只讓她重演我們過去的事實。**我們所謂的化學作用，也許是潛意識地認同我們找到一個移情的適當對象。**

我們會注意到兩種化學作用。健康形態的化學作用是內心感到回應，吸引我們接近某人。它起源於興趣和熱忱，且包含了某些投射和移情。成癮形態的化學作用感覺較像是不安的衝動，拉扯著我們接近某人。它起源於缺乏，基於幻想的投射和合併移情，這當中我們和他人之間的界線是過度模糊的。

化學作用包括受到某人外貌的吸引。我們知道這是基於原始生物的直覺。外貌吸引也跟我們相信找到完整或鏡映我們的人有關。我們情感的客體看似能提供我們所缺乏的，或反映我們深層真正的樣子。最後，我們的吸引力是一種移情，因為我們想像那個賞心悅目的外表能給我們承諾。我們相信「漂亮的外貌」指的是，能夠給予我們許多5A。細心篩選關係人選的成人，不會被這點的任何部分所愚弄。他們會將外表的美麗當作點心，而內在美才是培育的真正泉源。

在一段關係的浪漫階段，對於那個看似適合一個健全連結的人選，我們會忽視了某些紅旗子和危險訊號。有個心理學的矛盾是，我們要放棄精確的判斷，才能讓必要的理想化或移情發生。我們在愛裡的盲目也讓人類的繁衍更容易，這也許是精明的大自然母親讓我們保持潛意識的真正動機。然而，在之後的關係裡，我們需要一個對現實清楚的概念，這樣才能決定自己是否已經找到一個適合我們關係承諾的人選。這是多麼複雜的任務：我們必須放掉完整範圍的視野來接觸，然後我們必須及時找到它來作出正確的承諾。

在情感史上，我們理想化另一半，在某些地方看到全部的好。在我們的信念裡，應該有某些令人懷疑的地方，可看到我們所祈求的答案。我們發現，在創造力和自我舒緩上，幻覺無比地有用。此外，如果我們想要享受情感或如詩一般的浪漫，獲得其中的溫暖，那就必須偶爾在事實和現實的忠誠之外，讓出位子給想像力和幻想。再一次，我們處在矛盾的花園裡，又稱「伊甸園」。

敢於冒險的成人之愛

一旦一個人知道某個伴侶是值得信賴的，那麼早期在他原生家庭裡的愛或受害的記憶，就會被挑起，或是比之前還來得清晰。被愛會喚起過去，因為這讓我們想起自己曾經有過什麼，或總是缺少什麼，而感覺被愛的人，可以愛回去。當然，他或她也可表現出生氣、渴望、悲傷、興奮和期待。人本主義心理學家亞伯拉罕．馬斯洛（Abraham Maslow）形容這是「夠安全才敢去冒險」（safe enough to dare）。我們感到夠安全，才會冒險表達出真正的感受。安全，是讓我們能明智地去冒險的場域，因為真正看見伴侶如其所是，而非我們自經驗保險櫃取出的加工品，是特別危險的一件事。

移情的存在並不表示我們的愛不是真的。身為人類，我們大多會在與人交往的當下，保留一隻腳踏著過去。成人關係中的愛，會讓隱晦不明變得清晰透徹，被遺忘的原始渴望，會在一個新的人身上重新拾回。的確，「戀愛」的狀態會重現我們與原始照顧者共同感受到的忘我**融合**。他們溫柔地保護我們，因為有他們溫暖懷抱的慰藉，讓這個充滿危險的世界變得安全。或者，他們沒那麼保護我們，我們只是抱著願望而存活？現在我們不是帶著發生過的往事戀愛，就是帶著曾經擁抱的希望戀愛。

嬰兒時期，健康共生發展階段中的母親與小孩的融合，在成年的愛戀中重生。我們如何能不忘我？同時，如果原始的親密侵入了個人的界線而令我們害怕封閉，它也可能變得具有威脅性。這是害怕被吞噬的恐懼可能會產生的原因。我們帶著這個恐懼進入一段親密關係中。我們小心翼翼地注意不要被壓扁，同時接受這個活結圈套。當我們建立親密卻又有距離的關係時，只是在維持自己原始的安全措施，同時也試著表現親密。我們的一切看似妥協著矛盾的兩端，這仍舊是個靈性上的課題。

然而，有些人從未在父母身邊感到安全，導致無法建立起基本的信任，因此這些人在成人的關係裡，不會有太多的承諾能力。他們一直等待著那不可避免的結果，害怕在結合後，隨之而來的是對方的遺棄。如果那是童年所發生的，我們可能在今天也會期待故事的重演。我們甚至會挑選那種會反覆背叛我們的人當伴侶，甚至訓練他們這樣對待我們。

羅密歐的「我想要你」是完整的。對我們來說，這句話可能裝載著模稜兩可。「我想要你，**而且**我很害怕」，那個害怕會表現成是「別和我太親密，也別試著要我留下來」。另一方面，可以變得更有意識的無懼的熱忱會是這樣：「讓你靠我太近，會讓我去注意該努力的是什麼，而我試圖透過面對恐懼，來努力解決問題。」一段健全關係的表徵，是要認同當中的模稜兩可，且不造成警訊或逃離。它是可以被注意到、被承認且被努力解決的。

那麼問題來了，我們留在關係裡，是因為我們真的在乎，還是因為我們的風格就是堅持承諾？「我給了承諾，且想要堅持下去。」這並不是對兩人關係的承諾，而是個人的原則。一個真正的承諾是每天更新的，因為我們仍然相信它反映著我們對另一半的愛，以及自己最深的需求和願望。真正的承諾沒有驚險的旅程，而是不管在光明或是黑暗中，守護著彼此的溫暖雙手。

很重要的一點是，當我們在成長、變得更健全的同時，我們的需求也在改變。我們在一起的原始理由也許不再管用。我們的關係能進展的最佳狀態，是當我們注意自己真正的需求，說出來且協議出新的方式，來讓它們得到滿足。一個簡單的例子可以清楚闡釋：我們的兒子以前需要我們幫他換尿布，現在他需要我們借他錢付他房子的頭期款。我們的愛也隨著時代而改變。

在下面的例子裡，羅伊和緹絲呈現出害怕被遺棄和害怕被吞噬的奇特結合，一個眾多混淆關係的特徵。

緹絲明白：「我要的比羅伊願意給的更多。」這是一段關係中兩個恐懼存在的線索：緹絲害怕被遺棄，而羅伊害怕被吞噬。羅伊需要獨處的空間和時間，而緹絲卻因為會感到不安，無法容許他這麼做。她懷疑他有秘密，且希望他能像她一樣分享更多關於他自己的事情，但羅伊學會用「保有秘密」來維護個人的隱私；排山倒海的疑問感覺很具侵略性，讓他很惱怒。

羅伊覺得緹絲的愛理所當然，甚至覺得緹絲照顧他生活起居，是他應得的；這的確是她願意去做的。但對羅伊來說，她做的太過火，她的窮追不捨和過於親近，讓他更加抽離。為彌補自己覺得配不上羅伊的愧疚，緹絲讓他掌控一切。他的喜好凌駕了她自己的愛好，且所有重大的決定都是他決定的。羅伊也因而失去對緹絲的尊重，但如果緹絲以平等之姿與他相處，卻又讓他更加害怕。

緹絲缺乏愛情，卻害怕接受愛情。否則，她為何和羅伊在一起？她的需求讓她將性和愛劃上等號。羅伊喜歡與緹絲在一起的性生活，因為他學會如何在肢體上進行，而不用因此更親密地與對方做連結。他害怕真正的性親密，因為發生性關係會造成超越他所能控制的連結關係。

緹絲自我辯解，她為他的冷淡和她的處理找藉口。羅伊則理智解釋，他解釋了他的感受和恐懼。緹絲表現出害怕失去羅伊，卻沒表現出她害怕擁有一段順利的關係。她沒有顯現她的憤怒，因為那可能會損害她所僅有的。而羅伊顯現了他的憤怒，卻沒顯現他的恐懼。對一個在乎你的人表現出恐懼，表示你可能在他或她的懷裡受保護過久。

在與羅伊的關係中，緹絲覺得很沒安全感，事實上，這從她童年的家庭生活以來，就已很熟悉。她的父親在情感上很有距離，而她的母親也只是偶爾關心她。緹絲從來沒有從父母的任何一方體驗過 5A 的愛。雖然雙親都好像給了愛，但沒有一個能讓她信任與跟隨。

羅伊從小就被當成小王子，所有的需要都能得到滿足，且不需任何回報。他是一個不需在往後找尋心安的寶貝，只知道認同自己所應得的一切。同時，小羅伊被許多關心他的女人包圍，用她們自己需要的擁抱，過度簇擁他。這可能是為什麼羅伊總要緹絲乖乖不動，讓他隨心所欲地來去。他常常來了又走，因為太長時間在一起，會讓他覺得窒息。羅伊清楚知道，在一起的時光會造成更緊密的結合，那會需要更多的成人承諾，那是對控制權的另一種妥協。

緹絲和羅伊兩人都責怪緹絲。她相信羅伊會這樣都是她的錯。她不曉得其實羅伊早在很久以前，就已被定型成那樣。羅伊覺得緹絲是個既麻煩、又要求過多的伴侶。他不曉得其實緹絲大部分表現出來的，是細胞裡的設定，以及潛意識的移情。

他們兩人都沒有錯，也都不可能在現有的模式中改變。只有當雙方都解決了來自個別遙遠過去的家庭所偷渡進他們關係裡的那些恐懼和傷害，他們才有可能改變。

緹絲放棄了自己，就如她童年時被拋棄，而現在被羅伊拋棄一樣。在她的父親移情裡，她用別人對待她的方式來對待自己。她雇用了對的演員來演繹自己戲劇裡的父親形象。而羅伊在防衛自己，不讓任何人有可能像他童年時那樣，將他吞噬。這樣做的同時，他放棄了改變的機會。他們倆都失去了走出角色的機會，失去能無所畏懼地行動的機會，且因此無法發現如何讓恐懼褪去。

羅伊表現出他對女人很深的成見——一種厭女症。諷刺的是，他因此隱藏了能增加他可愛度的特質。因此它變成了一種自我實現的預言：「我不能相信女人能恰如其分地愛著我。因為她們不值得信賴，因此我必須隱藏較柔軟的一面，與我的伴侶保持距離，而她終究會拒絕我，這證實了我認為女人不可信賴是對的！」父母的過度保護會讓小孩感到受拒，因為這會抵銷他個人自由的權力。羅伊的一生中，心裡都很清楚這點。「在心裡」意指潛意識的，而在意識生活裡，則是活生生的。

羅伊有一些優勢：魅力、英俊的外表，以及穩定的經濟。這些讓他在許多方面都極具吸引力，讓他可以輕鬆應付而不需主動出擊。他的優勢可以讓他過得很舒適，他的愛情關係可以繼續下去，前提是緹絲願意繼續與他重演自己的傷痛，或者她認命地面對不可能出現的專一承諾，繼續活下去。因為像羅伊這樣的男人，是無法給她專一承諾的。諷刺的是，緹絲會是這段關係中最有可能離開的那位。她可能會在無法承受羅伊的抽離和冷漠時，偷偷地找到一個備用伴侶。然後羅伊就會因此更加不信任女人，並再次與她或新伴侶展開一樣的迴圈循環——緹絲也是一樣。

解決我們的關係衝突

並非只有你和我在這裡交易而已，我們每個人都透過對方在與自己的父母交易。整個問題在於解決我們童年所發生的事情。

——一位被治療者在諮詢療程中對他的伴侶所做的評論

當我們願意扛起傾流殘存淚水的責任時，才能清楚地正視情況，也因此，我們所相信的「重複能夠清理經驗」，才會真正落實。當我們鼓起勇氣透過哀悼進入過往時，悲傷就成了通道大門。這樣的大膽嘗試能帶來勇氣。如同榮格所說：「如果害怕墜落，唯一的安全就是恣意地跳躍。」維持潛意識的移情，會讓我們一直站在懸崖邊，甚至不敢往下看腳下的水面。

當一段關係開始變得認真時，移情會以更加複雜的方式產生。事實上，變得認真可能表示移情已經干涉、也正在進行，並且一如以往地在潛意識中進行。一段淡淡的關係可視為具有較少移情成分的關係。

佛洛伊德曾說：「每個衝突都必須在移情的範圍裡被解開……因為當所有事都講開且解決了，就不可能摧毀缺席或成為雕像的任何人。」我們現在無法動到我們的父母，但可以兇惡地對待我們親近且珍惜的人。也許社會的成癮、暴力，在某種意義上就是這類移情的行動表現。我們基於個人的因素來反應人類共通的現象。

以下是移情如何以衝突的方式展現的例子。一位妻子在她先生面前扮演起照顧者的角色，而他則表示感激，且不太注意到她其實極為強勢。照顧者事實上是在模仿她那強勢（關懷）的母親，而被控制的先生相信：「這個女人讓我的生活更方便，她一定很愛我，因為她為我做這麼多。」在他的童年裡，「愛」是他母親對他的恆常照顧，因此養成他的習慣性依賴。他們倆都沒注意到他或她正活出過去的光景。當一段成人關係讓我們置身於熟悉的環境當中時，我們會感到心安且舒適，以致失去評斷真正在發生的事情的能力。

以下是另一個例子：一位伴侶責罵她的男性愛人，口氣聽起來像是那個男人的父親。男人感到憤怒，因為他還是很討厭人家告訴他該做什麼、他是誰。雖然怒意被激發，但這怒意針對的既是父親，也是伴侶，甚至可能還包括某個前任伴侶。這就是為何我們的感受會變得如此戲劇性且糾結的原因。它們很少在我們的關係中以純粹的形態展現出來，因為沒有一段關係是真正關於兩個人的。大部分的時間裡，至少會有四個人同時在一個房間內。

我們極富移情的感受，飽含了故事情節、概念和心態。另一方面，我們原始的健全感受僅單純地流露出來，不帶譴責與批判。依附在一段移情上的怒氣，不僅僅是對一個感知到的不公平表現出不悅，通常還會挑起批評、責怪及要求另一半改變等因素——與童年時父母對我們的怒氣相似。當透過這樣自我的外衣與我們的感受接觸時，可以猜到有比我們正在面對的事情更多的事正在發生。另一個情況，則是我們可能會因伴侶離開而悲傷難過。但在移情裡，我們會多加幾層痛苦，因為讓我們難過的，也是羞辱、拒絕、背叛或遺棄。這些敏感的層面顯示出我們在童年時期與父母或其他重要的成人交流時所感受到的。不幸地，比起那些被面對且清除的部分，它們更常演變成移情作用。

共依存如何產生

這裡的課題是要利用移情，然後在立即的情況下行動。我們會在行不通的情況裡停留過久，亦即變成共依存（codependent）。我們會一直試著糾正配偶，耐心忍受他或她跨越我們的界線，或是我們小孩的界線。掙扎著調適一段行不通或有傷害力的關係，還不如掙扎著要怎麼辦來得有用。這個決定與解決移情本身一樣，必須面對問題、解決它，如此才能帶來改變。

拒絕加入做這件功課的伴侶，如果只是一味繼續他或她的不正常或傷害，那他或她已不再是個伴侶，而是對我們健全生活的一種威脅。我們的恐懼可以變成一個癱瘓我們更深的陷阱，也可以表示此時是釋放自己自由的時刻。當我們看著戒指，問自己這是否有紀念性的象徵、一個真正的象徵，還是根本是個枷鎖時，我們就能給自己提供最佳的協助。然後我們會在內心深處，用童年時的旋律吟詠：「敲響自由。」

共依存原本指的是酒癮成性者的伴侶，它用來表示酒癮是個家庭或人際關係的疾病。不喝酒的伴侶讓另一半持續沉迷於酒癮中，為他或她找藉口，或者不管對方的迫害，繼續陪在他或她身邊。在古老的年代裡，停留在這樣的關係中，會被視作愛和個人力量的表現，切斷關係或搬出去，會被視作自私的表現。

用**共依存**這個詞來表示我們內在的問題，能提供當事人一座橋樑，進入新的、更健全的方式來看待愛是怎麼一回事。忍受迫害、停留在痛苦的情況中，而不預期它能有更好的改變，是忠誠，但不是愛。這對雙方都是有害的。我們必須相信自己有權得到幸福，這是一個自尊的前因和後果。我們必須相信愛是雙向道，是健全的親密關係的前因和後果。我們必須相信無條件的愛不代表無條件地承諾被對方所困（這個對愛的更成熟理解，是均衡生活的前因和後果）。

因此共依存這個詞可說是愛的革命，讓我們從將生活視為忍受的情況中釋放出來。現在我們可以看到生命是關於分享，而不僅是給予。它是包含快樂的愛。這並非新概念，它一直都是人類集體心靈智慧的一部分。因此詩人約翰．薩克林爵士（Sir John Suckling）在十七世紀時，寫下了如此的句子：

> 僅有愛過是不夠的，
> 除非我們也有智慧，
> 能讓我們的愛愉悅。

練習　承諾慈愛

當我們**反對**伴侶時，將發現自我的警訊：我們試圖建立一個反對的問題，責怪他或她、懲罰他或她，並保護我們的立場，拒絕聽伴侶合理的回應，且想要報復。當我們**靠往**某人時，自我的表徵包含了需求，堅持對方達到我們的期望，企圖利用對方彌補我們的寂寞，或是利用對方當作逃避自己努力解決問題的藉口。

解決伴侶在我們身上的移情，是個兩人關係的任務。它的練習是聆聽敞開的 5A，同時不限制自己去注意對方的心態。我們不會變得激動到一定要以同樣的方式回應。那些自我的強迫性習慣，會讓我們感到痛苦，因此我們可以集中注意力，用慈愛及決心，向對方敞開心胸。

此外，我們可以在感到受迫害時，練習釋放健康的憤怒。我們可以學著去注意別人對我們的負面反應，但不會去責怪或報復。在自我的世界裡，報復是指在不公平的待遇之後尋求恢復平衡的一種做法。用慈愛來尋求平衡，才是真正人性的計畫與有力的心靈技能。一旦我們不再在意那些傷害，愛就會變得真實。這可以變成我們在一段親密關係中所做的承諾。

在練習中，向你（妳）的伴侶說：「我正在做出承諾，絕不會用任何方式去報復你（妳），不管你（妳）做了什麼。」你（妳）也可以把這個承諾當成禮物，在卡片或情人卡上寫下它。注意自己是否對這個主意有任何抗拒的想法、自己是否在心裡堅持伴侶必須對你（妳）做出同樣的承諾。如果你（妳）是真心誠意的，這其實是不必要的動作。你（妳）也可以擴大承諾，終結諷刺、荒謬、舊事重提、揶揄或任何被動與惡劣的行為。如果你（妳）抵抗做出承諾，這一定能提供你（妳）關於自我本質和愛的程度等重要的資訊。

練習

進入另一個人的世界

無企圖的關注是這項練習的開端。面對他人對我們的反應，我們最有技巧的回應是進入對方的世界，而不以其人之道致其人之身。我們對所看見的保持開放，不企圖阻止、糾正或對抗對方的反應。只要我們想「弄清楚誰是誰非」或表現出我們絕對是「對的」，就會危害溝通，因為這時我們的主要的目的是掌控，而非打開心胸。這兩個精神成熟的練習選擇包括了：(1)不再糾正他人對我們的印象，和(2)啟動能引導愛心與仁慈的慈悲心。慈悲通常是我們對別人的一種關懷。愛心與仁慈則可擴展為針對我們自己、他人和世界的更廣泛慈悲。

我們可能比配偶還早注意到他或她的移情，也可能更早注意到伴侶所沒準備好要知道的事。在這樣的情況下，心懷憐憫地尊重他或她，讓他們選擇適合的時機，慢慢去進行瞭解。我們也要有心理準備，他或她可能會出現憤怒的反應，因為我們大膽地在對方的移情作用中逮到他或她。對方可能不會感激我們讓他或她看到自己應該努力的是什麼，而會用充滿敵意的回覆來保衛自己，然後不信任或怨恨我們。這個移情反抗和投射會阻礙親密的接觸，直到每個人都平靜下來。當自我恐懼產生時，我們最好撤退一陣子。

我們也可能誤解一個人的行為。喜劇中弄錯身分的主題，是個以幽默呈現移情的例子，但這卻也表達出喜劇的可見和可觸性本身仍無法説出整個故事。在表面的背後，有個隱藏的意義；在一段真正親密的關係裡，伴侶都渴望在深層意義的層面中被另一半瞭解。因此我們必須保持謙遜，才能向伴侶生命的奧秘性鞠躬，而非相信自己對伴侶的一切無所不知。然後，對伴侶的認識會變成智慧。低頭鞠躬代表向更高的力量，而非自己彎下自我。也許常常在房裡練習鞠躬，養成習慣，會有所幫助。

> 在禪修中，人向佛陀的教導敬禮，內在立即的覺醒……鞠躬是注意到你周遭世界的美妙方式。
>
> ——邁特西森（Peter Matthiessen）

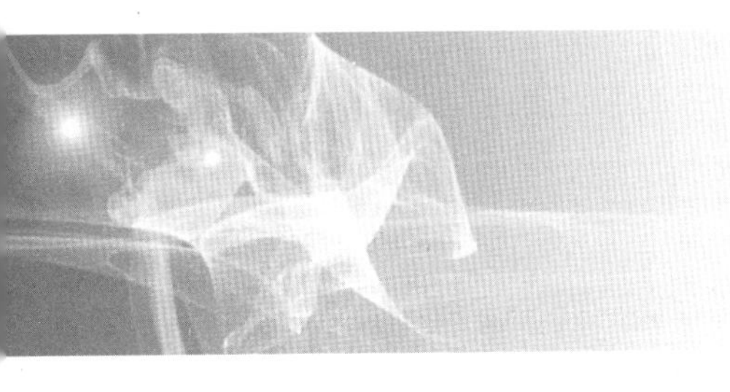

第12章

覺察關係中的移情

每個戀愛的狀態都重現嬰兒時期的原型。發現一個愛的客體，實際上是一種重新發現。

——佛洛伊德

當我們認同彼此在爭執中所產生的移情時，我們原始關係裡的溝通就變得更清楚、也更有效：「我在你身上看到我母親。把她從你身上抽離，是我應做的課題。」是否下這個決心，會造成很大的不同，即是「解決某件事」和「讓它匯入正在進行的爭吵怨恨裡」。父母和前任伴侶是存在於每個爭吵中的幽靈，我們能否正視他們，而非一味地譴責眼前的伴侶呢？

我們不僅透過找出它們的根源來面對自己的移情，同時也透過它們，更有意識且更完整地對伴侶提出我們的需要。我們展現自我的感受、說出隱藏的願望，直接對這位「新人」道出我們的期望。如此一來，對方就不再代表過去的那個人，而我們不再活在過去式。

當我們在如此多的移情中抽絲剝繭，終於知道自己真正的需要時，再看一眼我們的伴侶，也許就會懷疑他或她是否真的有可能滿足這些需要。這是個關係中重要——也許是危險——的時刻，這時可能會開啟新的協議，或造成分手。我們的任務是要問，我們需要的是什麼，或妥協自己於伴侶能滿足我們的有限能力。我們可以在治療中嘗試是否有可能改變。我們可以看看雙方如何造成這個不恰當的狀況。如果一切都沒用，那麼我們會問，是否有**任何人**能滿足我們這樣的需要？也許伴侶所給予的分享資源很有限，但以一個陪伴我們、深愛我們的人來說，這已是很公平的交易了。那麼我們的挑戰就是，要找到方法來彌補我們的缺憾，滿足自我。

當我們困在移情的循環裡，沒有一件事是完全新穎的。新體驗的機會只會發生在適當解決移情時，透過對移情的覺察，進而打開一個新的行為和反應模式。我們可以對自己說：「這是現在發生的事情，不是當初發生的。」把自己放置在正確的時間裡，會有將我們中央化的效果。然後我們可以把現在作為建構的基礎，而非建構在當時多變的沙堆上。

練習　讓衝突幫助我們

以下的例子和練習，可以解釋在人際關係的問題裡，找出移情的因素，能如何幫助伴侶雙方。小時候我們常受到誤解。現在，一旦伴侶誤會我們，我們就會被激怒。這個過度反應可能指出「被誤解」仍然在它「當時」的形態。我們感受到的，不只是在「現在」的新事件中被誤會。深入真實感受到的意義，「被誤解」的反應就可追溯到過去它如何演變成一種被拋棄的感受。這會造成一種被斷了連結的恐慌，而**那**就是我們現在被誤會時所感受到的，也因此會非常沉重。

成人關係中的破裂和衝突可幫助我們解決移情。這是因為，就如同偉大的戲劇和電影，它們會戲劇性地喚起或永恆化我們與父母的原始緊張關係。一旦這發生了，我們可以很大聲地說：「喔，這正是我小時候的感受。我現在是大人了，這個女人不是我母親。我身為成人的回應會是什麼？」讓自己去面對、處理、解決和安置我們的感受，這樣的方式能幫助我們解決過去存於現在中的幻覺。

我們可以告訴自己：「我沒有被瞭解，而那不一定表示我被遺棄。」這個練習的一部分，是要認知那關於被誤會的天線，在幾年來變得更加敏銳了。現在，我們要省思，比起去感受真正遭遺棄的完整重擔，被困在自己注定會被誤會的迷思裡，是否較為容易。我們花更多心思於轉移注意力，其實是想要抵抗真正的感受。

我們可以練習以下大膽的肯定：

- 我照亮想要被瞭解的絕望需要。
- 我放掉被誤會的恐懼。
- 我對這件事的結果感到高興，而非只有在最後的結果是我想要的，才會感到高興。

無論如何，想要被瞭解的需要是合理的，雖然在現實生活中，並不一定能讓它實現。真正成熟的親密關係不在於放棄需要，而在於三個成就：

1. 哀悼過去所錯失的 5A。我們在哀悼過去——不管是小時候或前段關係中，所造成的決裂後，修復或建立一個連結。這個直接的方法能使我們從強迫性的衝動中釋放，不會再誤導我們的過去進入潛意識的移情當中，企圖用不正當的方式讓我們完整。

2. 募集支持我們的人，他們可以給我們合乎年紀、健全的鏡映，而我們變得可以從任何地方大方地接受它。沒有人能完美地提供我們所需的一切，所以我們妥協自己身為人類，坦然接受人性的真實面。

3. 感激從我們所愛的另一半那裡得到的一切，這會讓我們用 5 A 回報對方。

在愛裡，我的靈魂大門是敞開的，讓我能呼吸新的自由空氣，忘卻渺小的自己。在愛裡，我整個人從僵硬的狹窄和自負的禁錮中流露出來，不再是貧乏和空虛的囚犯。

——卡拉內（Karl Rahner）

夠好的互動

在治療者—被治療者的關係中，佛洛伊德提到「共享事實的愛」，能從現在抹滅過去。在成人的連結裡，伴侶們會注意到他們如何移情到彼此身上，且試著解決過去的任何問題，不致干擾一個真正你我關係的可能性。移情，如同過去，從未全然地消失。一段真正的關係能發生，是因為你我關係的時光比移情時刻更多。這得要觀察的自我能退後一步，顧慮到移情作用，但不受到它的牽制時，才能發生。

心理學家溫尼科特（D.W.Winnicott）認為童年時所需要的一切，是「夠好的母性」。母親不必二十四小時都與我們完美地調和，好讓我們發展成調適成功的小孩與成人。她只需更常給我們5A。同樣地，在人際關係裡，我們不必為追求完美而努力，但可對親密的伴侶、家人和朋友談論「夠好的關係」。認同日常生活裡正在進行的移情，並容許更高頻率的你我時光，這就是個夠好的關係。我們不需完全清除過去——我們也沒能力那樣做。那是我們的一部分，讓生命增添色彩與豐富性，同時也保存了我們故事的延續性。與過去完全地切割，就像是燒掉家庭相本好騰出空間放時事報紙一樣。

在詩人愛蜜麗・狄更生的作品〈我承認，我已不再是他們的〉（*I'm ceded, I've stopped being theirs*）裡，我們可以繼續回想童年：

但這次——恰當的、挺直的，
帶著意願去選擇，或拒絕……

我們現在看到，解決移情等同於裝備好自己，去迎接健全的人際關係。同時，我們變得越來越清楚真實的自我、過去如何影響我們，以及我們如何從中成長。這是我們如何找到更多快樂童年的機會。於是，我們終於可以將水壺傾倒在炙燒我們背後的火焰上。我們可以在自由中放鬆，從把我們禁錮在過去的鎖鏈中釋放，然後在此時此地，歡欣地與他人交往。從移情轉開後，方向即是朝向正念。

現在我們知道，與重要的人交往，是介於我們與對方潛意識之間的對話。一旦潛意識或隱晦的，變成自覺或清晰明白時，你我關係的可能性才會打開。移情不會一次全部解決，或只一次就結束。它是一個持續的過程，就像不斷發展的生命本身，而非已製作好的完成品。它是一個旅程，而非議定的價格。

大部分的人會說：「我們想放掉移情所造成的影響，如此才能完全活在你我關係裡。」然而，很多人會抵抗你我關係所形成的永不停歇的親密，即使這種親密有可能發生。如果我們對自己、他人或是一段關係的信任仍不確定或缺乏，那麼放掉移情和投射，讓一個人以真實的面貌全然地進入我們的生活，感覺將會非常可怕。所以我們會去確認那個人不是新的，與我們建立關係的人選，必須是個複製品。

我們要先對自己有耐心及愛心，才能花必要的時間來直接觀看真正的新臉孔。我們並不被允許去百無禁忌地觀看，這是因為小時候大人告訴我們，盯著人看是很沒禮貌的。這也可能是為什麼宗教和神話教導我們，直視神就不能存活的原因。這個神聖的觀看權利是專為死後所保留：「我們現在透過一個深色的玻璃看到，而（只有）那時是面

對面的。」(哥林多前書 13:12)

提醒自己「移情並不總是需要被解決」，也是很重要的。當我們將伴侶與一個過去的善良人物做連結，且因他們的相似處而從其陪伴中找到慰藉，這時的移情就是以正面的形態產生。令人安心的信任，且在5A的愛的包容性環境中滋長，能幫助建立一個成人的親密承諾。我們存活於現在，沒有時光錯亂，而是帶著自己珍惜的舊時光，穿越到現在且正面地重現。

關係中內向、外向的範疇

我們有時候會習慣伴侶某種程度的承諾，即使那對我們的需要來說不太恰當。一段你我關係會有一個承諾的重心，不是永遠都有，但肯定在正經的互動當中會有。一個很少聆聽我們，或是當我們談論自己時眼神呆滯的伴侶，並非能給我們親密關係的伴侶。與這樣一個缺席的伴侶長時間的相處，會讓我們美化對方的漠不關心。這相當於委屈自己的需要來求取親密關係。我們必須問，自己是否在沒被傾聽的痛苦之中成為共犯，且從童年時期就開始，到現在還一直重複著同樣的模式。

我們會混淆自戀者與內向的人，因為兩者都看似冷淡或保持距離。但他們並不同。內向的人很難在一段親密關係中提供一個專注的承諾。對對方而言，表面上他或她好像不關心或是缺席，但事實上，他或她只是需要空間，才能準備好用自己的方式表現親暱。我們必須檢視對方真正要什麼，欣賞並習慣其特殊的愛。每個人都能愛人，但我們不一定能判別出來，因為我們愛的方式是基於我們表現、想要或記得的。若想被愛，就必須開放接受新類型的吻。

內向的人不能容許太多的外在世界或他人存在的影響進入其內心。他們通常會因為與外在接觸而疲倦，即使是微小的接觸。一個外放的伴侶，會因內向伴侶的身心疲倦而生氣。有些外向的人，會因投入太多而感到焦躁。他們是受到接觸而驅動的，但有時會在過程中失去自己的界線。一個內向的人會為自己要投入多少而劃界線，但有時會比保護自己安全所必需的還要過度矜持。外向的人較開放，但有時他的界線不足以保證他的平靜。

內向或外向的分界，能幫助我們發現是否過度參與或參與不足，從他們或我們的外在世界中獲取不夠或獲取太多：

太過封閉	極端開放
對方對我們沒影響，或是讓我們失去興趣	我們讓對方太強烈地觸動我們
我們在對方說話時會打盹或失神	我們會被對方的存在過度刺激

我們無聊、分心且抽離	我們著迷到看不見其他事物
我們冷漠	我們沉迷
在對方的陪伴下，我們輕易或不恰當地變得暴躁	不管對方有多難相處，我們會為了他或她而容忍
我們忘記約會	我們想到可以見到對方，就過度雀躍不已
我們的拜訪不是遲到就是早退	我們永遠都看不夠對方
我們感受或表現出鄙視或不耐煩	我們強烈地仰慕對方，即使他或她並不應得
我們無法給予對方同理心，也不想努力去達到	我們體驗到一種感應性精神幻覺，感受到對方的感覺，因而失去個人感受
我們忘記關於或來自對方的重要資訊	我們記得對方生活的所有細節
我們錯過暗示	我們注意到一切
我們並不會強烈或誠懇地關心對方可能會發生什麼事	我們會幻想拯救對方
我們保護自己，拒絕與對方太過親近	我們過度親暱

我們對對方的經歷瞭解很少或沒興趣，尤其是內心的歷程	我們對對方的私人事務提出不恰當的詢問
我們的感覺沒有受到激發	我們的情緒氾濫
這些全加總成不足的參與：取得的不足	**這些全加總成過度參與：取得的太多**

前述列表也適用於治療師對治療客體的反移情反應。

過度和不足的參與都是關於界線的問題，從無視個人空間轉變到尊重彼此的空間和彼此的內在核心，健全的選擇是親近和距離的持續循環，且永遠以尊重來表現。健全的人擁有嬰兒所與生俱來的：一個對外來刺激的圍籬，對不想要的刺激會直覺性地關閉，同時與對方的連結不致破裂。這是與對方疏離或拒絕對方的另一選擇。拒絕也可能以嘲諷或揶揄的方式表現。健康的幽默會帶來驚喜和喜悅，嘲諷和揶揄則會帶來驚訝和痛苦。嘲諷和揶揄是針對容許親近和親密程度的設界線方式，是被動與痛苦的設界線方式。

當我們害怕被對方拋棄時，我們會妥協自己的界線，以至失去自尊。當我們害怕被對方吞沒時，我們會緊縮界線，以致愛無法輕易地滋長。嬰孩爬行、摔倒、碰撞物品，是在獲得界線感。我們現在能否將失敗和猛烈的撞擊視為一種助益了呢？

扭轉時光

雖然我們以為自己是某個歲數的成人，但內在卻還保有在此之前的所有年歲。我仍然清楚記得小學所學的乘法表、一九四〇年代的斯金納小學（Skinner School）；而我的內心裡，在很多方面都還是那個在那裡上學的小孩。事實上，幾年前我看到小學四年級時的成績單，上面對我的操行評語，根本就完全反映出我現在的人格特質！威廉斯太太那時已經完美地描述出我的人格。我仍舊在許多方面還是那個小孩。這可以解釋為何我常覺得在媽媽身邊時就像個小孩，即使她並沒做什麼來激發我。光是媽媽的在場或出聲就能重新呈現我與她的舊時交流。這證明了移情的長壽！

我們可能一直質疑著強勢的母親給我們的愛，或他人告訴我們：遠方的父親愛著我們，只不過沒表現出來。在一段成人關係裡，我們會跟一個愛我們，卻不至於吞沒我們的伴侶在一起，母親的形象因而獲得平反；這是我們託付在她身上的內在形象和意義。又或，這個伴侶也有愛的互動，但並未大聲說出來，這則是重新提出了我們父親的形象。

很矛盾地，現在兩件事情會發生。我們讓愛進來，且我們相信愛，不管它是否被說出口。我們不曾忘記從母親而來的危險的愛，和從父親而來的懷疑的愛，但它們變得對我們較無影響力。我們因而發現自己會感受到較少的憤怒或恐懼，這是因為我們放掉對父母的責怪，同時仍意識著他們的責任。這能治癒記憶，亦即會扭轉時光。

記憶的治癒就如同將我們從移情到他人身上的需求中釋放出來。這是因為以前曾經是危險的，現在已經變安全了；過去已不再綑綁住我們，所以我們可用新的方式去交往。我們不急著進入移情，因為過去已被安撫而平息。

因此，被一個可靠的伴侶所愛，是解決的方法之一。現在我們能讓愛進來，沒有被吞沒的恐懼；那些會讓我們聯想到以往母親令人窒息的行為，在我們現今的親密關係裡，較無影響力。我們可以讓愛進來，更加堅信我們將不會很快就被遺棄能幫助我們回到過去，讓父親的缺席在如今回想起來時，不再那麼具有殺傷力。

莎士比亞說：「愛不是時間的愚人。」

我們可以加上一句：「讓愛成為時間的修復者。」

我們現在能夠真正地在一起

移情在人際關係裡發生的頻率，使我們相信，人際互動並不總是在以成人狀態為前提，在此時此地只為溝通理念而進行。我們並不需因此氣餒，因為我們可以學著用正念的意識，幫助我們瞭解父母或前段關係的移情。

以下是它如何發生的例子：在派對上，妳的伴侶花了很長的時間與另一個女人在一起。妳可以看見他如何注意她——最近他跟妳在一起的時候，妳都沒看過那樣的熱情。妳很氣他，因為妳將這視為一種羞辱，甚至是不忠。然而事實上，妳心裡面所發生的比這還要複雜許多。妳心裡的那個小孩不會用「不忠」這種字彙，她會大喊：「喔，他喜歡她多過喜歡我。我要他喜歡我多過喜歡她！」或者更猛烈的：「喔，現在我知道你不會照我想要的方式愛我了。」那是我們在小學四年級發生這種事情的時候，可能會說的話。那時的我們，比較貼近我們真正的感受，且我們會告訴自己它們的實情（不過，即使是小學四年級，我們或許也在回憶弟弟出生時我們的感受；所有的注意力都轉向他。是的，即使是那麼早以前，我們就已經在體驗移情反應了。）

一個有用的，也許尷尬的——即自我瓦解的——練習，**用小學四年級的語言**對自己說，我們在人際關係裡發生了什麼事，就像上述的例子一樣。這是對我們經驗的最低限度的誠實用語，幫助我們看到我們需要的原始深度，以及它所造成的移情。我們將瞭解恐懼和責怪的反應是怎麼回事，而我們會對如何將過去移情到現在、從父母移情到伴侶、前任伴侶移情到現任伴侶等反應負起責任。當我們制止自己不要像小孩一般幼稚時，我們等於錯失一個珍貴的資源。

當然，派對的故事還沒結束。在舞會結束後，妳可以不帶責怪地告訴妳的伴侶，被推到一邊的感覺很不好；妳知道這痛苦的感受，有一部分來自於自我的移情，所以妳還是希望你們能同意在以後的派對上，他要更在乎妳的感受，花更多的時間與妳在一起。

肯定、責任和羞辱的結合，是我們同時努力修鍊自己，和致力於我們的關係的方式。

我們可以稍微改變我們的故事，來看看內在的世界如何變成個人的包容性環境。在這當中，我們的生活事件和經驗可以在面對伴侶之前被感受、處理和解決。例如，一個女人懷疑她的伴侶與她的一位同事有過多或不恰當的親密行為。如果她能在心裡保留這些感受，由這些感受講出事實，她就比較不會匆促地做出戲劇性的反應。

當我們學習停頓，在一段關係中容許內心產生空間感，就能有所覺察，如果我們選擇立即反應，就無法得到任何領悟。此外，我們在擁有秘密的自己那裡所保存的事實，會讓我們更信任自己。一旦時機對了，我們就能用確切而有效的方式，在讓我們面對伴侶的能力中成長。

練習

停下來覺察和安頓

只有在知道如何平靜下來時，才能有效地處理困難的關係問題。我們要如何做到內在的自我冷靜，敞開心胸呢？以下是一個練習：

1. 練習在刺激和回應之間**停頓**，這是自由的精髓。
2. **感覺**我們所完整感受到的，在對它採取行動之前。

3. **檢視自己生理上的反應**。我們可以問：「我在哪裡感受到這個？它如何影響我的身體？」這是有用的，因為它能給我們心智所不能用言語所表達的資訊。

4. **注意**正念的感受，不被習慣性的自我心態所牽制：批評、控制、防禦、對成果的依賴、需要成為對的那方，以及害怕面對正在發生的事實；這些全都是拒絕接受現實和他人真正樣貌的表現。

5. **尊重**事件所需的時機，然後才與他人一起將它變成一個議題。

6. **停止去設想**自己知道別人怎麼想。試著想出三個或更多理由來解釋我們的第一印象或對某人所說、所做的評論。我們經常一看到他人的行為，就很快用自己偏好的解釋情節來下定論。如果我們明白其實有很多可能的故事，就能擺脫假設的模式，因為這些模式是在沒有選擇時自動發生的。

7. **我們可隨**事件的發展，帶著無企圖的關注，即用聆聽或見證來看待事物；這可將我們抽離舞台中央。的確，隨波逐流是放掉自我的一個方式，這是因為自我乃一連串內建、慣性和高度制約的反應。當我們較不在意我們所應得的權力、較不對特定事件做出反應、較不執著於困在我們手掌心裡的那些東西，自我就不會產生作用。自我帝國的墜落，會喚醒我們進入天堂的世界。在那裡，強勢衝動的獅子終於能與溫和放鬆的羔羊一起躺下來休息。

8. **正念是最後一步**。自我的心態善於投射出來，對需要戲劇性而非陪伴的心智來說，這是一種娛樂。自我的心態會用錯誤的感受讓心智愉悅，不像正念，能幫助我們開創被接納的空間。在人際關係裡，如果想超越自我，就必須放掉這些心態，因為它們代表著認同對與錯、恐懼和慾望、控制和幻覺的故事。

「認同」（identification）是指誤信想法和情緒就是我們，而非心理結構對我們的影響。正念練習有助對這個控制鬆綁，讓我們能超越慣常心態，進入當下的豐富中。所以我們並不會過度推崇思想的價值，因為思想有如提供娛樂的遊行隊伍，不斷與我們擦身而過。我們注意到有時可覺察新的方式，超越散漫又止不住的思緒：我們的注意力可以滲透且直接，因為思想不再透過語言或演繹法來傳遞。思想有如聖誕樹上的裝飾品，而正念是聖誕樹，樹比裝飾品重要。正念將我們從外在的思想解放出來，回到存在的真實本質，所以正念與開悟是同義字。開悟讓我們的心智變輕鬆，也被啟發了。

在正念裡，我們的心態能被正視，而不再被盲目娛樂。因此，我們為自己和他人而存在，秉持著對現在的忠實：把我當成我，你當成你，它當成它。我們不再受我們所自認為、投射和期望的制約。我們深入到未被展現出來的現實，無我的永恆鑽石，超越了受制約的自我世界。真正的愛只會發生在這個無自我的鑽石般的本質裡。膨脹的心智和受阻的自我之所以無法愛人的原因是，它不能承受那鑽石般的精華，因此它——悲劇地——與愛的基本根源失去連結。

英國詩人菲力普・拉金（Philip Larkin）在他的〈離詩〉（*Poetry of Departures*）中有「一個大膽、純淨、基本的行動」之句。如此果斷的步伐，不再被自我應得權益和要求所驅使，而能全然奉獻給真實和存在的愛。本書的練習可幫助我們辦到，剩下的，就由恩惠來完成。

> 有時我們會接受來自外在力量，對自己說「是的」，平安會進入我們的生命，讓我們活得完整，自我怨恨和自我鄙視都會消失，我們的自我會重新整合。所以我們可以說，恩寵已經降臨於我們了。
>
> ——保羅・田立克（Paul Tillich）

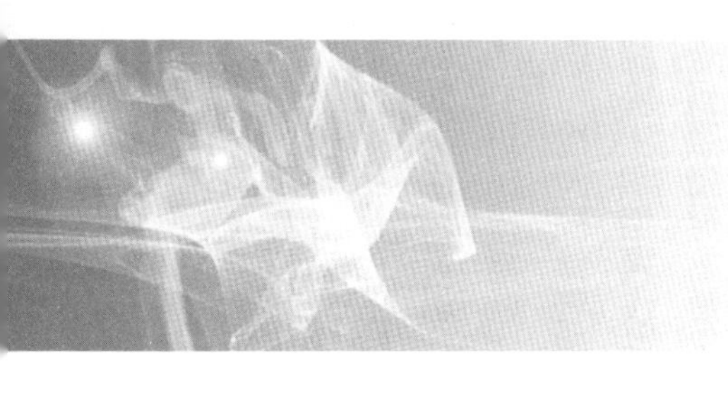

第13章 從移情到轉化

對情感堅持不懈的疑問……能揭發被治療者潛意識的組織條理，因而讓它們能夠從此轉型。

——史托婁羅（Robert Stolorow）

我們的心理成長功課

當移情用提詞員的角色來取代選角主審的角色時，它能幫助我們成長。我們不再忙於佈景和排列演員，相反地，我們看著那些已設好的場景和我們雇用的演員，讓他們提點我們說出自己的台詞：「這齣戲是我依據過去所設計出來的。現在我可以讓它擔任我的提詞員，幫助我在對的時機，講出我的事實。」

隨著意識的成長，移情會揭露出來，且失去它決定我們現今生活的能力。因此，如同佛洛伊德所說：「移情這個障礙……變成了移情這個夥伴。」在多數的關係裡，我們看到了投射，然後決定穿越這面鏡子到現實裡，去看別人真實的樣貌，與他們能夠變成什麼樣子。這就是移情的轉型。

自體心理學大師科胡特（Heinz Kohut）將之形容為「移情的考驗」。這句話反映了我們導正錯誤陳述的過程，是個既痛苦又豐富的煉金過程。童年時期持久的經驗，可以成為轉型磨坊的穀物。然後移情這塊鉛，會變成自我實現的金礦。

佛洛伊德在講「治療中的移情」時提到，不研究移情，就好像成功召喚到死者的靈魂後，卻不問他問題。我們可以試著透過利用或提起過去，來賦予現實即時的意義。這是因為我們以往總是依照潛意識的幻想，來編輯過去的記憶與經驗，然後將之移情到現在。我們可以利用心靈這個傾向，幫助我們解決問題。我們的任務並非匆促埋葬，而是小心翼翼地挖掘屍體，檢查真正發生過的事。只有這樣做，我們才能適當地埋葬過去。

在解決移情的過程中，我們分辨出投射和事實，同時將其他人個人化，而非不自覺地把他們視為複製品或原始原型。這是心理工作在移情中的最高成就。這麼做能使生命從一個發生的事件，轉換成開啟的事件；我們的內心會開啟一個空間，因為現在我們發現不必困在舊有的相信裡，或被衝動的束縛所牽絆。移情變成它字面上的意義，**帶著我們進入**了幫助我們解決謎樣過去的境界。

在心理分析裡，移情的解讀是很重要的，因為它能洞察個案的行為，進而協助個案進行改變。在佛教裡，頓悟被認為是走出痛苦折磨的方法。頓悟或意識不只是一種心理的成就，也是一種深植細胞、掌握現實、充滿意義的方式。這不像是可以不經體驗而擁有的地理知識，它比較像是因為觸摸過，才知道爐子是熱的；因為聞過，才知道玫瑰很香；知道失去了某人，過了很久還會覺得痛。

當我們內在的三重奏成功演奏時，意識才能產生：我們的頭腦知道、心裡感受到、意志同意。我們必須在意志的層面瞭解我們對待某人，就像我們想如此對待自己的父親那樣。同時，我們沒忘記對方的確一直不只是他們自己的這個事實。他們讓我們舊有的關係穿戴著新的衣冠回來，他們是古老人類原型的投射，是我們拒絕承認的自我的陰影人物。所以，我們承認移情從未消失，它也不需要完全消失。

過去不能被抹殺，但它可以減輕份量。漸漸地，我們注意到自己可以放掉對過去的牽絆（「過去的牽絆」是移情的另一個描述）。「作用的力量」能變成曾經作用過的力量。當它們僅存於內心的記憶當中時，它們不再複雜化我們的關係，或傷害我們。黏著力會傷害我們，在我們解決移情時，我們企圖去除將過去和現在連結在一起的黏著力，然後重新用而我們的方式去交往，好讓我們與某個人有空氣充足的、全新的、寬敞的體驗。我們挪出空間去容納別人的真我。

核對清單

到目前為止，練習幫助我們解決移情，透過提出、處理、解決來整合它們與其背後隱藏的議題。以下是當某個移情議題幾乎獲得完全的解決和整合時，所能產生的好處。用這個清單來確認目前你在練習裡所做的，有多少已經生效和完成：

- 記憶持續著，但它的影響力隨著時間而越來越淡。如果它剛開始在一到十的範圍裡是十的強度，現在我們會發現它已掉到五以下，且維持在中下的程度。也許它偶爾會飆高到接近十，但不會維持太久，最後又會回到新的級數，而這個級數會隨著時間，不停地下降。

- 發生過的事，會因一個新的刺激而回到我們的想法裡。這個新想法是寬廣的，而非狹隘或崩壞的。它不再是那突然襲擊我們的翼手龍，而是並不飢餓、帶著好奇心飛越而去的獵鷹。
- 我們不再做出拙劣的行為。例如，我們承認想跑，但卻不讓自己的腳步移動半分。我們對伴侶述說感受，而非逃避或重新回到對兩人關係有害的老舊模式去。我們並不接受強迫，而是有了選擇。
- 現在我們的傷口能幫助我們。我們因為經歷過它而更強壯。痛苦的家庭事件，變成了屋簷下的蜘蛛。我們共存，存著某種互利互惠，即使它們離開也沒關係。
- 問題以不同的形式穿越我們。以前它是摧毀風景和斑比的哥斯拉（Godzilla）。現在它較禮貌地緩慢走過我們內心的森林；我們不再因為它的出現而受傷或受驚嚇。從我們過去而來的問題或個人形象，不再像個破壞性的重擊住在我們心裡肆虐，而只是一個溫和的事實。這個問題不會破壞我們的平靜、我們的關係，或我們的工作。換言之，它不再干擾或決定我們必須如何過生活，或我們應該如何表現愛。
- 任何想要報復曾經傷害我們的人的期望已經逝去。抱著沒有休止的罪惡感或毫無意義的悔恨來報復自己的這種情況，已大大減少，或完全消失。
- 我們在移情和我們對移情的反應中，看到些許幽默。

- 平靜和泰然自若，對我們來說變得無比重要。我們想要心靈的平靜，而不要人際關係裡的歇斯底里、混亂或戲劇化。擺脫了投射和移情所造成的雜亂情緒後，我們發現內心深處開啟了一個空間；這是超越任何故事的純粹身分。在那寬廣的空間裡，我們開始選擇走較少負擔和沒有糾結的道路。
- 我們較不強調發生過的事，而是較注重自己如何掌握那些發生了的事情。我們不再試著控制無可避免的挑戰或現實，也不再為了使它們不影響我們，而試著將它們斬除。我們相信無論發生什麼事，都能好好去處理。恐懼已經變成了接受。
- 我們對那些對我們產生移情的人有更多的同情心，且發現自己較容易展現慈愛。

靈修如何更新我們

靈修能補足我們的心理工作。我們可以從探索靈性來幫助我們開始。

在佛教心理學裡，當我們在沒有個人反應或自我預設結果的屏障下，才可能出現所謂的「清楚的看見」。這種啟發式的看見，是用正念來享受現實，亦即沒有被恐懼或慾望駕馭的自我，或被制約心智的流程表侵入。它是個與現實的純淨接觸，一種深植於每個人心靈的傾向。

以下是四個發現此一啟發事實的大師的見證：

- 西班牙神秘的聖師十字若望（Saint John of the Cross）曾說：「很快又毫無保留地，我（自我）正完全地瓦解中。」
- 神秘詩人威廉．布萊克（William Blake）寫到他必須放掉一切，「以免審判降臨時，我沒被打敗，而是被送進自我意識的雙手中」。
- 菩薩說：「我發願要釋放那些害怕外顯現象的人們，而那些現象實際上是他們自己的投射。」
- 猶太哲學家馬丁．布伯（Martin Buber）提到，神問亞當：「你在哪裡？」不是因為祂不知道答案，而是為了協助亞當去注意他身處何處。「亞當藏匿他自己，以逃避結算報告，逃避對他愛的方式負責。每個人都因為這個原因而躲躲藏藏，因為每個人都是亞當，且發現自己處於亞當的處境下」。

在我們努力在動機和反應的意識中成長的同時，我們發現很多讓我們看不到自己處境的藏匿處。我們除了習慣逃避、遺忘或透過移情到現在來消除過去，還可練習將正念的意識帶到被隱藏起來的事上面。我們可以從它開始建築，於是障礙變成橋樑，坑洞成了出口。十七世紀的英國形上派詩人鄧約翰（John Donne）在他的詩〈良辰〉（*The*

Good Morrow）裡，提到一個不起眼的地方如何成為此地：「愛……把小小的房間點化成了任何地方。」

在一個「缺陷」的模式裡，我們視自己是需要改進的。當它指的是自我的功課時，這是有意義的。「完美是不可能的」這個事實，乃心靈用來保護我們不要變得傲慢和膨脹的方法。同時，我們承認從核心自我的角度、完整的原型寶庫來看，我們的確總是且已經是完美的。鄧約翰在其〈報佳音〉（*Annunciation*）的神秘十四行詩中指出這個好消息：「那隨時隨地一直都在的完整……。」

在自我心智的恐懼和自我譏弄的背後，是純粹的幸福、純粹的意識和純粹的愛。我們精神上的挑戰不是要改進，而是容許我們敞開心胸，接受內心和周圍的一切。敞開心胸是藉由愛我們所發生的一切，來成為我們自己的方式；接受我們真實的身分，讓它成為我們的道路。十八世紀的日本禪宗大師白隱慧鶴（Hakuin）這樣說：「直接進入我那身為人類的內心，我看到自己啟發的本質。」

隱藏的助力

一段潛意識的關係比一段有意識的關係還要有力。

——齊克果（Søren Kierkegaard）

解決移情的工具難道只有意識？潛意識是否能在通往轉變的道路上幫助我們？心理工作的目標是要使自我健全。這意指給它足夠的自由，沒有恐懼和困惑，我們才能達成個人的目標；在壓力面前泰然自若、沒有衝動，才能有感情地愛人。精神的練習專注於放掉自我中心，以達成共同的博愛。但自我瓦解也必定能在潛意識中發生，就像靈魂出竅時一樣，例如瀕臨死亡的經驗，或其他神秘的狀態裡。這時，深刻治癒比在談話治療裡更有力地發生。我們可以接受在直覺、視野和夢境中所點燃的；發現有意義的巧合（同步性）；閱讀詩歌、探索星象、**易經**或塔羅牌。我們尊敬這些古老原型的道路，而不只是將它們視為用來滿足自我關心的神性化形式而已。

我們也可利用身體方面的治療，或透過改變的意識狀態，讓我們與我們壓抑或隱蔽的感受，有更多的接觸。相關例子包括肌體治療、按摩自然療法、全人呼吸療法（由心理醫師葛傅〔Stanislav Grof〕所研發），或重生的過程，有助於觸碰到深鎖於我們潛意識當中、從未表達出來的情緒（指未被認同的情緒呈現在我們的移情當中）。當我們的情緒用很高亢激昂的方式傾瀉出來時，它們會從我們身體的禁錮中釋放自己，進入空氣中，然後煙消雲散。這是因為一個情緒的完全宣洩會導致它的蒸發。被保存在有限空間裡的——壓抑在我們體內的——，現在透過我們的身體打開了。我們打開是為了釋放，打開的結果能夠導向放手。

因此，我們找到關於我們的潛意識如何能幫助轉變移情這個問題的答案。從移情到自由的內心旅程，是由三個階段所構成：我們**從**自己，**經過**潛意識，**達到**更完整的意識。

這是真正的英雄之旅，因為我們離開了自我封裝，經過自覺的意識，然後回到開始的地方，但是帶著更清醒、更生動的狀態。女英雄會將她找到的光明帶給他人；這個光是意識之光。我們也是在擺脫移情的支配後，更清楚地與人交往，所以當我們從防衛和幻覺中釋放後，能與他人一起共享這個成果。這麼一來，英雄從過去到現在的循環，就都完整了。

這些功課都需要努力和積極主動。但我們也可尊重自我內在「開放且流動」的潛能，亦即道家所謂的**無為**，一種接納所有可能發生之事的容許程度、讓事情發生、無作為且不干涉的能量。這是一種接受無預期的事，將之當作恩惠的客人，而非把它當成入侵者而恐懼。我們也發現那些家人或童年記憶，變成了我們今日生活形態的夢境。在夢裡，潛意識會用喚起移情的原始材料來觸動我們。如此一來，我們的潛意識可幫助我們，而不僅僅將舊有的感受移情到新的人身上，對我們造成困擾。這是個需要勇氣的風格，風險是可能會接觸到超越我們所能控制的力量。然後移情會像個緊閉許久的窗戶般，突然敞開，讓我們終於能看到日光下的現實、真正的自我和別人真實的模樣。好消息是，我們所看見的，並不會像我們之前所想的那麼糟。

一應俱全的歷程

當繼續舊模式的痛苦大於走出來的痛苦時，代表我們已準備好迎接自我的釋放和心智的啟發。法國女作家安娜伊絲．寧（Anais Nin）在《日記》（*Diary*）中曾寫道：「終會有個時機，是緊緊留在花苞裡變得比冒險綻放，還要來得痛苦的時機。」

我們明白，持續困在潛意識的動機和投射當中，是一種痛苦的形式。那樣的痛苦比讓自己意識到我們真正的故事，與我們如何能忘掉它而前進，還要來得尖銳。生理上的痛苦，最好在它影響到我們的神經系統而變成慢性病之前，早期開始治療。這就是為什麼潛意識的移情有個不利的痛處：我們通常會讓它持續下去，一直到它演變成慢性病為止。

移情上的心理成長課題如何能融入我們的靈性練習裡？當我們提醒自己，要用心理工具來處理某件事，就是要提出、處理、解決和整合發生在我們身上的事。例如，如果伴侶為了另一個人離我們而去，我們要承認自己受了傷，看見這當中自己的錯誤所在，並經歷悲傷的感受（難過、生氣、恐懼）。覺察到剛發生的事對我們有額外的影響，只因它挑起我們童年時的遺棄感，我們才能決心繼續生活而不責怪我們的伴侶，最後選擇在未來建立健全的關係。

在醫學上，「治癒」只是恢復到正常的運作，或消除病徵。我們可用更深入的眼光來看心理上的治癒：治癒是恢復完整性，不管病徵是否消除；這個條件下的治癒是平衡的回復。我們無法靠意志力或將一切清除乾淨，來達到治癒的目標。我們必須透過敞開心胸——精神體驗的常規。治癒似乎在我們坦然而對自己的心理精神真實面、找到真正的關係平衡時，最容易出現。

以下的例子說明了在一段關係裡的精神意識回應：當伴侶說出或對我們做出過分或傷害的事情時，帶著慈愛的情感，我們為他或她感到難過，然後誠摯地同情對方，並且可能會直接或在內心裡對他或她說：「喔，大概從前你（妳）發生過很可怕的事情，才會讓你（妳）說（做）出如此惡劣的話（事）來。」當我們如此回應時，保護自我便不再是我們的人際關係裡的主要重點，慈愛才是。同時，如果言語變得過火了，我們可以用平和的方式站出來。如果對話是不可能的，我們會逃往某個避難所，同時在心裡感到憐憫。

練習　對靈性轉化的開放

慈愛最可能發生在我們解構神經自我時，這個自我是由佛教裡所謂的「三毒」所掌控：貪婪、怨恨和妄想。它們是對現實的抵抗、對啟發的窒礙。在貪婪裡，我們擁有，且緊握著我們所想要的；在怨恨裡，我們摧毀或逃避我們不想要的；在妄想裡，我們相信只要擁有我們所想要的，就會得到永遠的快樂，逃避不想要的，就會讓我們永遠安心。

我們可以將這些錯誤卻自然的傾向，轉變成成長的助力：貪婪變成向外追求，但只追求那些對我們有好處的；怨恨變成堅決反對不公平，但只用非暴力的方式來達成；妄想變成健康的想像，讓我們對自己故事之外的世界有信心。這是我們如何從任一自我陷阱的圈套中找到精神出口的方式。

以下是一些能幫助我們融合心理和靈性功課的練習：

1. 不要只是仰賴自我改進的技巧或是實踐方法，而是要向聖人或菩薩尋求幫助。這肯定了自我力量的侷限和心理答案，且打開我們接受恩典的恆常存在，我們內心或周圍的協助力量原型。這個力量讓我們能超越自我的有限作用而發展，且肯定了效能和智慧的廣大作用。

2. 在人際關係裡發生的事情面前，保持正念地坐著。亦即使用此時此地的純粹體驗，沒有自我心態的界入。這是一個接受現實，且為它騰出空間的方法，不會因為我們恐懼自己可能無法處理的一切，和因為專注於自己必須要擁有的一切，而受到窒礙。

3. 無條件地接受這個現實及周圍的人們。我們肯定且接受短暫無恆常的現實、依賴的危險和對謹慎誠心道路的更高承諾的重要性。

4. 實行慈愛、摒棄任何形式的報復，尤其是那些引發我們產生移情作用的人。我們不只對那些現在在我們生活故事裡的人散發慈愛，而且也對任何地方的任何一個和我們一樣現在面臨著相同問題的人散發慈愛。這會與全人類建立有意識的連結，同時也是我們一直都想要的；沒有這個，世界就沒有安全可言，正如歷史不停地赤裸裸且必然呈現給我們的。在慈愛裡，在我們所愛和不愛的人中間的那條界線，會消失不見，因為我們給予他們一樣的喜樂與祝福。如此看來，慈愛是不可衡量的。

5. 感激那些能幫助我們在痛苦中正念端坐的恩典，並說出來，它讓我們能有效地控制它，且透過它找到出口。

6. 持續的沉思能讓我們的靈修結果圓滿。在正念的沉思裡，我們掙扎和投降。我們以靜坐的方式來創造出沉思的最佳環境，對總是會分散注意力的這個事實舉手投降。我們的成功在於持續的重來。這比喻我們努力於課題，不管是心理上或靈性上的。我們確實練習，且接受尷尬的失敗的事實。最重要的是，比起跌倒，我們願意多站起來一次；比起失敗，我們願意多嘗試一次；比起退縮，我們願意多堅持一次。

這六個靈性上的練習，在心理研究只能起頭的成長功課上，加入了最後完成的元素。另一方面，如果沒有心理方面的功課，這些練習將無法持久，也無法幫助我們認識自己，且從發生在我們身上的事當中學習。光有心理方面的功課是不夠的，光有靈性上的練習也是不夠的。完全的人性，不僅要培育出心理方面的健全，也要培育出靈性上的潛能。

通往無我——一種感覺自己是連結和互依，而非分隔和冷酷獨立——的道路，是從健康的自我中出發。我們不將自我或無我當作一種分界，而是想要看看我們如何變得依賴以及如何能淡然放手。然後我們會發現通往無我、沒有依附的自由道路，是從健康的自我而來。它在放下了它的恐懼和慾望以後，才會變得健康。通往穩定的自我感的路，會使我們從自我的侷限中釋放。這就是為什麼在我們試著結束一段關係時，如果我們同時能忠於心理功課和靈修，就能很快痊癒。

練習的成果本身就是靈性上的承諾：

- 我變成了別人的觀察者，然而同時保持好奇和關心。
- 我將發生的事或別人說的事視為資訊，而非像過去一樣自我化或個人化。
- 我繼續受別人行為的影響，但我的平靜則維持不變，不受影響。
- 我不再受別人的刺激和摧毀，只會被感動和興奮。
- 我認同發生的事情，而非企圖扭曲它來滿足或安慰我自己。
- 不管人們怎麼對待我，我都充滿愛地行動，並且不會容忍任何形式的迫害。

● 我感激我的練習和引導人為我而克服一切。

恩典肯定讓我們看見，我們不需要倚賴他人來實現我們的願望。

夫慈以戰則勝，以守則固。

——道德經

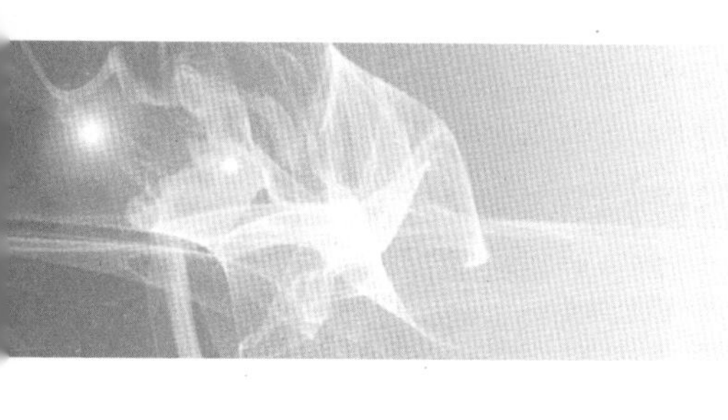

第14章 超越個體移情

跟著父母親來來回回、走著許多階梯的旅程，代表著意識到嬰兒時期的需要還沒被安置……。這個個人的潛意識必須優先處理……否則通往浩瀚的潛意識的大門，就無法開啟。

——榮格

對佛洛伊德來說，潛意識是個人的，是壓抑記憶的結果。榮格也認為，全人類都有個天生的集體潛意識，因此是超越個人的。個人的和超越個人的並非兩個領域。個人生活的經驗僅是我們超越個人範疇的心靈呈現出來的地方。

個人移情的來源，來自我們生活中的人物，例如，我們的母親和父親。我們對他們的某些記憶或期望，住在我們的潛意識中，而這會造成日後生活裡的移情。

我們每個人都是浩瀚原型世界的獨特展現，所以有時會經歷到不是從我們過去所產生，而是從人類大家庭的故事裡所產生的感受。在集體潛意識中，我們有所有人類社會所共享的象徵和個性。它們包括了像是大地之母和天空之父。這些集體的典範或原型也可能會變成我們移情到別人身上，或別人移情到我們身上的泉源。我們可能潛意識中，將配偶視為養育和保護我們的大地之母。一個團體可能會在它的領導者身上看到英雄的臉，希望他會是個可靠的守護者。以一個國家來說，我們可能會在我們所恐懼或怨恨的人當中看見邪惡或魔鬼的陰影，這個危險的遊戲會成為我們訴諸暴力或戰爭的理由。

我們也許會發現，在工作上被經理威脅的感受，很像我們對自己父親的感覺；這代表我們正挑起個人的移情。有時我們內心的感受會升級，使得害怕被革職的恐懼，變成了迫切宿命的恐慌。當它真的發生時，我們會經歷一個原型的移情，來自於代代遺傳下來對死亡、審判和世界末日的害怕。

在正面移情裡，同樣的這些概念亦適用。我們對某人仰慕或崇拜，可能是基於她與扶養我們長大的阿姨極相似，或者她承擔著超人類的特性，引發對大地之母原型的集體移情。在這樣的情況下，我們將女神的能量注入某人當中，並忽視她可能會犯下任何人都會犯的錯誤，或可能和其他人一樣令我們失望。我們越是移情或投射，就越忽略普遍不恰當性的現實。我們矛盾的條件會變成一個精神的目標：「願我開拓憐憫的圈子，放掉期望，且接受他人美妙豐富的人性。」

與我們共存的原型

就如人類的身體都有相似的生理構造，我們的心靈也是一樣。它包含了共同和永恆的圖樣。這些是原型，在集體心靈中的固有能量。它們在想像、故事、神話和夢境中被描述出來。所有人都能認出它們，它們也對我們深具意義。例如，故事中的選角很明顯是世界上的原型範本：英雄、壞人、母親、父親、國王、皇后、助力和殺傷力、智慧的引導者、騙子、受傷的治癒者等等。許多共同的故事主題，尤其是宗教故事，也都是原型，像是復活、升天、重生、啟示、審判、入門、死後的生活、因果、救贖。

所有宗教的典籍也同樣有力，因為它們響應了我們共同原始的恐懼和慾望。它們威脅著懲罰我們的罪惡，也承諾我們到天堂後的獎勵。我們會發現，原型層面吸引了人性原始的一面，同時也吸引了進化的一面。不管我們變得如何世故，我們仍舊帶著古老的迷信和祖先的戒慎恐懼，而我們會將它們投射到相似的人選身上，尤其是那些具有權威性的人。

我們為之著迷的原始原型，尤其在宗教信奉上的，能夠激發出原型的移情。我們可以在聖母瑪麗亞或觀音菩薩裡，找到無條件愛我們的母親；我們可能害怕以撒旦或佛教傳說中的魔（Mara）的形態出現的敵人或加害者。智慧引導者的原型能以菩薩、守護天使或聖靈的方式，展現給我們看。

電影和故事，不管神話還是宗教方面的，對我們都有直接的影響力和意義，它們強烈地呈現出原始原型的人物和主題。「綠野仙蹤」（The Wizard of Oz）、「星際大戰」（Star Wars）、「駭客任務」（The Matrix）和「哈利波特」（Harry Potter）在我們的想像裡特別優異，正是因為它們成功地揉合了原始原型的故事、人物和主題。這很吸引我們，因為在觀賞這些影片時，我們其實在窺探自我內心世界裡所有的潛能。以整個團體來說，原始原型能反映靈魂固有的完整能力。

原型移情的負面是我們會因此拒絕內心某個英雄或任何原型的潛能。當我們愛慕或討厭他人的光或陰影時，我們無法看見內心裡的光或陰影。被治療者會仰賴他或她的治療師為智慧的泉源，而忽視了自我識別的能力。配偶可能會討厭或感覺受到他或她那不忠的伴侶的威脅，因為對方表現出狡猾的原型，但那樣的原型事實上存在，卻隱藏在他或她的內心裡。

在個人的移情裡，要注意不完整的存在，而在集體移情裡，它同樣會發生。集體的潛意識是完整的，亦即包容了所有人類的原型能量，和所有明顯極端的完美結合。在一個受競爭恐懼和自我慾望所駕馭的生活裡，我們無法完整地接觸到這些力量。這是心靈裡不完整的記錄，一個未能符合超越自我範疇，即大我的標準，而我們內在的大我生命，則是隨時隨地蓄勢待發。

當一個個人的移情變成原型時，我們能夠分辨出來，因為它會看似比相對情境還要強烈或是比普通人類特徵還厲害，不管是好是壞。例如，一個我們潛意識地將神聖審判者投射在其身上的權威角色，告知我們不檢的行為或對其做出自私的行為。當下我們覺得好像無法做出足夠的彌補，並在自責中，夾雜著我們會被用某種苛刻的方式懲罰的感覺，即使對方並未這樣威脅我們。我們受到了跟最後的審判一樣浩大的原始原型的影響，那個同樣苦惱著中古世紀人們的想像的原型。

以下是原型在移情中發揮作用的另一個例子：一個小孩可能沒被他或她的父母所疼愛，因為父母「人在心不在」的缺席，尤其是因為酗酒或心理疾病的因素。結果，他或她發現自己在家裡被別人所需要，代替父母來照顧年幼的手足，甚至有時還要照顧父母。他或她變成了父母，同時又是沒有父母的孤兒。這三個原型的共通和危險的三角關係——孩子、母親和孤兒——，將造成日後的成人生活中，對於個人在婚姻裡的角色產生困惑。現在我是父母？我已經絕望於不能滿足我孩時的需要？我是否太過試著要從我的伴侶那裡滿足它們？什麼時候才能輪到我擁有童年，還是我不應該期望擁有？個人和原型的困惑，也許可以解釋許多人際關係裡的衝突。

原型主題的先天影響，會讓我們看重或特別被某些事物所吸引。因此我們能憑此規畫生命。例如，如果一個人天性的傾向是學者或智慧的原型，則他會看重書籍；一個人與生俱來就有藝術天分，而另一人對草本治療有熱忱和知識；有運動或機械天分的人，幾乎會無法控制地喜愛用雙手去操作。人類蘊含著所有不同的原型。然而，既然人人有其特定的主要原型，它可以為人指向自己的使命。的確，我們深切的需求、價值和願望反映出內心裡最強烈的特定原型。只有活出與生俱來的獨特原型能量時，我們的生命目標才能達成。將對特定事物的熱愛和生命目的所做的連結，就叫做「生命旅程的完成」。

我們的生命已跨越了世代來到我們面前，一路上它集結了具有持久和巨大範圍的信念、迷思與恐懼。我們從來就沒有從過去中長大，不管是個別還是集體。那並不會使我們害怕或沮喪。我們可以發現它，且努力於其上。只要擁有這個關於我們的資訊，就能幫助我們找出自己對原型移情的脆弱的那一面，而那就是開始面對課題的步驟。

肯定或拒絕我們的完整性

人類希望的基礎，建立在心靈絕不會放棄我們的這個事實上。我們內心的某種力量要我們回復到當初的完整，因此我們天生有著一種追求它的衝動。深藏在我們集體潛意識中的，是一個全體的融合，客體關係理論家馬勒所謂的：「天生賦予，朝向個體化的推動力持續整個生命週期。」換言之，在其一生中，人有天賦去清楚表達更豐富的生命完整性。我們任務的一部分，就是我們的心靈功課。榮格將其結果稱之為「個體化」，也就是「變成你所想要成為的自己」。

榮格的妻子愛瑪．榮格（Emma Jung）描述了它的緊迫性：「一個內在的完整性用它未實現的要求緊壓著我們。」達賴喇嘛（Dalai Lama）也表達了同樣的想法：「正面移情的能力自然地存在於心智的本質當中。」像「我們天生傾向」、「所想要的」、「內在的完整性」、「自然的內在」這些句子，顯示屬於我們的某件東西是一種天賦，我們所要做的，只是開啟它。在通往個人化的道路上，恩典正在運行。這就是為什麼我們從不放棄自己，也不放棄別人。我們的功課並非要試著改變或迎合它的進展，我們確信想獲得一個完整性。在我們的一生中，它不會遺忘或放棄我們；完整性就像是無條件的愛。

我們內心啟發的聲音呼叫著自我的超然，與精神的完整性。當我們移情或投射原型力量到他人身上時，我們正認同那個內心的聲音，但我們只停留在它受到他人代表的人格化，而非在內心裡開啟它。這就是為什麼完整性的原型——光明和黑暗面的結合——為何在我們心裡一直無法被認同的原因之一。我們聯想到英國詩人濟慈（John Keat）的〈憂鬱頌〉（*Ode to Melancholy*）：

欸，就在愉悅的廟堂裡，
遮蔽的憂鬱藏著她至高的神殿。

假若，相對於投射完整性和美德到其他人身上，我們投射了惡毒和邪惡，從而也拒絕自我的正面潛能，這是比我們能對這個世界所做出的任何個人破壞性行動都還要危險的情況。謹記那些做過邪惡的事，或是表現出善良的人，都是從與我們現在相同的相關潛能開始的。

一旦偉大被認知為在我們外面存在著，在那寶座之上，我們會減低對自己內心智慧的信任，將我們的心智傳遞到那些可能誤用它們的人。一旦邪惡只是在我們之外，戰爭、屠殺、報復、虐待、怨恨的罪行，和大規模破壞都能被正當解釋。當我們收回投射，且認同了移情，那我們便朝著找回自我完整性的方向前進。

在他人對我們的正面原型移情中，我們被視為是似神或全知的宗教領袖。我們的挑戰是，摒棄個人化地採信這些權威，不因此而對自己的力量產生膨脹感。相反地，我們鼓勵對方讚美佛陀或基督或所有人內心的神性，超越自我的精神身分：「你所仰慕的，也存在你體內。」我們都看過在聖彼得教堂陽台上的教宗，無庸置疑的，他是集體移情的源頭。當人們為他歡呼時，他舉起雙手，且繼續將手舉向天際。他用此來說明：「不要歡呼和讚美我個人，而要將這些讚美高舉給天堂裡的神。」這是教宗對人群建議，停止向他產生移情，從而將之導正至恰當的方向。

人們會將共通的邪惡或陰影的負面原型力量移情到我們身上。他們會將我們視為應該受懲罰的歹徒、應該被遺棄的孤兒、應該被排除的異教徒、應該被消滅的食人怪。身為人類總體的一份子，我們會自動在任何針對我們的原型審判感到恐慌。那個恐慌警示著我們要小心，不可魯莽。有些狡猾的人會故意助長那個反應。他們在煽動群眾時，比他們實際上還要有權威。我們的功課是注意這個狀態，且不受它操控。

我們在那些時刻，也可喚起菩薩和聖人供我們取用的原型原始力量。如榮格所說：「任何用原生影像表達的人能激發出正面力量，前所未有地使人類能夠在每個危機中找到避風港，平安渡過它最漫長的黑夜。」這也是精神支持的原型，就是所謂的恩典，是超越了人們努力所能處理的無限助力。

總結來說，我們現在看見心靈的完整性如何結合兩個方向在運作：

個人潛意識	集體潛意識
很快填滿一本家庭相簿的空白頁面	一本沒有時間性的內在世界藝術和智慧博物館
建立於與家庭成員的經驗上	容納著跨越人類文化的共同原型的容器

在個人取向的夢裡和個人移情裡揭露	在共同取向的夢裡和原型移情裡揭露
因為想與特別的人產生關係而感動	因為精神上渴望與萬物連結而感動
每個人心中都懷有一個獨特的小孩	容納在一個神聖的小孩當中，一個在所有人心中的共同原型
敘述且存在於我們體內的細胞記憶，且被人際關係裡所發生的事所激發，因此產生移情	人類集體且持續的直覺性記憶，對我們來說是特別的時光，因此能產生啟示

愛國情操的例子

愛國情操（patriotism）一詞衍生自拉丁文，意指**父親**。盲目的愛國情操是集體的移情。在當中，國家變成了父母，而國民奉獻忠誠來保護它。我們在公立學校的教育裡、我們的家庭教育裡、宗教，或一般文化當中，被鼓勵要這麼做。我們把安全聯想到對權威的服從，像是遵守政府政策。然後我們照著國家所下的定義盡義務，並將它奉為不容置疑的行為規範。我們的動機通常不是對國家的愛，而是恐懼失去一個能保護我們與其財產的國家。連結對我們是非常重要的，驅逐出教相當於死亡，是我們無法爭論的結果。成年人健全的忠誠是一種美德，不會變成因為害怕失去連結而盲目地服從，更不會完全奉獻，以致失去自己的界線。

我們身為公民的服從，可能堅定到讓它優先於我們對所愛的人，甚至子女的關懷。以下舉個例子：一位年輕母親被醫師告知她那學步中的兒子對花生和花生油過敏。於是她在他上幼稚園時，告知學校她兒子有過敏症狀。在他的童年期間，她很小心，確認他不會碰觸到任何形式的花生。十八年後，發生戰爭了，他被徵召入伍。這位母親，曾經那麼小心翼翼注意她小孩的安危，現在對他含淚揮手說再見，卻沒有一句怨言。她當年在公立學校的訓練，讓她相信兒子的性命是可以犧牲的，不管這場戰爭是對還是錯。「愛國情操」如此強烈地深植在她內心，她甚至無法想像有另外的選擇，即使是攸關兒子的性命。

當然，在生理上，父母也可以讓孩子離開，就像國家可以徵召他們。這是多麼巧妙的巧合。此外，決定戰爭的老人也利用了這個時機。戰士的原型正活躍於十八歲的青少年心裡，所以他們願意去打仗。那些三十多歲的人，他們的典範是在家庭生活和在他們選擇的領域上大放異彩，因此不會對血腥的殺戮戰場感興趣。元首們相信年輕的勇士們會認真相信戰士的神話，不會想到那是內心戰爭的比喻；他們願意將自己的生命放到前線，來活出沒有找到非暴力途徑的社會共同神話。我們集體的本質因此看似可以讓戰爭成為可行的方法。在某些人心中，和平才是最明顯的原型。不幸地，自然好像讓那個族群的人數較少。

我們的文化，訓練了我們要承受和容忍，不要抗議和叛逆。我們身體的每個細胞都學習到了。但是，這可能不是個美德，而是恐懼。我們相信表現出憤怒是危險的，因為它對抗了我們為存活而義務要取悅和安撫的權威。這解釋了為什麼我們如此仰慕那膽敢說不，且站出來，甚至能為自己的信念而犧牲生命的人，因為他沒有成為人類共同誘惑的俘虜。

看電視播出的機智問答節目「危險邊緣」（Jeopardy）時，我發現當挑戰者將所有賭注都押在一個雙重危機（double-jeopardy）的問題上時，觀眾會特別用力鼓掌；我們健康的部分熱烈地仰慕這樣的勇氣。在我們正面的陰影裡，我們的景仰反映出自己不知情或隱藏的潛能。我們也有能力提起勇氣。我們可以站起來支持我們的真理，將所有的安逸都當成賭注，只要我們能安撫長久以來被驚嚇的自我，且接受我們想要自由生活的那個部分。神話學大師喬瑟夫・坎伯（Joseph Campbell）激勵地說：「我們那個想要成為的部分是無懼。」

宗教和移情

移情並不只是從這個人到那個人的水平式進行，它也可能是垂直的，從一個人到一個更高的力量，這個力量通常擬人化為神。當神是「我們的父親」時，我們可能會將自己父親或我們希望擁有的父親的特徵，移情到我們對神的形象裡。當一個有力的父親人物出現時，我們會將他們的手當作神聖之手，因而因應著順從他。當然神聖的母親可能是我們錯過的母親。我們也可能像聖母瑪麗亞一般，對待一個我們所仰慕的女人。

西方的宗教用與童年時期相信和恐懼緊密相關的方式來表現神聖。一個神的形象因為我們的善良而獎賞我們，因為我們不服從而懲罰我們，在心靈裡有它堅定的根源，因為它們是熟悉的，亦即像個家庭一樣。這影響到我們如何與所依賴的父母產生連結，且日後如何與伴侶，或讓我們敬畏或害怕的權威角色相處。當我們與原型力量的關係套用到個人身上時，移情便開始作用。

這也適用於反過來的次序：我們在神聖的形象中看見自己父母的樣子。這是因為神聖的父親和母親是住在人類集體心靈裡的典範。他們對我們的心靈來說，可能與我們自己的父母一樣真實。如同我們在前面看到的，我們的生活不只是受自己家庭的制約，同時也受人類大家庭遺傳下來的印記所影響。

危險存在於迷信裡：不理性的相信演變成恐懼，對自我否定或攻訐的合理化解釋。健康的成人信念不是建立在這樣魔幻的想法上，而是在於分辨宗教的價值如何豐富我們的生活，以及我們與社會的關係。這包含了我們從神的形象中移除父母的形象，且從我們父母中移除神的形象。然後一個個人與神的關係才能浮現，擺脫了移情的干涉。

當神的形象相似於我們父親的形象，我們就可能相信神是愛，雖然祂也可能會懲罰人。那個矛盾在我們的父親身上顯而易見，所以即使在神的身上看見，也不會令我們感到意外。的確，對某些人來說，十字架讓這個關係看似合理：神父有權利傷害祂的兒子，因為祂愛祂。

我們心中神的形象反映出親子的模式。隨著父母變得更友善，神也變得較不可怕。「來，讓我們一起思考」（以賽亞書 1:18）會取代「我的憤怒煽動了怒火」（申命記 32:22）。今日父親的形象比起過去的年代還要友善，但我們內心裡神的父親形象，也許還沒反映出這個溫柔的進展。我們對神的認知可能來自於那個嚴厲、一板一眼的督導的典範，反映著過去年代的父親形象。他的愛是有條件的，他的規定必須被遵守，因為父親永遠是對的。這些規定是硬性的，且不一定會因應我們的人格特質、需要和處境。事實上，從親子的觀點來看，相對主義是不道德且危險的。重點在於「要不……就是」，「好或壞」。嚴格的父親或領導者的態度是：「你不是支持我就是反對我。」如果不服從他的規定，勢必就會被處罰。

宗教會宣告神的批判或處罰的規範是神聖的啟示，且是不可爭論的。我們的信仰任務只是要知道它們且服從它們。宗教因此建立了穩固的親子權威來監管：任命**人類**來教導和監督我們。他們會宣稱統一性是保留正統宗教的必要途徑，或是讓我們拯救自己靈魂的必要方法，但實際上的目標是要將我們維持在他們的控制之下。在這種不成熟的宗教觀點裡，移情對我們是不利的：我們變得脆弱不堪，害怕挑戰一個穩固的階層，因為它就像是我們充滿權威的父親。

父權系統的陰暗負面在於它的排他性：總是會有一個在裡面的人，和一個在外面的人。要存活的話，加入會員是必要的，因為只有身在裡面，才會獲得恩典和安慰的獨特通行證，這些是讓我們能夠面對世界上各種險境的必要條件。用處罰的威脅來將他們的規定強加在我們身上的權威人物，比較像是報復性的自我，而非一個代表愛、憐憫和寬容的神。

害怕因為自己的罪惡而受到監禁的威脅，會灌輸一種恐懼被拒絕，和害怕被那些相信會支持我們的人拒絕，包括在死後的支持。父權系統，例如教堂，會利用我們對破壞規定的原始恐懼，來控制我們。因為懲罰的威脅，特別是被排除在外的威脅，使我們太怕表達自己，或質疑權威。我們無法信任那個能隨心所欲地隨處打擊的聖靈——那個擺脫了分離的同樣聖靈，事實上已吹走裡面和外面的虛幻構想，讓我們所有的人都有其價值。

某些宗教的教導會強調我們的罪惡感和無價值感，好讓我們維持在秩序裡。如果它們讓我們想到過度嚴苛，或因為我們走出規定邊緣而處罰我們的父母，它們等於是在邀請移情出現在面前。但只有在我們走出規定的邊緣時，我們獨特的身分才有可能產生（在那裡，舊有的形象會在新的形象中慢慢褪去）。

我們的討論會讓我們想到榮格某次的疑問：「誰是那個令人敬畏的客人，可怕地敲著我們的門？」那位客人並非來自我們的形象倉庫，他用命運的力量敲著門；他並非用我們父母的形象所造、並非自我希望統治或懲罰的投射，也不是來自或加在任何人、地方或事物上面的移情。這位訪客從我們內心和周圍那超越個人的世界裡出來打招呼，他是讓我們五體投地的敬畏，是容許自己聽到的敲門聲，是要我們去打開、帶領我們進入驚奇的過程和前兆的那扇大門。

較高尚的自我只是這樣的一扇門，就像佛陀的心智、基督的意識，或任何宗教的道路，讓我們能遵循我們的幸福，且用愛行動。它是神話學大師喬瑟夫．坎伯（Joseph Campbell）說的那扇「會在我們以為沒有門的地方敞開」的大門。正是這有限的自我，與它獨特的恐懼和缺乏感，才讓我們有一種「沒有門」的概念。在這樣的想法和移情之上，是我們真正模樣的大門，通往宇宙聖潔的心的入口。哲學家馬丁．海德格（Martin Heidegger）告訴我們我們的名字：「人們不是事物或擁有物，而是出口，透過這些出口，就能展現永恆。」

光明和黑暗

在希伯來文的聖經裡，大衛向神尋求協助，因為他受到其他人類的攻擊（詩篇

22:1，38:3）說明了來自他人的惡意攻擊可能不只是個人的體驗，也可能有超越個人的面向。在我們與他人互動時，我們有時候跟英雄一樣，在與神話的宇宙力量切磋。當聖保羅（Saint Paul）寫出以下的字句時，他似乎指的就是這樣的原型陰影：「我們的戰爭不是血肉之戰，而是與力量和統治君王的對抗、與目前這個黑暗世界的統治者的對抗、與精神力量的對抗……。」（以弗所書 6:12）人性的黑暗面通常被擬人化成魔鬼。我們害怕他會誘騙我們接受誘惑，然後他會在地獄的領土裡為我們準備無止盡的懲罰。這是個負面的集體移情，似乎一直擄獲和迷幻人類的想像。

集體移情也會在宗教裡正面出現。例如，我們會發現自己小時候的經驗，和原型的神聖小孩之間的相似處——他受折磨且不受歡迎，但多虧神的幫助，才存活下來。從這個角度來看，遭遇危機的小孩，被當作英雄的主題而被擬人化為耶穌（Jesus）、摩西（Moses）、酒神狄俄尼索斯（Dionysus），和太陽神霍魯斯（Horus），他們全都有相似的故事。我們也一樣，在早期的生活裡很脆弱，且不總是感到安全或受歡迎。然而恩典降臨，我們有愛我們的人，用幫助我們在成熟中成長的方式來愛我們。

當我們為神話所著迷時，我們不就是在將自己的傳奇故事移情到英雄故事裡嗎？我們不就在認同做那些必須的努力，來達到健康的成人生活，可能與聖人和英雄的英雄式旅程一樣嗎？神聖的典範可透過我們正面的移情變成助力，這樣的投射並不只是幻覺，它們可以形成健康的移情，讓我們接觸到以溫柔之神、慈悲佛陀、守護天使等形象呈現的恩典的助力。我們心裡因而得到安全感，讓我們能在成人的信仰裡，也用陪伴來培育和守護我們自己。如此一來，健全的宗教移情應該是座橋樑，而非港灣。

有了神聖力量的幫助，我們的功課很清楚地不再只是心理方面，同時也是精神上的。例如，恐懼不會僅是世俗的現象，因為恐懼最終會帶領我們到神聖力量，這力量似乎能夠又願意用勇氣資源來幫助我們超越我們的平凡限度。這是集體移情如何用超越的力量、超越自我的力量來解決的方式。我們將瞭解對「天堂」的信仰如何在人們心中產生，因為友善的力量看似如此遙不可及，它們一定是住在我們頭頂上的國度裡。

宗教裡的移情滋長於介於父母和教堂之間的相似功能性裡。透過儀式和聖禮，教堂陪伴著我們一生，像個引導和培育我們的父母。儀式會在生命中重要的時刻實行，譬如誕生、成年、婚禮、死亡——所有父母和伴侶也都陪著我們的時刻。移情在教堂及其權威上，會因此在類似歡迎、入教、關係承諾和離開的儀式裡必然發生。這是因為我們重要的界線，是在包容性的群體環境裡，和母親原型的教堂懷抱裡。宗教的安慰和忠誠，也讓我們想到在自己友善的父母或伴侶身上找到的相似美德。

最後，我們可以轉向童年時期熟悉的例子，來看看一個尋常的童年移情，如何發展成為精神上的啟示。聖誕老人是個幻想人物（雖然他的形象來自一個真實的人物——聖尼古拉〔Saint Nicholas〕，一個土耳其主教），他做了兩件事：給我們禮物，且用某種神秘的方式來到我們的家裡。無論哪一種，他在個人和集體方面都是個移情的人物。他代表了父母和我們對超自然父母的信任，我們相信前述兩者都照料著我們，確保我們無所匱乏。

童年初期，我們真的相信聖誕老人的存在。然後，隨著成長，我們瞭解那是父母送給我們的節日禮物，這當中並沒有任何的魔力。然而，在另一個層面，我們感激這些表現大方的禮物，因為他們沒有義務這麼做。當我們在精神成熟度上成長時，我們發現這是宗教恩典概念的一個比喻：一個來自超人類的人物送給我們禮物，但很幸運地，是否獲得禮物，並非決定於我們是否值得。然後我們明白，那些禮物，尤其是聖誕節或生日禮物，是原型的生命恩賜範疇的具體呈現。我們也看到恩典的典範，就像聖誕老人那樣，的確用神秘的方式來到我們家——或是進入我們生命當中。因此我們能更深入瞭解聖誕老人原型的深刻意義，他是背後代表著事實的確切擬人化。所以其實我們一開始的想像，也已經八九不離十！

聖誕老人，當我們用字面解讀時，是個有著歷史根源的幻想角色。聖誕老人這個比喻，是原型的現實，它的歷史根源並不重要，因為它的力量在於我們日常所受到的恩惠的真理和神秘。聖誕老人擬人化了一個重要的精神教訓：不管是死亡或生命，或是君主、力量，都不能阻止我們接受來自一個友善宇宙的愛。

這個充滿高山和河流、麵包和美酒、朋友和敵人的世界，都在集體的瞻仰臺上被守護和展示著，這是個體現，至高無上的現象化。就我所知，這是自然的奧秘，用它們各種神秘的形式和傳統所試著要傳達給我們的。

——碧兒翠絲・布魯托（Beatrice Bruteau）

後記

榮格觀點裡更寬廣的生活

在**移情的心理學**中，榮格解釋了移情或反移情動力的特徵，似乎代表著一個融合明顯極端的煉金術：自我和自己、我們和其他人、生命和死亡、慈愛和惡意。**煉金**指的是普通元素轉變成精神的事實，或者一個自我轉變成一個更高尚的自己。移情和反移情可能是我們想要做到這個煉金功課的企圖，因為在移情的兩端之間，人們在任何一邊所體驗到的極端，都是相似的。的確，極性會**吸引**它們的異性。

在成功的關係裡，每個伴侶都學著處理極端的緊張關係，透過與它共處，且將它帶進自覺意識中，因此可以形成或加強共同的連結。極端的緊張關係是我們生動的能量所居住的地方，我們進入矛盾當中，找尋進入親密靈魂的道路，不管是在心裡面或是在人際關係裡。在煉金或精神的層面，我們也許會**為了**融合而處在衝突裡。這可能是個痛苦的過程，但它會導致成長和互相有越來越多的清楚瞭解。諷刺的是，在這方面，兼容（compatible）這個字來自於拉丁文，意指「一同受難」。當我們承受彼此互相的移情時，兼容性會用這個字的每一個層面的意義開始產生。

移情也建立了一個**神聖園地**（temenos）、一個轉變的領域、一個神聖的空間，在這個空間裡，我們能找到自己，且打從心底深處進化著。那個我們與朋友或伴侶或同事在一起的房間，就像個禮儀場所、一個沉思的殿堂。當我們以獨立個體（individual）的方式開始互動，更豐富的生命的形像和經驗，就開始進入我們的生命。事實上，原型的力量正透過一般人的臉在窺探我們。要解決移情，就要摧毀表面背後全能的原型力量。幾乎所有變得對我們而言很重要的人，不知為何都代表了原型的主題。在摧毀那些意義後，人們的生命縮小到正常大小，而非膨脹到跟神一樣大，這樣我們才能更輕鬆地在一起相處。

因此，集體移情的最終解答，是從神祇當中取回我們的神性，是將佛陀視為啟發我們本身的擬人化，是將每個偉大的人物視作我們自己的鏡子，不管是我們的光明面或黑暗面。然後我們就能回到那個自從被父母單純的愛的天堂所流放之後，長久以來一直渴望獲得的連結感受。

自我實現的感受，不再是關於狹窄的自我滿足，而是靈魂不停擴大的渴望、想要散發出我們真正身分的光芒。然後我們才能走進生活裡和人際關係裡，帶著滿意的笑容和寬容大方的雙手。

你是宇宙的孩子，身分不亞於樹木和星星；你有權力在這裡。不管你是否清楚，這個宇宙無庸置疑地正在照它的方式綻放著……不管經歷了多少偽善、苦役和破碎的夢想，世界依然是美麗的。

——麥克斯・艾爾曼（Max Ehrmann）

當恐懼遇見愛

When Love Meets Fear

大衛・里秋David Richo著
曾育慧、張宏秀 合譯、張宏秀 審訂
定價320元

療癒害怕的內在小孩，才能坦然無懼地愛與被愛！

放下恐懼是一項溫柔的功課。
放下並不是拋棄，而是留下來感受自己的情緒，就像是陪伴著心中那個害怕的小孩，聽他傾訴可怕的夢魘。

每個人都有害怕的時候。我們害怕失去、害怕改變、害怕空虛與孤單、害怕揭露自我、害怕因愛而受傷，卻又怕自己不為人所愛……而隱藏在這些情緒背後的，就是對於愛與被愛的深切恐懼。
大部分的人都聽過「內在小孩」這個名詞，那是指每個人在童年時期留下的創傷記憶。但是許多人卻不知道，我們內心還有一個「害怕的內在小孩」，他時時影響著我們，讓我們無法以健康的成人心態去面對生命的種種困境與挑戰。這個害怕的小孩是來自我們生命早期對失落與被遺棄的恐懼，本書將帶領我們去認識他，並且療癒他。
作者以數十年來擔任心理治療與靈修導師的經驗，為我們指出一條免於恐懼的道路。愛與恐懼其實是一體兩面，你有多深的恐懼，就表示內在藏有多豐盈的愛。因此，只要放下恐懼，愛就能滋長。書中提出，放下恐懼並非與之對抗，而是徹底、完整地去感受它，並以哀悼功課與「自我肯定」的三種態度與之整合。
本書提供了實用的自我療癒技巧與練習功課，幫助我們整合那些隨著愛而來的恐懼、憤怒、悲傷等情緒。當我們放下那些不必要的自我防衛，多關愛自己，疼惜我們心中那個害怕的內在小孩，並為自己擔負起照顧生命的責任，我們便能放下那些受傷與害怕的經驗，找到深藏於內在的豐富資源。你將發現，那些令人難受的情緒，一旦得到我們的認可與接受，都會轉化為整合心靈的生命能量，帶領我們敞開自己，擁抱無懼的愛！

精神科醫師、作家 王浩威・精神科醫師、作家 吳佳璇・心理治療師、婚姻家族治療督導 張宏秀・知名身心靈作家 張德芬・身心靈成長導師 賴佩霞・馬偕協談中心諮商心理師 蘇絢慧——專業推薦（依姓氏筆畫排列）

回歸真我：心理與靈性的整合指南

How to Be an Adult

大衛・里秋
David Richo 著
楊語芸 譯、張宏秀 審訂
定價280元

這是每個人都應該動身前往的探險歷程！
本書將開啟一場與內在心靈的對話，帶領你離開恐懼、朝向愛！

成熟快樂的人生並非垂手可得。當我們進入成年期，許多心靈的困境與挑戰將會隨之而來，想要成就完整的成人生活，既要心理健康，也要顧及靈性的完整。但是，我們的心理和靈性，並不會因為年齡的增長自動邁入成熟階段。在本書中，大衛・里秋博士以他三十多年來擔任心理治療師和工作坊導師的經驗，告訴我們如何達成這個目標。

里秋博士運用英雄之旅的三個階段：啟程、掙扎及回歸，來說明我們如何從神經質的自我到健康的自我，最後回歸靈性的「本質我」。在啟程階段，我們必須處理內在的恐懼、憤怒和罪惡感，同時建立自尊。接著經由掙扎，我們學習到如何在人際關係中維持適當的個人界線，並且與伴侶建立真正的親密關係。最後我們經由心理與靈性的整合，而回歸愛與完整性。

本書同時教導我們如何處理過往的創傷，以及培養自我肯定的技巧，並帶領我們找到人際關係中的安處之道，包括如何設定個人界線、如何增進親密感、如何化解我們對於親密關係的恐懼等等。書中也告訴我們如何透過自我的彈性呈現、與陰影交朋友，以及利用夢境的訊息，來增進個人的靈性發展，進行心靈的整合。書中有許多檢視自我的圖表，以及適用於冥想的文學典故，同時明確列出了自我療癒的方法與步驟。

這是一段邁向完整與真實的生命旅程，在里秋博士的帶領下，我們將從恐懼出發，透過轉化心靈的力量，抵達目的地——真我的本質——愛。

正觀身心靈整合診所院長 張文韜・心理治療師及婚姻家族治療督導 張宏秀・淡江大學教育心理與諮商研究所副教授 楊明磊・台中慈濟醫院精神科主治醫師 鄭存琪・精神科醫師、心理治療師 鄧惠文——誠摯推薦（依姓氏筆畫排列）

國家圖書館出版品預行編目資料

與過去和好：別讓過去創傷變成人際關係的困境 / 大衛.里秋(David Richo)作；梁麗燕譯. -- 初版. -- 臺北市：啓示出版：家庭傳媒城邦分公司發行, 2012.11
面； 公分. -- (Talent系列 ; 20)
譯自：When the Past Is Present : Healing the Emotional Wounds that Sabotage Our Relationships

ISBN 978-986-7470-73-7(平裝)

1.移情作用 2.人際關係 3.精神分析

176.55 101020324

Talent系列020

與過去和好：別讓過去創傷變成人際關係的困境

作　　者／大衛・里秋（David Richo）
譯　　者／梁麗燕
審 訂 者／張宏秀
企畫選書人／彭之琬
責 任 編 輯／李詠璇
特 約 編 輯／黃怡瑗

版　　權／葉立芳
行 銷 業 務／何學文、莊晏青
總 經 理／彭之琬
發 行 人／何飛鵬
法 律 顧 問／台英國際商務法律事務所羅明通律師
出　　版／啓示出版
台北市104民生東路二段141號9樓
電話：(02) 25007008　傳眞：(02)25007759
E-mail:bwp.service@cite.com.tw
發　　行／英屬蓋曼群島商家庭傳媒股份有限公司 城邦分公司
台北市中山區民生東路二段141號2樓
書虫客服服務專線：02-25007718；25007719
服務時間：週一至週五上午09:30-12:00；下午13:30-17:00
24小時傳眞專線：02-25001990；25001991
劃撥帳號：19863813；戶名：書虫股份有限公司
戶名：英屬蓋曼群島商家庭傳媒股份有限公司城邦分公司
訂 購 服 務／書虫股份有限公司客服專線：（02）2500-7718；2500-7719
服務時間：週一至週五上午09:30-12:00；下午13:30-17:00
24時傳眞專線：（02）2500-1990；2500-1991
劃撥帳號：19863813 戶名：書虫股份有限公司
讀者服務信箱：service@readingclub.com.tw
城邦讀書花園：www.cite.com.tw
香港發行所／城邦（香港）出版集團有限公司
香港灣仔駱克道193號東超商業中心1樓；E-mail：hkcite@biznetvigator.com
電話：(852) 25086231　傳眞：(852) 25789337
馬新發行所／城邦（馬新）出版集團 Cite (M) Sdn. Bhd.
41, Jalan Radin Anum, Bandar Baru Sri Petaling, 57000 Kuala Lumpur, Malaysia.
Tel: (603) 90578822 Fax: (603) 90576622 Email: cite@cite.com.my

封 面 設 計／李東記
排　　版／極翔企業有限公司
印　　刷／城邦印書館股份有限公司
總 經 銷／高見文化行銷股份有限公司
地址：新北市樹林區佳園路二段70-1號
電話：(02)2668-9005　傳眞：(02)2668-9790　客服專線：0800-055-365

■2012年11月6日初版
■2021年7月29日初版8刷
Printed in Taiwan
定價350元

城邦讀書花園
www.cite.com.tw

 ISBN 978-986-7470-73-7

廣　告　回　函
北區郵政管理登記證
北臺字第000791號
郵資已付，免貼郵票

104　台北市民生東路二段141號2樓

英屬蓋曼群島商家庭傳媒股份有限公司城邦分公司　收

請沿虛線對摺，謝謝！

書號：1MB020　　書名：與過去和好

請於此處用膠水黏貼

讀者回函卡

謝謝您購買我們出版的書籍！請費心填寫此回函卡，我們將不定期寄上城邦集團最新的出版訊息。

姓名：________________

性別：□男 □女

生日：西元________年________月________日

地址：________________

聯絡電話：________________ 傳真：________________

E-mail：________________

職業：□1.學生 □2.軍公教 □3.服務 □4.金融 □5.製造 □6.資訊
□7.傳播 □8.自由業 □9.農漁牧 □10.家管 □11.退休
□12.其他________________

您從何種方式得知本書消息?

□1.書店□2.網路□3.報紙□4.雜誌□5.廣播 □6.電視 □7.親友推薦
□8.其他________________

您通常以何種方式購書?

□1.書店□2.網路□3.傳真訂購□4.郵局劃撥 □5.其他________

您喜歡閱讀哪些類別的書籍?

□1.財經商業□2.宗教、勵志□3.歷史□4.法律□5.文學□6.自然科學
□7.心靈成長□8.人物傳記□9.生活、勵志□10.其他________

對我們的建議：

____

____

____

____

請於此處用膠水黏貼